Beck'sche Musterverträge, Band 1

Kopp: Arbeitsvertrag für Führungskräfte

D1670933

Arbeitsvertrag für Führungskräfte

– außertarifliche und leitende Angestellte –

von

Peter Kopp

Rechtsanwalt und Fachanwalt
für Arbeitsrecht in Freiburg i. Br.

3., überarbeitete Auflage

C. H. Beck'sche Verlagsbuchhandlung
München 1996

Die Deutsche Bibliothek – CIP-Einheitsaufnahme

Kopp, Peter:
Arbeitsvertrag für Führungskräfte : aussertarifliche und lei-
tende Angestellte / von Peter Kopp. – 3., überarb. Aufl. –
München : Beck, 1996
  (Beck'sche Musterverträge ; Bd. 1)
  ISBN 3-406-41740-X
NE: GT

ISBN 3 406 4174 0 X

© 1996 C. H. Beck'sche Verlagsbuchhandlung (Oscar Beck), München
Satz und Druck: Appl, Wemding
Gedruckt auf säurefreiem, alterungsbeständigem Papier
(hergestellt aus chlorfrei gebleichtem Zellstoff)

Inhaltsverzeichnis

I. Einführung und Textabdruck

II. Vertragsmuster mit Anmerkungen

Anhang

III.

IV.

I. Einführung

1. Aufbau der Darstellung. Den Leser leicht und möglichst vieles von dem finden zu lassen, was er sucht, ist das erste Ziel dieses ersten Bandes in der Reihe Beck'scher Musterverträge. In der Einführung (Teil I) sollen zunächst die Schwerpunkte der Darstellung angedeutet werden. Sodann wird der Personenkreis der außertariflichen und der leitenden Angestellten – meist kurz Führungskräfte genannt – umschrieben, auf den das Vertragsmuster zugeschnitten ist. Was für diese Gruppe von Angestellten nach dem Gesetz Besonderes gilt, wird knapp zusammengefaßt. Kernstück des Bandes ist der Mustertext (Teil II), der häufig Varianten anbietet. Er wird am Ende dieser Einführung zunächst im Zusammenhang abgedruckt (S. 7–21). Die Vertragstexte lassen sich als Checkliste benutzen. Auf rechtliche Konsequenzen verschiedener Ausgestaltungen weisen die den einzelnen Bestimmungen jeweils folgenden Anmerkungen hin. Sie sollen helfen, auf den individuellen Bedarf ausgerichtete eigene Formulierungen zu finden. Die Einführung und alle Erläuterungen können ganz ohne Fußnoten gelesen werden. In den Fußnoten des abschließenden Teiles III (Weiterführende Hinweise) stecken über 1000 Fundstellen. Sie vertiefen die rechtliche Erörterung, zitieren weiterführende Literatur und geben, zumeist in mehreren Parallelfundstellen, Hinweise auf gerichtliche Entscheidungen, die für die beratende Tätigkeit, insbesondere im Konfliktsfall, unverzichtbar sind. Schließlich hilft ein Blick in das Sachregister, rasch die Seiten aufzuschlagen, auf denen ein bestimmtes Stichwort abgehandelt wird.

Die Darstellung beruht auf der Rechtslage in den alten Ländern der Bundesrepublik Deutschland. Ob der gesamtdeutsche Gesetzgeber der Aufgabe aus Art. 30 des Einigungsvertrages zu einheitlichen Kodifizierungen nachkommen wird, ist ungewiß. Im Interesse der Übersichtlichkeit und der Beschränkung der Anmerkungen auf einen sachgerechten Umfang konnte auf die in den neuen Bundesländern noch geltenden gesetzlichen Sonderregelungen nicht eingegangen werden.[1]

2. Schwerpunkte der Erläuterungen. Der Komplex Vergütung (§§ 3 bis 5 des Vertragsmusters) mag der wirtschaftlich wichtigste Schwerpunkt sein. Die Formulierung einer ausgehandelten **Vergütungsregelung** bereitet im allgemeinen aber keine besonderen Schwierigkeiten. Die Erläuterungen und die Mustertexte, die auch als austauschbare Bausteine gelesen werden können, versuchen vor allem, Probleme bei der Durchführung des Vertrages vorzubeugen. Oft genug ist für den Angestellten aus dem Kreis der Führungskräfte die Festlegung eines bestimmten **Aufgabenkreises**, für das Unternehmen dagegen die **Versetzbarkeit** auch eines leitenden Angestellten von erheblicher Bedeutung. Dieser Fragenkreis wird im Mustertext des § 2 und seinen Erläuterungen ausführlich behandelt. Dasselbe gilt für das **nachvertragliche Wettbewerbsverbot** (§ 14), das über die Behinderung des Angestellten in seinem weiteren beruflichen Fortkommen entscheidet, andererseits die Wettbewerbssituation des Unternehmens absichern soll. Zu einem weiteren Schwerpunkt der Darstellung wurden die Erläuterungen der auch nach der Entscheidung des Gemeinsamen Senates der Obersten Gerichtshöfe des Bundes[2] noch schwer zu beurteilenden Frage, wann und in welchem Umfange ein Angestellter für einen von ihm verursachten Schaden Ersatz zu leisten hat. Am Beispiel eines **Dienstwagenvertrages** (Anhang A S. 89) wird die durch die Rechtsprechung geschaffene Einschränkung der **Arbeitnehmerhaftung** dargestellt. Das Vertragsmuster enthält darüber hinaus eine allgemeine Haftungsregelung (§ 11 Haftung für Schaden). Sie wird in der Praxis selten vereinbart, soll aber doch angeboten werden. Durch die Anmerkungen soll ein allgemeines Bild von der **Schadensersatzpflicht des Arbeitnehmers** entstehen. Bei anderen, wirtschaftlich durchaus bedeutsamen Fragen, etwa der zusätzlichen sozialen Absicherung durch **freiwillige Versicherungsleistungen,** genügen aus arbeitsvertraglicher Sicht erläuternde Hinweise. Ausführlich behandelt werden die Themen **Schmiergelder** und **Schweigepflicht** (Seite 49 und Seite 50 ff.). Schließlich werden zahlreiche im Zusammenhang mit der **Beendigung eines Arbeitsverhältnisses** auftauchende Probleme nach dem neuesten Stand der Rechtsprechung dargestellt (S. 71 ff.). Die Wahl der Textvarianten und der Umfang ihrer Erläuterungen sind von der Absicht getragen, dem Unternehmer ebenso wie dem Angestellten vorbeugende Hilfe beim Abschluß des Arbeitsvertrages zu geben. Oft werden die Erläuterungen auch im Konfliktsfalle weiter helfen. Der Band kann allerdings keine lückenlose Darstellung des Arbeitsvertragsrechts sein und im einzelnen Falle die konkrete Beratung nicht ersetzen.

3. Wer ist außertariflicher Angestellter? Zahlreiche Arbeitsverhältnisse von Arbeitern ebenso wie von Angestellten unterliegen keinem Tarifvertrag. Das mag daran liegen, daß es für eine Berufsgruppe, etwa Anwaltsgehilfen, keinen Tarifvertrag gibt oder daran, daß ein für die Branche vorhandener Tarifvertrag für einzelne Arbeitsverträge nicht gilt. Eine gesetzliche Definition fehlt. Außertariflicher Angestellter ist im allgemeinen Sprachgebrauch nicht nur der Angestellte, für den es keinen Tarif gibt, oder der nicht tarifgebunden ist. Er ist jedenfalls Arbeitnehmer, also weder freier Mitarbeiter noch gesetzlicher Vertreter; mit den Unterschieden muß die Rechtsprechung sich immer wieder befassen.[3] Er ist ferner Angestellter und nicht Arbeiter.[4] Im Betriebsverfassungsgesetz taucht er auf z. B. bei der Frage nach der Einbeziehung in Betriebsvereinbarungen oder nach dem Einblicksrecht des Betriebsrates in Gehaltslisten. Das Bundesarbeitsgericht hat in betriebsverfassungsrechtlichen Verfahren den außertariflichen Angestellten als Arbeitnehmer umschrieben, der Kraft seiner Tätigkeit nicht mehr unter den persönlichen Geltungsbereich eines einschlägigen Tarifvertrages fällt, andererseits aber noch nicht zum Personenkreis der leitenden Angestellten gehört. Der **außertarifliche Angestellte ragt** – so das Bundesarbeitsgericht – **nach dem Zuschnitt seiner Tätigkeit, nach seiner Funktion im Betrieb aus dem Kreis der Angestellten der höchsten Gehaltsgruppe eines vorhandenen Tarifvertrages heraus.** Allein der Umstand, daß ein Angestellter höher vergütet wird als der Tarifvertrag es vorsieht, er also eine außertarifliche Zulage erhält, macht ihn noch nicht zum außertariflichen Angestellten. Er wird in der Regel in gewissem Umfang Weisungsbefugnisse oder Leitungsfunktionen haben, die Merkmale des leitenden Angestellten aber nicht vollständig erfüllen.[5]

4. Wer ist leitender Angestellter? Der leitende Angestellte ist nach oben abzugrenzen von Organen[6] eines Unternehmens. Organe wie der Geschäftsführer einer GmbH und der Vorstand einer Aktiengesellschaft sind kraft Gesetzes zur Vertretung ihrer Gesellschaften im Rechtsverkehr berufen. Sie leiten zwar, sind aber keine Arbeitnehmer und damit auch nicht Angestellte.[7] Leitende Angestellte dürften stets außerhalb der allgemeinen Branchen-Tarifverträge stehen. Es gibt aber Verbände leitender Angestellter, die Tarifverträge speziell für leitende Angestellte abschließen wollen.[8] Zahlreiche Verbände leitender Angestellter haben sich in der ULA, der Union der Leitenden Angestellten in Essen, eine Spitzenorganisation geschaffen. Anders als bei den außertariflichen Angestellten finden sich für den leitenden Angestellten mancherlei gesetzliche Definitionen, die allerdings nicht deckungsgleich sind.

a) Das **Arbeitszeitgesetz** vom 06.06.1994 bestimmt in § 18, daß es unter anderem nicht anzuwenden ist auf leitende Angestellte i. S. des § 5 Abs.3 BetrVG sowie auf Chefärzte, Leiter von öffentlichen Dienststellen, deren Vertreter und Arbeitnehmer im öffentlichen Dienst, die zu selbständigen Entscheidungen in Personalangelegenheiten befugt sind.

b) Eine für den Schutz des Arbeitsverhältnisses wichtige Definition enthält § 14 Abs.2 **Kündigungsschutzgesetz.** Im Sinne dieses Gesetzes sind leitende Angestellte solche, die „**zur selbständigen Einstellung oder Entlassung von Arbeitnehmern** berechtigt sind". Die Weisungsbefugnis über noch so viele Mitarbeiter genügt nicht, auch nicht die Wahrnehmung noch so bedeutender und verantwortungsvoller Aufgaben.[9]

c) Das **Betriebsverfassungsgesetz** schließlich macht für seinen Geltungsbereich **eine ganze Reihe von Angestellten** mit verschiedenartigen Aufgaben **zu leitenden.** Einerseits genügt die Befugnis zur selbständigen Einstellung und (nicht oder) Entlassung von Arbeitnehmern auch nur einer Betriebsabteilung. Andererseits macht die Verleihung der **Prokura** den Angestellten nur dann zum leitenden, wenn die Prokura „auch im Verhältnis zum Arbeitgeber nicht unbedeutend ist". Schließlich ist leitender Angestellter für den Geltungsbereich des Betriebsverfassungsgesetzes auch, wer weder Personal einstellen und entlassen kann noch Generalvollmacht oder Prokura besitzt, der aber – so der Gesetzestext – **regelmäßig sonstige Aufgaben wahrnimmt, die für den Bestand und die Entwicklung des Unternehmens oder eines Betriebs von Bedeutung sind** und deren Erfüllung besondere Erfahrungen und Kenntnisse voraussetzt, wenn er dabei entweder die Entscheidungen im wesentlichen frei von Weisungen trifft oder sie maßgeblich beeinflußt. Dies kann auch bei Vorgaben insbesondere aufgrund von Rechtsvorschriften, Plänen oder Richtlinien sowie bei Zusammenarbeit mit anderen leitenden Angestellten der Fall sein. Die vor dem 1.1. 1989 geltende Fassung des § 5 Abs. 3 BetrVG hatte zu heftigen Meinungsverschiedenheiten und entsprechend zahlreichen gerichtlichen Entscheidungen bis hin zum Bundesverfassungsgericht geführt. Die Rechtsprechung hatte sich in zahllosen Einzelfällen[10] um eine Abgrenzung des Begriffes bemüht. Bei der Neufassung des Gesetzes hat man versucht, die Gruppe der leitenden Angestellten im Sinne von § 5 Abs. 3 Nr. 3 BetrVG durch Beispiele näher darzustellen. So ist jetzt „im Zweifel" z. B. leitender Angestellter, wer eine Jahresvergütung erhält, die das Dreifache des jährlich durch den Bundesminister für Arbeit und Sozialordnung im Bundesgesetzblatt bekanntgegebenen durchschnittlichen Arbeitsentgeltes aller Versicherten in der Rentenversicherung der Arbeiter und der Angestellten (Bezugsgröße, § 18 des Vierten Buches des Sozialgesetzbuches) überschreitet. Leitender Angestellter ist „im Zweifel" auch, wer „einer Leitungsebene angehört, auf der in dem Unternehmen überwiegend leitende Angestellte vertreten sind" (§ 5 Abs. 4 Nr. 2 BetrVG). Die Neufassung hat die Arbeitsgerichte erwartungsgemäß ebenfalls beschäftigt; sie dürfte auch für die Zukunft genug Streitstoff in sich tragen.[11]

5. Welche gesetzlichen Besonderheiten sind zu beachten?
a) Ist der **außertarifliche Angestellte** nicht zugleich leitender Angestellter, gibt es arbeitsvertragsrechtlich keine Besonderheiten. Da er, jedenfalls in aller Regel, nicht von einem Tarifvertrag erfaßt wird, kann er auch dessen Vorteile, etwa eine tarifliche Gehaltserhöhung, nicht in Anspruch nehmen. Für ihn gelten die allgemeinen Schutzbestimmungen des Betriebsverfassungsgesetzes. Das Mitbestimmungsrecht des Betriebsrates bezieht sich mit geringfügigen Einschränkungen auch auf sein Arbeitsverhältnis.[12] Insbesondere ist sein Kündigungsschutz nicht eingeschränkt, sofern er nicht gleichzeitig leitender Angestellter ist. Der Ar-

beitgeber muß dem Betriebsrat eine Liste der Gehälter der außertariflichen Angestellten vorlegen, jedoch keine Einzelvereinbarungen über außertarifliche Vergütungen. Wegen zahlreicher Einzelheiten muß auf Teil III verwiesen werden.

b) Der **leitende Angestellte** i. S. d. Kündigungsschutzgesetzes (oben 4 b) muß eine nicht unwichtige Einschränkung seines Kündigungsschutzes hinnehmen. Nach § 14 Abs. 2 **Kündigungsschutzgesetz** kann der Arbeitgeber im Streit um eine ordentliche Kündigung einen Auflösungsantrag stellen, den er nicht begründen muß. Das Arbeitsgericht muß dem Auflösungsantrag, wenn auch unter Zubilligung einer Kündigungsentschädigung, stattgeben.[13]

Für den leitenden Angestellten i. S. des **Arbeitszeitgesetzes** (oben 4 a) gelten die Bestimmungen über die Höchstarbeitszeit nicht. Er kann deshalb nicht unter Berufung auf diese Bestimmungen eine Vergütung von Überstunden verlangen.

Das **Betriebsverfassungsgesetz** findet, von ausdrücklich im Gesetz geregelten Ausnahmen abgesehen, auf den leitenden Angestellten keine Anwendung. Der Arbeitgeber muß nach § 105 BetrVG in personellen Angelegenheiten leitender Angestellter den Betriebsrat benachrichtigen. In Betrieben mit in der Regel mindestens 10 leitenden Angestellten i. S. d. § 5 Abs. 3 BetrVG wird ein **Sprecherausschuß** der leitenden Angestellten gewählt. Das Sprecherausschußgesetz hat in seinem § 31 Abs. 2 einen wichtigen Kündigungsschutz des leitenden Angestellten geschaffen.[14] Der Betriebsrat kann leitende Angestellte in den **Wirtschaftsausschuß** berufen (§ 107 Abs. 3 BetrVG), der Arbeitgeber kann leitende Angestellte zur Wahrnehmung von Arbeitgeberfunktionen an den Sitzungen des Wirtschaftsausschusses teilnehmen lassen (§ 108 Abs. 2 BetrVG). Das für Unternehmen mit in der Regel mehr als 2000 Arbeitnehmern geltende **Mitbestimmungsgesetz** ist auf leitende Angestellte voll anwendbar.

Leitende Angestellte können in der Arbeits- und Sozialgerichtsbarkeit zu **ehrenamtlichen Richtern**, jedoch nur aus dem Kreis der Arbeitgeber berufen werden.[15]

Vertragsmuster
Textabdruck

Anstellungsvertrag

zwischen

....

(im Nachstehenden kurz „die Firma" genannt)

und

Herrn/Frau ....,   wohnhaft in ....

§ 1
Beginn des Arbeitsverhältnisses

- Variante A:

Das Arbeitsverhältnis beginnt am ...... Herr/Frau ...... nimmt seine/
ihre Tätigkeit an diesem Tage auf.

- Variante B:

Das Arbeitsverhältnis beginnt, sobald Herr/Frau ...... seine/ihre Tätigkeit für die Firma aufnimmt. Die Tätigkeit soll zum frühestmöglichen
Zeitpunkt und muß spätestens ...... aufgenommen werden.

- Variante C:

Das Arbeitsverhältnis besteht seit ...... Mit Wirkung vom ...... gelten
für das Arbeitsverhältnis die in diesem Vertrag niedergelegten Bedingungen. Bisher bestehende Vereinbarungen treten außer Kraft, soweit sie
den neuen Vertragsbedingungen entgegenstehen.

§ 2
Aufgabengebiet, Arbeitszeit

- Variante A:

(1) Herr/Frau ...... wird als außertarifliche(r)/leitende(r) Angestellte(r) eingestellt; ihm/ihr wird die Leitung der Abteilung ...... übertragen. Das Aufgabengebiet umfaßt: ...... Die Einzelheiten ergeben sich aus der Herrn/Frau ...... bekannten Stellenbeschreibung vom ......

(2) Herr/Frau ...... ist der Geschäftsleitung/dem Direktor der Hauptabteilung ...... unterstellt.

(3) Herrn/Frau ...... soll nach Einarbeitung in das Aufgabengebiet Handlungsvollmacht/Prokura erteilt werden.

(4) Dienstort ist ......

(5) Die Firma behält sich vor, Herrn/Frau ...... am gleichen Dienstort und bei unveränderten Bezügen ein anderes, seiner/ihrer Vorbildung und Fähigkeiten entsprechendes, innerhalb des Unternehmens in etwa gleichwertiges Aufgabengebiet zu übertragen.

(6) Herr/Frau ...... verpflichtet sich, seine/ihre ganze Arbeitskraft für die Firma einzusetzen. Grundsätzlich gilt die betriebsübliche Arbeitszeit. Herr/Frau ...... verpflichtet sich aber, soweit erforderlich und zumutbar ohne zusätzliche Vergütung über die betriebsübliche Arbeitszeit hinaus tätig zu werden.

(7) Herr/Frau ...... wird, seiner Stellung entsprechend, in besonderem Maße stets die Interessen des Unternehmens wahren.

- Variante B:

(1) Herr/Frau ...... wird als außertarifliche(r)/leitende(r) Angestellte(r) eingestellt; ihm/ihr wird die Leitung der Abteilung ...... übertragen. Das Aufgabengebiet umfaßt: ......

(2) Herr/Frau ...... erhält Prokura/Handlungsvollmacht und ist nur der Geschäftsleitung unterstellt.

(3) Herr/Frau ...... verpflichtet sich, seine/ihre ganze Arbeitskraft für die Firma einzusetzen. Er/sie ist an die betriebsübliche Arbeitszeit nicht gebunden, erhält aber für Überstunden auch keine besondere Vergütung.

(4) Herr/Frau ...... wird, seiner Stellung entsprechend, in besonderem Maße stets die Interessen des Unternehmens wahren.

§ 3
Vergütung

• **Variante A:**

(1) Herr/Frau ...... erhält ein Jahresgehalt von DM ...... brutto, das in zwölf gleichen Teilen jeweils am Monatsende ausbezahlt wird. Mit diesem Gehalt sind auch Überstunden pauschal abgegolten.

(2) Herr/Frau ...... erhält ferner eine Umsatzprovision aus den Verkaufsumsätzen seiner/ihrer Abteilung (seines/ihres Vertriebsgebietes) nach folgender Staffel: ......
Auf die Provision wird jeweils am Monatsende ein Vorschuß in Höhe von DM ...... brutto ausbezahlt. Die Provision wird halbjährlich abgerechnet. Maßgeblich sind die bei der Firma tatsächlich eingegangenen Beträge. Nachzahlungen sind 30 Tage nach Halbjahresende fällig. Rückbelastungen werden mit den auf die halbjährliche Abrechnung folgenden monatlichen Provisionsvorschüssen verrechnet.

(3) Herr/Frau ...... erhält eine Tantieme als Erfolgsbeteiligung. Bemessungsgrundlage der Erfolgsbeteiligung ist der Jahresüberschuß, der sich aus der Gewinn- und Verlustrechnung der Firma errechnet. Betriebliche Steuern sind zu berücksichtigen, nicht jedoch Ertragssteuern des Unternehmens und Rückstellungen. Die Tantieme wird nach folgender Staffelung bezahlt: ...... Sie ist jeweils mit dem Ende des sechsten Monats nach Beendigung des Wirtschaftsjahres/ Kalenderjahres fällig.

(4) Beginnt oder endet der Arbeitsvertrag im Laufe eines Kalenderjahres, so werden Provisionen und Tantiemen zeitanteilig pro vollen Monat der Dauer des Arbeitsverhältnisses berechnet und gewährt.

(5) Die Vergütung wird jeweils zum Beginn eines neuen Geschäftsjahres der Firma unter Berücksichtigung der persönlichen Leistung, der allgemeinen Entwicklung der Lebenshaltungskosten und der Entwicklung im einschlägigen Tarifbereich angemessen angepaßt.

• **Variante B:**

(1) Herr/Frau ...... erhält ein monatliches Bruttogehalt von DM ......, zahlbar jeweils am Monatsende, mit dem auch etwaige Überstunden pauschal abgegolten sind.

(2) Herr/Frau ...... erhält darüber hinaus ein 13. Monatsgehalt in gleicher Höhe, das mit der Gehaltsabrechnung für November abzurechnen und auszuzahlen ist.

(3) Herr/Frau ...... erhält ein zusätzliches Urlaubsgeld in Höhe von DM ...... brutto im Jahr, das unabhängig davon, wann und in welchem Monat Urlaub genommen und erteilt wird, mit dem Gehalt für Juni abzurechnen und auszuzahlen ist.

(4) Beginnt oder endet das Arbeitsverhältnis im Laufe des Kalenderjahres, so werden das 13. Gehalt und das zusätzliche Urlaubsgeld zeitanteilig pro vollen Monat der Dauer des Arbeitsverhältnisses berechnet und gewährt.

(5) Das Gehalt soll angepaßt werden, wenn der Gehaltstarif des ...... sich ändert. Maßgeblich ist das Verhältnis der Veränderung der höchsten Tarifgruppe. Die Firma behält sich aber eine geringere Anpassung vor, auch wenn mehrfach die tarifliche Anpassung voll weitergegeben worden war.

§ 4
Wiederkehrende Nebenleistungen

(1) Hinsichtlich der Krankenversicherung gilt die gesetzliche Regelung.

(2) Die Firma vergütet Herrn/Frau ...... zusätzlich die Beiträge für eine Krankentagegeldversicherung vom 43. Tage der Erkrankung an über einen Tagesbetrag von DM ......, die Herr/Frau ...... im Rahmen einer privaten Krankenversicherung abschließt.

(3) Die Firma schließt zugunsten von Herrn/Frau ...... eine private Unfallversicherung mit einer Deckungssumme von DM ...... für den Todesfall und von DM ...... für den Fall der Invalidität ab.

(4) Die Pflicht zur Vergütung der Versichungsbeiträge endet mit dem Tage der Beendigung des Arbeitsverhältnisses.

(5) Herr/Frau ...... hat das Recht, von der Firma hergestellte bzw. vertriebene Erzeugnisse mit dem von der Firma allgemein festgelegten Mitarbeiterrabatt zu beziehen. Die Firma behält sich vor, Mitarbeiterrabatte jederzeit allgemein zu ändern oder aufzuheben.

(6) Alle Nebenleistungen sind Bruttoleistungen; etwa auf sie entfallende Einkommensteuer (Lohnsteuer) und Arbeitnehmeranteile zur Sozialversicherung übernimmt die Firma nicht.

§ 5
Einmalige Nebenleistungen

(1) Für die Dauer der Trennung von seiner/ihrer Familie, längstens jedoch für ...... Monate, erhält Herr/Frau ...... eine monatliche Trennungsentschädigung von DM ......, zahlbar jeweils zusammen mit dem Gehalt am Monatsende.

(2) Die Firma verpflichtet sich, Herrn/Frau ...... die durch seinen/ihren Umzug von ...... zum Dienstort entstehenden Speditionskosten zu 80 % bis zum Höchstbetrag von DM ...... bei Vorlage der Speditionsrechnung zu vergüten.

(3) Von den Kosten der Fortbildungsveranstaltung ...... trägt die Firma die Seminargebühren und eine Mehraufwandspauschale von DM ......

(4) Sollte das Arbeitsverhältnis durch eine Kündigung von Herrn/Frau ...... oder durch eine Kündigung der Firma, die wegen des Verhaltens von Herrn/Frau ...... oder aus einem in seiner/ihrer Person liegenden Grund sozial gerechtfertigt ist, vor Ablauf von drei Jahren enden, so ist Herr/Frau ...... zur Rückzahlung der erhaltenen Umzugskosten/Ausbildungskosten nach folgender Staffelung verpflichtet: Endet das Arbeitsverhältnis innerhalb eines Jahres, ist der volle Betrag zurückzuzahlen; bei Beendigung nach dem ersten Jahr, aber vor Ablauf von zwei Jahren ermäßigt sich der Betrag auf $^2/_3$, bei Beendigung im dritten Vertragsjahr auf $^1/_3$.

(5) Alle Nebenleistungen sind Bruttoleistungen; etwa auf sie entfallende Einkommensteuer (Lohnsteuer) und Arbeitnehmeranteile zur Sozialversicherung übernimmt die Firma nicht.

§ 6
Dienstreisen

• Variante A:

(1) Für die Erstattung der aus Anlaß von Dienstreisen entstehenden Kosten gelten die allgemeinen Richtlinien der Firma über die Vergütung von Reisekosten.

(2) Soweit die Richtlinien nichts anderes bestimmen oder die Firma nicht im Einzelfall einwilligt, darf ein privates Fahrzeug für dienstliche Zwecke nicht eingesetzt werden.

- Variante B:

(1) Herrn/Frau ...... steht für seine dienstliche Tätigkeit ein Dienstwagen der Mittelklasse/oberen Mittelklasse, z.B. ein Pkw Fabrikat ......, Typ ...... zur Verfügung. Die Firma trägt die Kosten des Betriebes, der Wartung und Pflege. Sie unterhält eine Vollkaskoversicherung mit einer Selbstbeteiligung von nicht mehr als DM ...... und schließt die Haftpflichtversicherung mit einer Versicherungssumme von mindestens DM ...... ab.

(2) Die Firma kann jederzeit und ohne Angaben von Gründen die Herausgabe des Dienstwagens verlangen.

oder

(2) Der Dienstwagen steht Herrn/Frau ...... auch zur privaten Nutzung zur Verfügung. Auch insoweit trägt die Firma alle Kosten. Endet der Arbeitsvertrag oder erklärt die Firma, daß Herr/Frau ...... von der Verpflichtung zur Dienstleistung unwiderruflich entbunden wird, ist der Dienstwagen sofort an die Firma herauszugeben. Im letzteren Falle erstattet die Firma den Nutzungswert nach dem steuerrechtlichen geldwerten Vorteil, sofern sie die Herausgabe verlangt.

(3) Herrn/Frau ...... steht es frei, für Dienstreisen auf Kosten der Firma andere Verkehrsmittel, insbesondere die Deutsche Bundesbahn (1. Klasse) in Anspruch zu nehmen. Flugreisen bedürfen der vorherigen Zustimmung durch den unmittelbaren Vorgesetzten.

(4) Verpflegungs- und Übernachtungsaufwand wird im Rahmen der steuerrechtlichen Höchstbeträge erstattet.

(5) Auf die Leistungen der Firma entfallende Einkommensteuer (Lohnsteuer) und Arbeitnehmeranteile zur Sozialversicherung übernimmt die Firma nicht.

- Variante C:

(1) Herrn/Frau ...... steht ein Dienstwagen zur Verfügung. Die Einzelheiten ergeben sich aus dem als Anlage 1 diesem Anstellungsvertrag beigefügten Dienstwagenvertrag, der auch ohne besondere Unterzeichnung Vertragsinhalt ist.

(2) Herrn/Frau ...... steht es frei, für Dienstreisen auf Kosten der Firma andere Verkehrsmittel, insbesondere die Deutsche Bundesbahn (1. Klasse) in Anspruch zu nehmen. Flugreisen bedürfen der vorherigen Zustimmung durch den unmittelbaren Vorgesetzten.

§ 7
Urlaub

(1) Herr/Frau ...... steht ein jährlicher bezahlter Erholungsurlaub von ...... Arbeitstagen zu. Arbeitstage sind die Werktage von Montag bis Freitag. Der Urlaubsanspruch entsteht erstmals nach einer Beschäftigungsdauer von sechs Monaten.

(2) Der Urlaub soll im wesentlichen zusammenhängend genommen und erteilt werden. Die Urlaubszeit wird mit den unmittelbaren Vorgesetzten möglichst frühzeitig abgestimmt.

(3) Teilurlaub bis zu drei Arbeitstagen gilt allgemein als erteilt, sofern er unter Berücksichtigung dienstlicher Belange genommen und vor Antritt dem unmittelbaren Vorgesetzten mitgeteilt wird.

(4) Auf den die gesetzliche Urlaubsdauer übersteigenden Teil des Urlaubsanspruches sind die Vorschriften des Bundesurlaubsgesetzes entsprechend anzuwenden.

§ 8
Arbeitsverhinderung und Gehaltsfortzahlung

(1) Herr/Frau ...... ist verpflichtet, jede Arbeitsverhinderung und ihre voraussichtliche Dauer zum frühestmöglichen Zeitpunkt der Firma mitzuteilen und dabei gleichzeitig auf etwaige dringliche Arbeiten hinzuweisen.

(2) Im Falle der Arbeitsunfähigkeit infolge Krankheit legt Herr/Frau ...... spätestens am dritten Arbeitstag eine ärztliche Bescheinigung über die Arbeitsunfähigkeit und deren voraussichtliche Dauer vor.

(3) Im übrigen gilt Herr/Frau ...... in den Fällen als ohne eigenes Verschulden an der Arbeitsleistung verhindert, die betriebsüblich oder in einem für die Firma fachlich und betrieblich geltenden Tarifvertrag als Arbeitsverhinderung anerkannt sind.

(4) Bei Arbeitsunfähigkeit wegen Krankheit wird die volle Vergütung für einen Zeitraum von ...... Wochen/Monaten fortgezahlt.

(5) Im Todesfall werden auf die Dauer von ...... Wochen/Monaten nachstehend aufgeführte Vergütungsbestandteile an die Ehefrau/unterhaltsberechtigten Kinder bezahlt: ......

(6) Soweit die Arbeitsverhinderung auf einem Ereignis beruht, aus dem Herr/Frau ...... Schadensersatzansprüche gegen einen Dritten zustehen, ist Herr/Frau ...... verpflichtet, die Firma sofort über den Hergang des Ereignisses und den Schädiger vollständig zu unterrichten.

§ 9
Nebentätigkeit und Geschenke

(1) Jede Nebentätigkeit, gleichgültig ob sie entgeltlich oder unentgeltlich ausgeübt wird, bedarf der vorherigen Zustimmung der Firma.
Die Zustimmung ist zu erteilen, wenn die Nebentätigkeit die Wahrnehmung der dienstlichen Aufgaben zeitlich nicht oder allenfalls unwesentlich behindert und sonstige berechtigte Interessen der Firma
nicht beeinträchtigt werden.

(2) Die Übernahme eines öffentlichen Ehrenamtes bedarf nur der Anzeige an die Geschäftsleitung.

(3) Veröffentlichungen und Vorträge bedürfen der Zustimmung der Firma nur, wenn deren Interessen berührt werden. Sie sind nach Gegenstand und wesentlichem Inhalt der Geschäftsleitung im voraus anzuzeigen.

(4) Geschenke oder sonstige Leistungen dritter Personen, insbesondere
von Geschäftspartnern der Firma, die im Zusammenhang mit der
dienstlichen Leistung stehen können, wird Herr/Frau ...... unverzüglich an die Firma herausgeben oder ablehnen; die Firma wird
über jedes Angebot unverzüglich und vollständig unterrichtet. Dies
gilt nicht bei gebräuchlichen Gelegenheitsgeschenken von geringem
wirtschaftlichen Wert.

§ 10
Geheimhaltung

(1) Technische, kaufmännische und persönliche Vorgänge und Verhältnisse, die Herrn/Frau ...... im Zusammenhang mit seiner/ihrer Tätigkeit bekannt werden, sind auch im Zweifelsfalle als Geschäftsgeheimnisse zu behandeln. Herr/Frau ...... verpflichtet sich, über alle
Geschäftsgeheimnisse, insbesondere Herstellungsverfahren, Vertriebswege und dergleichen sowohl während der Dauer des Arbeitsverhältnisses wie auch nach seiner Beendigung Stillschweigen zu bewahren.

(2) Die gleiche Verpflichtung besteht bezüglich des Inhaltes dieses Anstellungsvertrages.

(3) Herrn/Frau ...... ist es untersagt, in einer Datei gespeicherte personenbezogene Daten zu einem anderen als dem zur jeweiligen rechtmäßigen Aufgabenerfüllung gehörenden Zwecke zu verarbeiten, bekannt zu geben, zugänglich zu machen oder sonst zu nutzen (§ 5
Bundesdatenschutzgesetz).

§ 11
Haftung für Schaden

(1) Die Firma hat eine Betriebshaftpflichtversicherung abgeschlossen, in der Herr/Frau ...... mitversichert ist. Sollte Herr/Frau ...... von einer dritten Person auf die Leistung von Schadensersatz in Anspruch genommen werden, ohne daß die Schadensersatzpflicht durch einen öffentlich-rechtlichen oder privaten Versicherungsschutz abgedeckt ist, verpflichtet sich die Firma, Herrn/Frau ...... dem Dritten gegenüber freizustellen. Im Innenverhältnis zur Firma trägt Herr/Frau ...... jedoch den Schaden nach Maßgabe des Abs. 3.

(2) Verursacht Herr/Frau ...... durch eine schuldhafte Pflichtverletzung der Firma einen Schaden, so ist dieser nach Maßgabe des Abs. 3 der Firma zu erstatten.

(3) Im Falle einfacher Fahrlässigkeit hat Herr/Frau ...... den Schaden zur Hälfte, höchstens jedoch bis zum Betrag einer gewöhnlichen Monatsnettovergütung zu tragen. Bei grober Fahrlässigkeit trägt Herr/Frau ...... den Schaden voll, jedoch der Höhe nach beschränkt auf den dreifachen Betrag der gewöhnlichen Monatsnettovergütung.

(4) Bei Vorsatz haftet Herr/Frau ...... unbeschränkt.

§ 12
Diensterfindungen und Verbesserungsvorschläge

(1) Für Diensterfindungen und qualifizierte technische Verbesserungsvorschläge gelten das Gesetz über Arbeitnehmererfindungen vom 25.7.1957 mit allen Änderungen und Ergänzungen sowie die dazu ergangenen Richtlinien für die Vergütung von Arbeitnehmererfindungen im privaten Dienst.

(2) Für einfache technische Verbesserungsvorschläge gelten die im fachlichen und betrieblichen Geltungsbereich der Firma bestehenden jeweils gültigen tariflichen Regelungen sowie bestehende oder noch abzuschließende Betriebsvereinbarungen.

§ 13
Altersversorgung

• Variante A:

(1) Herr/Frau ...... erhält eine zusätzliche betriebliche Altersrente, wenn das Arbeitsverhältnis endet und er/sie das 65. Lebensjahr voll endet hat. Die Rente beläuft sich auf monatlich DM ...... /.. % des letzten Jahresgehaltes/.. % des letzten Bruttomonatsgehaltes im Sinne von § 3 Abs. 1 dieses Vertrages.

(2) Herr/Frau ...... erhält ferner bis zum Bezug der zusätzlichen betrieblichen Altersrente im Falle der Erwerbs- oder Berufsunfähigkeit eine zusätzliche betriebliche Rente in Höhe von DM ...... /.. % des letzten Jahresgehaltes/.. % des letzten Monatsbruttogehaltes im Sinne von § 3 Abs. 1 dieses Vertrages. Diese Rente wird nur gewährt, wenn Herr/Frau ...... bei Eintritt des Versorgungsfalles mindestens das .. Lebensjahr vollendet und sein/ihr Arbeitsverhältnis mindestens 10 Jahre bestanden hat.

(3) Sollte Herr/Frau ...... während des Bezuges von Rente im Sinne der Abs. 1 und 2 versterben, erhält seine/ihr Witwe/Witwer .. % der Rente auf die Dauer von höchstens .. Jahren. Stirbt die Witwe/der Witwer vor Ablauf dieses Zeitraumes, wird die Rente an Abkömmlinge des/der primär Rentenberechtigten bezahlt, jedoch nicht über den Tag hinaus, an dem der jüngste Abkömmling das 25. Lebensjahr vollendet.

(4) Die Abänderung der betrieblichen Altersversorgung, auch zum Nachteil des/der Angestellten durch Betriebsvereinbarung bleibt vorbehalten.

(5) Die Firma behält sich ferner den Widerruf der Vorsorgungszusage im Falle grober Treuepflichtverletzung des/der Angestellten und im Falle wirtschaftlicher Notlage des Unternehmens vor.

• Variante B:

(1) Herr/Frau ...... nimmt an der betrieblichen Altersversorgung der Firma teil.

(2) Herr/Frau ...... willigt in eine etwaige Übernahme der Leistungspflicht durch ein anderes Unternehmen, bei dem Herr/Frau ...... beschäftigt wird, durch eine Pensionskasse, eine Lebensversicherung oder durch einen öffentlich-rechtlichen Versorgungsträger ein (§ 4 Abs. 1 BetrAVG).

(3) Die Abänderung der betrieblichen Altersversorgung, auch zum Nachteil des/der Angestellten durch Betriebsvereinbarung bleibt vorbehalten.

(4) Die Firma behält sich ferner den Widerruf der Versorgungszusage im Falle grober Treuepflichtverletzung des/der Angestellten und im Falle wirtschaftlicher Notlage des Unternehmens vor.

• Variante C:

(1) Herr/Frau ...... erhält als zusätzliche Altersversorgung die unwiderrufliche Bezugsberechtigung aus einer auf sein/ihr Leben von der Firma abzuschließenden Lebensversicherung/abgeschlossenen Gruppenlebensversicherung/vom früheren Arbeitgeber übernommenen Lebensversicherung über eine Versicherungssumme von DM ......, die auf die Vollendung seines/ihres 65. Lebensjahres zahlbar gestellt wird/ist.

(2) Herr/Frau ...... kann für den Fall seines/ihres Todes einen oder mehrere Bezugsberechtigte aus dem Personenkreis seiner/ihrer Hinterbliebenen bezeichnen.

(3) Die Firma zahlt die Versicherungsprämie jährlich mit der November-Vergütung. Sie verpflichtet sich gegenüber Herrn/Frau ...... hinsichtlich dieser Leistung die pauschalierte Besteuerung zu wählen, übernimmt jedoch nicht die abzuführende Lohnsteuer.

§ 14
Nachvertragliches Wettbewerbsverbot

• Variante A:

(1) Herr/Frau ...... verpflichtet sich für die Dauer von .... Monaten/ Jahren nach Beendigung des Arbeitsverhältnisses, im Geschäftszweig der Firma und innerhalb der Bundesrepublik Deutschland weder für eigene noch für fremde Rechnung Geschäfte zu machen. Herrn/Frau ...... ist es auch untersagt, sich an einem anderen Unternehmen, das sich auf gleichem Gebiet getätigt, mittelbar oder unmittelbar zu beteiligen oder für ein solches im Arbeitsverhältnis oder in sonstiger Weise tätig zu werden.

(2) Für die Dauer des Wettbewerbsverbotes erhält Herr/Frau ...... eine Karenzentschädigung in Höhe der Hälfte seiner/ihrer zuletzt bezogenen vertragsmäßigen Leistungen.

(3) Auf das Wettbewerbsverbot sind die gesetzlichen Bestimmungen, insbesondere §§ 74 ff. HGB in vollem Umfang anzuwenden.

- Variante B:

(1) Herr/Frau ...... verpflichtet sich, innerhalb von .. Monaten/.. Jahren nach Beendigung des Arbeitsverhältnisses im Geschäftszweig der Firma und innerhalb der Bundesrepublik Deutschland weder für eigene noch für fremde Rechnung Geschäfte zu machen. Herr/Frau ...... wird für ein anderes Unternehmen, das sich auf gleichem Gebiet betätigt, auch weder mittelbar noch unmittelbar, weder in einem freien Rechtsverhältnis noch in einem Arbeitsverhältnis Dienste leisten.

(2) Für die Dauer des Wettbewerbsverbotes bezahlt die Firma Herrn/Frau ...... monatlich eine Entschädigung in Höhe von ... % der letzten vertragsmäßigen Leistungen. Diese Karenzentschädigung ist in monatlichen Beträgen jeweils am Monatsende zu zahlen.

(3) Auf die fällige Entschädigung wird im Rahmen der gesetzlichen Bestimmungen angerechnet, was Herr/Frau ...... während der Dauer des Wettbewerbsverbots durch anderweitige Verwertung der Arbeitskraft erwirbt oder zu erwerben böswillig unterläßt.

(4) Herr/Frau ...... verpflichtet sich, während der Dauer des Wettbewerbsverbots auf Wunsch der Firma jederzeit Auskunft über die Höhe seines/ihres Erwerbs zu erteilen und dabei den jeweiligen Arbeitgeber oder Dienstherrn bekanntzugeben.

(5) Die Firma kann bis zur Beendigung des Arbeitsverhältnisses durch schriftliche Erklärung auf das Wettbewerbsverbot verzichten mit der Folge, daß trotz Wegfalls des Verbotes die Karenzentschädigung bis zum Ablauf eines Jahres seit der Verzichtserklärung zu bezahlen ist.

(6) Kündigt die Firma das Arbeitsverhältnis aus wichtigem Grund wegen vertragswidrigen Verhaltens des/der Angestellten, wird das Wettbewerbsverbot unwirksam, sofern die Firma vor Ablauf eines Monats nach der Kündigung Herrn/Frau ...... schriftlich mitteilt, daß sie sich nicht an die Vereinbarung gebunden halte.

(7) Kündigt die Firma das Arbeitsverhältnis ohne einen erheblichen Anlaß in der Person des/der Angestellten, wird das Wettbewerbsverbot unwirksam, wenn Herr/Frau ...... innerhalb eines Monats nach Zugang der Kündigung schriftlich erklärt, daß er/sie sich an das Wettbewerbsverbot nicht gebunden fühle. Hat sich die Firma jedoch bei der Kündigung zur Zahlung der vollen letzten durchschnittlichen Bezüge für die Dauer des Wettbewerbsverbotes verpflichtet, bleibt das Wettbewerbsverbot wirksam.

(8) Sollte Herr/Frau ...... dem Wettbewerbsverbot zuwiderhandeln, kann die Firma für jeden Fall der Zuwiderhandlung eine Vertragsstrafe in Höhe von DM ...... fordern. Herr/Frau ...... hat dann einen etwaigen weitergehenden Schaden ebenfalls zu ersetzen. Für die Dauer der Vertragsverletzung ist Karenzentschädigung nicht zu bezahlen.

§ 15
Beendigung des Vertrages

• Variante A:

(1) Das Arbeitsverhältnis wird auf unbestimmte Zeit abgeschlossen.

(2) Eine vor Vertragsbeginn dem anderen Teil zugehende Kündigung ist unwirksam.

(3) Während der ersten sechs Monate seit Beginn des Arbeitsverhältnisses können Herr/Frau ...... und die Firma mit einer Frist von vier Wochen zum 15. oder zum Ende eines jeden Monats kündigen.

(4) Danach können beide Seiten mit einer Frist von ...... zum Quartalsende/Halbjahresende/Jahresende kündigen. Eine gesetzliche Verlängerung der Kündigungsfrist des Arbeitgebers gilt auch für Herrn/Frau ......

(5) Das Arbeitsverhältnis endet ohne Kündigung am Ende des Quartals, in dem Herr/Frau ...... sein/ihr 65./63./60. Lebensjahr vollendet.

(6) Endet das Arbeitsverhältnis aufgrund einer von der Firma aus betriebsbedingten Gründen ausgesprochenen Kündigung, so erhält Herr/Frau ...... mit dem Ausscheiden aus dem Arbeitsverhältnis eine Kündigungsentschädigung, die sich für jedes volle Jahr der Dauer des Arbeitsverhältnisses auf 1/24 der Jahresvergütung im Sinne von § 3 dieses Vertrages beläuft. Die Abfindung ist auf eine im arbeitsgerichtlichen Kündigungsschutzverfahren vom Arbeitsgericht festgesetzte oder in einem Prozeßvergleich vereinbarte Kündigungsentschädigung sowie auf eine Entschädigung aus einem Sozialplan anzurechnen.

(7) Im Falle einer Kündigung, gleichgültig von welcher Seite, kann die Firma Herrn/Frau ...... von der Verpflichtung zur Dienstleistung freistellen.

• Variante B:

(1) Das Arbeitsverhältnis wird für die Zeit vom ...... bis ...... fest abgeschlossen. Eine Verlängerung bedarf einer besonderen schriftlichen Vereinbarung.

(2) Die Firma kann Herrn/Frau ...... von der Verpflichtung zur Dienstleistung jederzeit freistellen. Die Freistellung hat keinen Einfluß auf die Vergütung.

• Variante C:

(1) Das Arbeitsverhältnis wird für die Zeit vom ...... bis ...... fest abgeschlossen. Eine Verlängerung bedarf einer besonderen schriftlichen Vereinbarung.

(2) Während der festen Vertragsdauer kann jede Seite unter Einhaltung einer Frist von .. Monaten zum Quartalsende kündigen.

(3) Die Firma kann Herrn/Frau ...... von der Verpflichtung zur Dienstleistung jederzeit freistellen. Die Freistellung hat keinen Einfluß auf die Vergütung.

§ 16
Herausgabe und Rückzahlung

(1) Mit der Freistellung von der Dienstverpflichtung, sei es vor oder mit der Beendigung des Arbeitsvertrages, ist Herr/Frau ...... verpflichtet, sämtliche ihm/ihr von der Firma überlassenen Geschäftsunterlagen, insbesondere Verzeichnisse, Werbemittel und Aufzeichnungen, ferner Schlüssel und Arbeitsmittel an diese herauszugeben.

(2) Gleichzeitig ist die Firma verpflichtet, Herrn/Frau ...... die Arbeitspapiere sowie im Original überlassene Urkunden, insbesondere Zeugnisse, herauszugeben.

(3) Ein Zurückbehaltungsrecht, gleichgültig worauf es gestützt wird, ist beiderseits ausgeschlossen.

(4) Mit der Beendigung des Arbeitsverhältnisses sind noch nicht verrechnete Vorschüsse, gleichgültig auf welche Vergütungsbestandteile sie gewährt wurden, zurückzuzahlen. Die Verrechnung mit Ansprüchen, die bei Beendigung des Arbeitsverhältnisses fällig werden, ist zulässig. Die Firma ist beweispflichtig dafür, daß ihr Ansprüche zustehen.

§ 17
Allgemeine Bestimmungen

(1) Herr/Frau ...... und die Firma sind sich darüber einig, daß keine mündlichen Vereinbarungen getroffen sind, die diesen schriftlichen Vertrag ändern oder ergänzen würden. Spätere Änderungen und Ergänzungen des Vertrages sowie seine einvernehmliche Aufhebung bedürfen zu ihrer Rechtswirksamkeit der Schriftform.

(2) Für Herrn/Frau ...... gelten die betriebliche Übung sowie die mit dem Betriebsrat bereits abgeschlossenen und noch abzuschließenden Betriebsvereinbarungen.

oder

(2) Für Herrn/Frau ...... gelten die betriebliche Übung sowie die mit dem Betriebsrat bereits abgeschlossenen und noch abzuschließenden

Betriebsvereinbarungen, soweit im Einzelfall die Regelung in diesem Vertrag für ihn/sie nicht günstiger ist.

(3) Der Anstellungsvertrag unterliegt dem deutschen Recht. Gerichtsstand ist für beide Teile ......

(4) Sollten einzelne Bestimmungen dieses Vertrages nicht rechtswirksam sein, wird dadurch die Gültigkeit des Vertrages im übrigen nicht berührt. Rechtsunwirksame Bestimmungen sind durch solche Bestimmungen zu ersetzen, die den von den Vertragsschließenden mit der unwirksamen Bestimmung verfolgten wirtschaftlichen Zielsetzungen am nächsten kommen. Dasselbe gilt, sollte ein Teil des Vertrages durch den Wegfall der Geschäftsgrundlage unwirksam werden.

Schluß

Herr/Frau ...... bestätigt mit seiner/ihrer Unterschrift zugleich den Erhalt einer vom Vertragspartner gegengezeichneten Vertragsausfertigung.

............, den ....

(Unterschrift)   (Unterschrift)

II. Vertragsmuster mit Anmerkungen

Anstellungsvertrag

zwischen

....

(im Nachstehenden kurz „die Firma" genannt)

und

Herrn/Frau ...., wohnhaft in ....

1. Ausschreibung eines Arbeitsplatzes. Der Arbeitgeber darf bei der Begründung eines Arbeitsverhältnisses keinen Arbeitnehmer wegen seines Geschlechtes benachteiligen. Das muß schon bei der Ausschreibung beachtet werden (§§ 611a, 611b BGB). Ein Verstoß gegen diese Grundsätze kann zu Schadenersatzansprüchen des Arbeitnehmers führen.[16]

2. Vertragsform, allgemein. Die meisten arbeitsvertraglichen Regelungen können auch **mündlich wirksam** getroffen werden. Den Arbeitsvertrag einer Führungskraft wird man aber im allgemeinen schriftlich niederlegen. Dies geschieht häufig in der Form eines Briefes der Geschäftsleitung, in dem auf mündliche Besprechungen Bezug genommen und am Ende darum gebeten wird, die beigefügte Durchschrift unterzeichnet an die Geschäftsleitung zurückzugeben. In einem solchen Brief kommt zumindest der Wunsch des Arbeitgebers zum Ausdruck, den Vertrag schriftlich abzuschließen. Wird die Briefdurchschrift unterzeichnet zurückgegeben, ist die gewünschte Schriftform gewahrt. Auch Briefwechsel genügt (§ 127 S.2 BGB). Ist ein schriftlicher Vertrag durch Briefwechsel oder Telegramm (Telex, Telefax) zustande gekommen, kann jede Seite nachträglich noch die Herstellung einer Vertragsurkunde verlangen (§ 127 S.2 2.Halbsatz BGB). Die nachträgliche Herstellung der **Vertragsurkunde** hat den Sinn, für den Streitfall die Beweisführung zu erleichtern. Diesen Zweck verfolgt auch das Nachweisgesetz vom 20.7. 1995, das für alle Arbeitnehmer gilt und nach dessen § 2 I der Arbeitgeber spätestens einen Monat nach dem vereinbarten Beginn des Arbeitsverhältnisses die wesentlichen Vertragsbedingungen schriftlich niederlegen, die Niederschrift unterzeichnen und dem Arbeitnehmer aushändigen muß, sofern nicht ohnehin ein schriftlicher Arbeitsvertrag ausgehändigt worden war. Haben die Vertragspartner allerdings von vornherein verabredet, daß ein etwa zustande kommender Vertrag in einer Urkunde niedergelegt werden soll, so ist nach § 154 Abs. 2 BGB im Zweifel der Vertrag nicht geschlossen, solange die Beurkundung noch fehlt. Nach § 154 Abs. 1 BGB ist auch dann im Zweifel ein Vertrag noch nicht geschlossen, wenn noch nicht über alle Punkte Einigkeit erzielt wurde. Die Verständigung über einzelne Punkte ist selbst dann nicht bindend, wenn diese schriftlich fixiert wurden. Um all diesen Fallstricken aus dem Wege zu gehen, empfiehlt es sich, von vornherein den Arbeitsvertrag in einer Vertragsurkunde niederzulegen. Die Unterschriften der Vertragspartner müssen im Grundsatz auf derselben Urkunde geleistet werden. Werden mehrere Ausfertigungen des Vertrages hergestellt, wie dies in der Praxis meist geschieht, so genügt es, wenn jeder Vertragspartner die für den anderen bestimmte Ausfertigung unterschreibt (§ 126 Abs. 2 BGB).[17]

3. Form besonderer Abreden. Ein nachvertragliches Wettbewerbsverbot (§ 14 dieses Musters) kann zwar im Arbeitsvertrag enthalten sein, unterliegt aber der besonderen Formvorschrift des § 74 Abs. 1 HGB: Es muß **schriftlich** niedergelegt werden, und der Arbeitnehmer muß eine vom Arbeitgeber unterzeichnete Ausfertigung der **Urkunde erhalten.**

4. Technischer Hinweis: Wird bei der Fertigstellung eines Anstellungsvertrages ein Muster verwendet, sollte unbedingt darauf geachtet werden, daß Nichtzutreffendes tatsächlich gestrichen wird. Auch eine kleine Unterlassungssünde kann u. U. zu großer Verwirrung führen.

§ 1
Beginn des Arbeitsverhältnisses

- **Variante A:**

Das Arbeitsverhältnis beginnt am ...... Herr/Frau ...... nimmt seine/ihre Tätigkeit an diesem Tage auf.

- **Variante B:**

Das Arbeitsverhältnis beginnt, sobald Herr/Frau ...... seine/ihre Tätigkeit für die Firma aufnimmt. Die Tätigkeit soll zum frühestmöglichen Zeitpunkt und muß spätestens am ...... aufgenommen werden.

• Variante C:

Das Arbeitsverhältnis besteht seit …… Mit Wirkung vom …… gelten für das Arbeitsverhältnis die in diesen Vertrag niedergelegten Bedingungen. Bisher bestehende Vereinbarungen treten außer Kraft, soweit sie den neuen Vertragsbedingungen entgegenstehen.

Inhalt der Erläuterungen zu § 1:

1. Kündigung vor Dienstantritt
2. Annahmeverzug, Schadensersatz
3. Kündigung nach Verzug

1. Kündigung vor Dienstantritt. Im Vertrag kann eine Kündigung vor Dienstantritt ausgeschlossen werden (so hier § 15 Abs. 2). Ist ein solcher Ausschluß nicht vereinbart, kann eine Kündigung im Zweifel schon vor Beginn des Vertrages und vor Dienstantritt wirksam zugehen. Schwierigkeiten bereitet dann die Beantwortung der Frage, ob die Kündigungsfrist trotz schon früher zugegangener Kündigungserklärung erst mit dem Beginn des Arbeitsverhältnisses zu laufen beginnt, oder ob das Arbeitsverhältnis gar nicht mehr angetreten werden muß. Nach der Rechtsprechung des Bundesarbeitsgerichts[18] hat im Streitfalle das Arbeitsgericht die schwierige Aufgabe, aus allen Umständen des Einzelfalles den mutmaßlichen Willen der Vertragspartner zu ermitteln. Im übrigen darf auf die Anmerkung 3 zu § 15 verwiesen werden.

2. Annahmeverzug, Schadensersatz. Nimmt der Arbeitgeber die Arbeitsleistung nicht an, muß er, solange die Kündigungsfrist läuft, die Vergütung bezahlen. Kommt der Arbeitnehmer nicht zum Dienst, macht er sich schadensersatzpflichtig. Allerdings muß der Arbeitgeber beweisen, daß Aufwendungen, die ersetzt haben will, bei ordnungsgemäßer Einhaltung der arbeitsvertraglichen Kündigungsfrist des Arbeitnehmers vermeidbar gewesen wären.[19] Ist es zur Unterzeichnung eines Vertrages nicht mehr gekommen, obwohl nach den Äußerungen eines Partners der andere sich auf den unmittelbar bevorstehenden Vertragsabschluß verlassen konnte, kann derjenige, der beim anderen das Vertrauen erweckt hat, zum Schadensersatz verpflichtet sein. **Vorstellungskosten** kann auch der erfolglose Bewerber ersetzt verlangen, wenn er zum Vorstellungsgespräch gebeten worden war.[20]

3. Kündigung nach Verzug. Tritt der Arbeitnehmer das Vertragsverhältnis nicht an, wird in der Praxis das nötige Vertrauensverhältnis schon dadurch zerstört sein. Der Arbeitgeber wird aber, schon um klare Verhältnisse zu schaffen, in der Regel gut daran tun, das Arbeitsverhältnis nach einer Abmahnung fristlos zu kündigen. Ihm bleibt der Anspruch gegen den Arbeitnehmer auf Ersatz des durch die fristlose Beendigung des Anstellungsvertrages entstehenden Schadens (§ 628 Abs. 2 BGB).

§ 2
Aufgabengebiet, Arbeitszeit

• **Variante A:**

(1) Herr/Frau ...... wird als außertarifliche(r)/leitende(r) Angestellte(r) eingestellt; ihm/ihr wird die Leitung der Abteilung ...... übertragen. Das Aufgabengebiet umfaßt: ...... Die Einzelheiten ergeben sich aus der Herrn/Frau ...... bekannten Stellenbeschreibung vom ......

(2) Herr/Frau ...... ist der Geschäftsleitung/dem Direktor der Hauptabteilung ...... unterstellt.

(3) Herrn/Frau ...... soll nach Einarbeitung in das Aufgabengebiet Handlungsvollmacht/Prokura erteilt werden.

(4) Dienstort ist ......

(5) Die Firma behält sich vor, Herrn/Frau ...... am gleichen Dienstort und bei unveränderten Bezügen ein anderes, seiner/ihrer Vorbildung und Fähigkeiten entsprechendes, innerhalb des Unternehmens in etwa gleichwertiges Aufgabengebiet zu übertragen.

(6) Herr/Frau ...... verpflichtet sich, seine/ihre ganze Arbeitskraft für die Firma einzusetzen. Grundsätzlich gilt die betriebsübliche Arbeitszeit. Herr/Frau ...... verpflichtet sich aber, soweit erforderlich und zumutbar ohne zusätzliche Vergütung über die betriebsübliche Arbeitszeit hinaus tätig zu werden.

(7) Herr/Frau ...... wird, seiner Stellung entsprechend, in besonderem Maße stets die Interessen des Unternehmens wahren.

• **Variante B:**

(1) Herr/Frau ...... wird als außertarifliche(r)/leitende(r) Angestellte(r) eingestellt; ihm/ihr wird die Leitung der Abteilung ...... übertragen. Das Aufgabengebiet umfaßt: ......

(2) Herr/Frau ...... erhält Prokura/Handlungsvollmacht und ist nur der Geschäftsleitung unterstellt.

(3) Herr/Frau ...... verpflichtet sich, seine/ihre ganze Arbeitskraft für die Firma einzusetzen. Er/sie ist an die betriebsübliche Arbeitszeit nicht gebunden, erhält aber für Überstunden auch keine besondere Vergütung.

(4) Herr/Frau ...... wird, seiner Stellung entsprechend, in besonderem Maße stets die Interessen des Unternehmens wahren.

Inhalt der Erläuterungen zu § 2:

1. Versetzung. Die Varianten A und B unterscheiden sich vor allem in der Frage der Versetzbarkeit. Die Variante A sieht in Abs. 5 ausdrücklich einen **Versetzungsvorbehalt** „innerhalb des Unternehmens" vor. Dieser Vorbehalt ist weit gefaßt. Die Vertragsschließenden sollten bedenken, ob sie ergänzend die Versetzbarkeit mit Wohnsitzwechsel, eventuell bei Übernahme aller mit dem Wohnsitzwechsel verbundenen Kosten oder nur der Transportkosten durch den Arbeitgeber, ausdrücklich regeln.[21] Die Versetzung ist eine einseitige Maßnahme des Arbeitgebers, die in seinem Direktionsrecht wurzelt. Durch die einseitige Ausübung des Versetzungsrechtes wird in gewissem Umfange in den Arbeitsvertrag eingegriffen, indem die Beschäftigungsart oder der Arbeitsort oder auch beides geändert werden. Es läßt sich meist trefflich darüber streiten, ob eine solche Änderung der Vertragsbedingungen noch im Direktionsrecht des Arbeitgebers liegt, also einseitig und mit sofortiger Wirkung durch Versetzung herbeigeführt werden kann, oder ob der Arbeitgeber, der eine solche Änderung wünscht, eine **Änderungskündigung** aussprechen muß. Das Direktionsrecht des Arbeitgebers umfaßt jedenfalls nicht die Befugnis zur Versetzung auf einen Arbeitsplatz mit geringerer Vergütung, und zwar auch dann nicht, wenn die bisherige Vergütung fortgezahlt wird.[22]

2. Änderungskündigung. Im Falle einer Änderungskündigung sind, vom seltenen Fall der außerordentlichen Änderungskündigung abgesehen, die ordentlichen Kündigungsfristen einzuhalten. Die Änderungskündigung kann auf die binnen drei Wochen einzureichende Kündigungsschutzklage hin arbeitsgerichtlich überprüft werden, wobei sich in der Regel die Erklärung der Annahme unter Vorbehalt der sozialen Rechtfertigung der Änderungen empfiehlt.[23]

3. Ausschluß der Versetzung. Die Variante B enthält keinen Versetzungsvorbehalt. Sie sieht vor, daß das Aufgabengebiet vertraglich festgelegt wird. Der vertraglichen Fixierung steht die längere Zeit andauernde Zuweisung höher qualifizierter Arbeit gleich,[24] was für Angestellte wichtig sein kann, die sich allmählich in eine Führungsposition hochgedient haben, ohne daß die schriftlichen Vertragsunterlagen der tatsächlichen Entwicklung angepaßt wurden.

4. Folgen unzulässiger Versetzung. Hält sich die Versetzung nicht im Rahmen des Direktionsrechts, ist sie unwirksam. Dies führt insbesondere dazu, daß der Angestellte die **Arbeitsleistung verweigern** kann, seinen Vergütungsanspruch aber behält.[25] Da beharrliche Arbeitsverweigerung aber nur dann keinen Grund zur fristlosen Kündigung abgibt, wenn sie durch schuldlosen Irrtum verursacht ist, kann der Streit um die Wirksamkeit einer Versetzung risikoreich sein. Der Angestellte kann die ihm zugewiesene neue Tätigkeit vorläufig übernehmen und sich vorbehalten,

die Arbeit zu verweigern, sobald die Rechtsunwirksamkeit der Versetzung gerichtlich festgestellt sein wird. Die gerichtliche Entscheidung
wird allerdings meist eine gewisse Zeit auf sich warten lassen.

5. Prokura, Handlungsvollmacht. Prokura und Handlungsvollmacht sind
jederzeit **frei widerruflich.**[26] Widerruft der Arbeitgeber vertragswidrig
eine Prokura, kann der Arbeitnehmer nicht verlangen, daß ihm diese
wieder erteilt wird. Er kann aber Ersatz etwaiger Einbußen verlangen,
die er im Rahmen des Arbeitsverhältnisses durch den vertragswidrigen
Entzug der Prokura erleidet. Unter Umständen kann er auch außeror-
dentlich **kündigen.**[27] Arbeitgeber und Angestellter können im Innenverhältnis eine Beschränkung der Prokura und der Handlungsvollmacht
auf bestimmte Geschäfte vereinbaren. Bei der Prokura gilt diese Beschränkung nach außen nicht (§ 50 HGB), und zwar auch dann nicht,
wenn der Außenstehende die Beschränkung kennt. Auf eine Handlungsvollmacht des Angestellten kann sich ein Dritter nicht berufen, wenn
der Angestellte die mit dem Arbeitgeber vereinbarte Grenze überschreitet
und der Dritte dies weiß oder wissen muß (§ 54 Abs. 3 HGB). Wer besondere Vollmachten, insbesondere eine Einzelprokura erhält, trägt auch
eine höhere Verantwortung und damit ein höheres Haftungsrisiko.[28]

6. Betriebsverfassung. Ist der Angestellte nicht leitender i. S. d. Betriebsverfassungsgesetzes (hierzu I Einführung 4, S. 3), unterliegt seine Versetzung dem Mitbestimmungsrecht des Betriebsrates.[29] § 37 Abs. 5 Betriebsverfassungsgesetz enthält zugunsten von Betriebsratsmitgliedern
eine partielle Versetzungssperre.[30]

7. Überstunden. Beide Varianten befassen sich auch mit der Leistung von
Überstunden. Der Arbeitgeber kann im Rahmen seines Direktionsrechtes
grundsätzlich die Leistung von Überstunden verlangen. Eine besondere
Vergütung entfällt jedenfalls bei leitenden Angestellten im Sinne des Arbeitszeitgesetzes (oben I Einführung 4 a). Soweit ein Anspruch auf Überstundenvergütung grundsätzlich besteht, kann er jedenfalls bei höher dotierten Angestellten durch eine Pauschale abgegolten werden, die Bestandteil eines angemessenen Gehaltes sein kann (hier § 3 Abs. 1). Richtet sich die Arbeitszeit vertraglich nach der betriebsüblichen (Variante A), verkürzt sie sich bei einer tariflichen Arbeitszeitverkürzung. Die
Pflicht zur Leistung von Überstunden folgt nicht zuletzt aus der sog.
Treuepflicht, die bei Führungskräften recht weit gehen kann. Die in beide Varianten aufgenommene Verpflichtung des Angestellten zur besonderen Interessenwahrung bedeutet im Grunde nur eine Klarstellung.[31]

8. Titel. Rechtlich ist es ohne Belang, ob dem Angestellten gestattet wird,
im Betrieb und nach außen einen Titel (z. B. Leiter der ..., Hauptabtei-

lungsleiter, Direktor) zu führen. Soll die Führung eines Titels im Vertrag ihren Niederschlag finden, wird zweckmäßigerweise dem Abs. 1 noch der Satz angefügt: „Herr/Frau ...... führt den Titel ......" Die ausdrückliche Erklärung, der Angestellte sei leitender Angestellter, ist nahezu sinnlos. Wird aber vereinbart, daß der Angestellte zur selbständigen Einstellung und Entlassung von im Betrieb oder in der Betriebsabteilung beschäftigten Arbeitnehmern berechtigt ist, macht dies den Angestellten zum leitenden sowohl nach dem Betriebsverfassungsgesetz (§ 5 Abs. 3 Nr. 1) wie auch nach dem Kündigungsschutzgesetz.

§ 3
Vergütung

* **Variante A:**

(1) Herr/Frau ...... erhält ein Jahresgehalt von DM ...... brutto, das in zwölf gleichen Teilen jeweils am Monatsende ausbezahlt wird. Mit diesem Gehalt sind auch Überstunden pauschal abgegolten.

(2) Herr/Frau ...... erhält ferner eine Umsatzprovision aus den Verkaufsumsätzen seiner/ihrer Abteilung (seines/ihres Vertriebsgebietes) nach folgender Staffel: ......
Auf die Provision wird jeweils am Monatsende ein Vorschuß in Höhe von DM ...... brutto ausbezahlt. Die Provision wird halbjährlich abgerechnet. Maßgeblich sind die bei der Firma tatsächlich eingegangenen Beträge. Nachzahlungen sind 30 Tage nach Halbjahresende fällig. Rückbelastungen werden mit den auf die halbjährliche Abrechnung folgenden monatlichen Provisionsvorschüssen verrechnet.

(3) Herr/Frau ...... erhält eine Tantieme als Erfolgsbeteiligung. Bemessungsgrundlage der Erfolgsbeteiligung ist der Jahresüberschuß, der sich aus der Gewinn- und Verlustrechnung der Firma errechnet. Betriebliche Steuern sind zu berücksichtigen, nicht jedoch Ertragssteuern des Unternehmens und Rückstellungen. Die Tantieme wird nach folgender Staffelung bezahlt: ...... Sie ist jeweils mit dem Ende des sechsten Monats nach Beendigung des Wirtschaftsjahres/Kalenderjahres fällig.

(4) Beginnt oder endet der Arbeitsvertrag im Laufe eines Kalenderjahres, so werden Provisionen und Tantiemen zeitanteilig pro vollen Monat der Dauer des Arbeitsverhältnisses berechnet und gewährt.

(5) Die Vergütung wird jeweils zum Beginn eines neuen Geschäftsjahres der Firma unter Berücksichtigung der persönlichen Leistung, der allgemeinen Entwicklung der Lebenshaltungskosten und der Entwicklung im einschlägigen Tarifbereich angemessen angepaßt.

- Variante B:

(1) Herr/Frau ...... erhält ein monatliches Bruttogehalt von DM ......, zahlbar jeweils am Monatsende, mit dem auch etwaige Überstunden pauschal abgegolten sind.

(2) Herr/Frau ...... erhält darüber hinaus ein 13. Monatsgehalt in gleicher Höhe, das mit der Gehaltsabrechnung für November abzurechnen und auszuzahlen ist.

(3) Herr/Frau ...... erhält ein zusätzliches Urlaubsgeld in Höhe von DM ...... brutto im Jahr, das unabhängig davon, wann und in welchem Monat Urlaub genommen und erteilt wird, mit dem Gehalt für Juni abzurechnen und auszuzahlen ist.

(4) Beginnt oder endet das Arbeitsverhältnis im Laufe des Kalenderjahres, so werden das 13. Gehalt und das zusätzliche Urlaubsgeld zeitanteilig pro vollen Monat der Dauer des Arbeitsverhältnisses berechnet und gewährt.

(5) Das Gehalt soll angepaßt werden, wenn der Gehaltstarif des ...... sich ändert. Maßgeblich ist das Verhältnis der Veränderung der höchsten Tarifgruppe. Die Firma behält sich aber eine geringere Anpassung vor, auch wenn mehrfach die tarifliche Anpassung voll weitergegeben worden war.

Inhalt der Erläuterungen zu § 3:

1. Überstundenvergütung
2. Aufteilung der Vergütung
3. Leistungen unter Widerrufsvorbehalt
4. Gleichbehandlung
5. Abtretungs- und Verpfändungsverbot
6. Betriebsverfassung

1. Überstundenvergütung. Die pauschale Abgeltung von Überstunden durch das Gehalt kann vereinbart werden, wenn die Gesamtvergütung deutlich über dem höchsten Tarifgehalt liegt (vgl. auch § 2 Anm. 7).

2. Aufteilung der Vergütung. Während die Variante B neben dem Festgehalt lediglich die Zahlung eines 13. Gehaltes und eines zusätzlichen Urlaubsgeldes vorsieht, teilt die Variante A die Gesamtvergütung in ein Festgehalt, eine Umsatzprovision und eine Erfolgsbeteiligung auf. Die Bestandteile der beiden Varianten können beliebig gemischt werden. Auch sind die verschiedensten Berechnungsmethoden für die Umsatzprovision und für die Erfolgsbeteiligung denkbar. Sie sollten nur möglichst klar umrissen sein. Besonders zweckmäßig ist es, anhand der konkreten Unterlagen des Betriebes beispielhaft darzustellen, welche Provision oder Tantieme der Angestellte auf der Grundlage der dem Vertragsbeginn unmittelbar vorausgehenden betrieblichen Daten erhalten hätte. Wichtig ist die Festlegung der Fälligkeit der Gesamtzahlung oder der Abschlagszahlungen. Auch die ausdrückliche Vereinbarung einer Quotierung wie sie in beiden Varianten Abs. 4 vorsieht, ist zur Vermeidung von Unklarheiten zweckmäßig.[32] Eine Vereinbarung, wonach Provision oder Erfolgsbeteiligung nicht bezahlt wird, sofern das Arbeitsverhältnis nicht während des vollen Wirtschaftsjahres/Kalenderjahres bestand, ist rechtlich bedenklich (vgl. unten Anm. 3).[33]

3. Leistungen unter Widerrufsvorbehalt. In beiden Varianten wurde davon abgesehen, Leistungen, etwa Gratifikationen, unter ausdrücklichem Widerrufsvorbehalt vorzuschlagen. Der Widerruf unterscheidet sich von der nach einhelliger Auffassung unzulässigen Teilkündigung[34] dadurch, daß er vertraglich ausdrücklich vorbehalten ist. Eine vereinbarte Teilkündigung wird als Widerrufsvorbehalt behandelt. Die Rechtsprechung läßt hinsichtlich einzelner Leistungen, insbesondere betrieblicher Sozialleistungen einen Widerrufsvorbehalt im Grundsatz zu, unterstellt ihn aber einer gerichtlichen Billigkeitskontrolle.[35] Kommt also in einem Rechtsstreit das Arbeitsgericht zu dem Ergebnis, daß die Ausübung des Widerrufs billigem Ermessen nicht entsprach, so ist der erklärte Widerruf unwirksam. Insbesondere bei Vergütungsbestandteilen ist das Risiko der Unwirksamkeit eines Widerrufes hoch. Zulässig dürfte der in die Variante B Abs. 5 S. 2 aufgenommene Vorbehalt sein, wonach eine Tariferhöhung nicht in vollem Umfange weitergegeben werden muß. Das BAG hat entschieden, daß ein Arbeitgeber, der die Gehälter seiner außertariflichen Angestellten während mehrerer Jahre jeweils zum 1. Januar in Anlehnung an die Tarifentwicklung des Vorjahres erhöht hatte, weder aus betrieblicher Übung noch einzelvertraglich verpflichtet ist, die Tariferhöhungen auch künftig weiterzugeben. Der Arbeitgeber ist nach dieser Entscheidung noch nicht einmal verpflichtet, zukünftig über die Frage der Gehaltserhöhung nach billigem Ermessen zu entscheiden.[36] Diese Verpflichtung folgt allerdings hier aus Abs. 5 S. 1 beider Varianten. Soll auch eine solche Anpassungspflicht vermieden werden, muß lediglich formuliert werden, daß die Firma zu Gehaltserhöhungen auch dann nicht verpflichtet sei, wenn sie in der Vergangenheit, sei es auch mehrfach, das Gehalt in Anlehnung an Tariferhöhungen erhöht hatte.

4. Gleichbehandlung bei der Gehaltsanpassung. Sind Gehaltsanpassungen nicht vereinbart, muß der Arbeitgeber unter dem Gesichtspunkt der Gleichbehandlung allgemeine Lohnerhöhungen im Betrieb auch außertariflichen und leitenden Angestellten zugute kommen lassen. Schon 1959 hat das BAG entschieden, daß ein Arbeitgeber, der, veranlaßt durch eine Lohnwelle im gesamten Bereich des öffentlichen und privaten Arbeitslebens, bei der Mehrzahl seiner eigenen Arbeitnehmer erhebliche Lohnerhöhungen durchführt, einen einzelnen Arbeitnehmer hiervon nicht ohne sachlichen Grund ausnehmen darf. Das Problem der Gleichbehandlung bei Lohn- und Gehaltserhöhungen im Konflikt mit dem Grundsatz der Vertragsfreiheit hat die Rechtsprechung seither immer wieder beschäftigt.[37] In einer Entscheidung aus dem Jahre 1972 hat das BAG ausgesprochen, daß bei einer allgemeinen Erhöhung der Gehälter der tariflichen und der außertariflichen Angestellten ein außertariflicher Angestellter jedenfalls nicht in vollem Umfange ausgenommen werden darf. Das BAG hat dem außertariflichen Angestellten, der leer ausgegangen war, auch einen Anspruch zugebilligt, vom Arbeitgeber zunächst Auskunft über den genauen Umfange der bei anderen außertariflichen/leitenden Angestellten durchgeführten Gehaltserhöhungen zu erteilen.[38] Bei einer betriebseinheitlichen Regelung der Gehälter seiner außertariflichen Angestellten kann der Arbeitgeber die Gruppe der höher verdienenden Angestellten jedenfalls nicht völlig ausschließen. Auch bei der Gewährung von Gratifikationen nach allgemeinen Regeln ist der Arbeitgeber an den Gleichbehandlungsgrundsatz gebunden.[39]

5. Abtretungs- und Verpfändungsverbot. In Verträgen mit Führungskräften sind Gehaltsabtretungsverbote nicht üblich. Zulässig wäre ein solches Verbot aber. Es könnte so formuliert werden: „Die Abtretung sowie die Verpfändung von Vergütungsansprüchen ist ausgeschlossen, soweit nicht die Firma im Einzelfalle einwilligt." Diese Vereinbarung richtet sich nach § 399 BGB. Sie kann auch in einer Betriebsvereinbarung enthalten sein.[40]

6. Betriebsverfassung. Heftig umstritten war die Frage, ob und in welchem Umfange der Betriebsrat bei der Anrechung übertariflicher Zulagen auf Tarifentgelterhöhungen mitzubestimmen hat. Der Große Senat des Bundesarbeitsgerichts hat ein Mitbestimmungsrecht unter bestimmten Umständen bejaht; verneint wurde es für den Fall, daß die Tariflohnerhöhung vollständig und gleichmäßig auf die übertariflichen Zulagen angerechnet wird. Inzwischen liegen höchstrichterliche Entscheidungen zu verschiedenen Fallgestaltungen vor.[41]

§ 4
Wiederkehrende Nebenleistungen

(1) Hinsichtlich der Krankenversicherung gilt die gesetzliche Regelung.

(2) Die Firma vergütet Herrn/Frau ...... zusätzlich die Beträge für eine Krankentagegeldversicherung vom 43. Tage der Erkrankung an über einen Tagesbetrag von DM ......, die Herr/Frau ...... im Rahmen einer privaten Krankenversicherung abschließt.

(3) Die Firma schließt zugunsten von Herrn/Frau ...... eine private Unfallversicherung mit einer Deckungssumme von DM ...... für den Todesfall und von DM ...... für den Fall der Invalidität ab.

(4) Die Pflicht zur Vergütung der Versicherungsbeiträge endet mit dem Tage der Beendigung des Arbeitsverhältnisses.

(5) Herr/Frau ...... hat das Recht, von der Firma hergestellte bzw. vertriebene Erzeugnisse mit dem von der Firma allgemein festgelegten Mitarbeiterrabatt zu beziehen. Die Firma behält sich vor, Mitarbeiterrabatte jederzeit allgemein zu ändern oder aufzuheben.

(6) Alle Nebenleistungen sind Bruttoleistungen; etwa auf sie entfallende Einkommensteuer (Lohnsteuer) und Arbeitnehmeranteile zur Sozialversicherung übernimmt die Firma nicht.

Inhalt der Erläuterungen zu § 4:

1. Krankenversicherung   3. Mitarbeiterrabatt
2. Unfallversicherung   4. Bruttoleistungen

1. Die Krankenversicherung. Angestellte, die in der gesetzlichen Krankenversicherung nicht pflichtversichert sind, weil ihr regelmäßiges Jahresarbeitsentgelt die Versicherungspflichtgrenze überschreitet, oder weil sie sich nach Erhöhung der Versicherungspflichtgrenze von der Versicherungspflicht in der Krankenversicherung befreien ließen, haben gegen den Arbeitgeber einen Anspruch auf einen Zuschuß zum Krankenversicherungsbeitrag (§ 257 SGB V). Sie ist nur zugunsten des Angestellten abdingbar.[42] Diese Regelung trägt im allgemeinen den Interessen beider Partner ausreichend Rechnung. Die Vereinbarung, daß ein höherer Zuschuß zu den Beiträgen für eine freiwillige bzw. eine private Krankenversicherung bezahlt wird, ist selbstverständlich zulässig. Zu denken ist insbesondere an die Zahlung der Beiträge für ein Krankentagegeld von Beginn der 7. Krankheitswoche an (so hier Abs. 2). Die Versicherung eines Krankentagegeldes im Rahmen der privaten Krankenversicherung hat den Vorteil, daß der Versicherungsfall unabhängig davon eintritt, ob die Krankheit auf einem Unfall beruht.

2. Unfallversicherung. Unter die gesetzliche Unfallversicherung fallen alle Beschäftigten, auch hoch dotierte leitende Angestellte (§ 539 Abs. 1 Nr. 1 RVO, § 7 Abs. 1 SGB IV). In außertariflichen Verträgen insbesondere für leitende Angestellte wird häufig als zusätzliche soziale Absicherung der Abschluß einer privaten Unfallversicherung vereinbart. Im Rahmen einer solchen Versicherung können auch Tagegeld, Krankenhaustagegeld und Heilkosten privat versichert werden (im einzelnen vgl. §§ 4, 8 der Allgemeinen Unfallversicherungs-Bedingungen – AUB –). Voraussetzung für Leistungen des Versicherers ist hier aber stets, daß der Versicherte einen Unfall erlitten hat, der – im Gegensatz zur gesetzlichen Unfallversicherung – kein Arbeitsunfall sein muß.

Hat der Arbeitgeber von sich aus und ohne Vereinbarung mit dem Angestellten eine private Unfallversicherung abgeschlossen, kann der Angestellte dennoch die Versicherungssumme beanspruchen, wenn der Versicherungsfall eintritt. Der Arbeitgeber muß die ihm vom Versicherer ausbezahlte Versichungssumme an den Arbeitnehmer herausgeben.[43]

3. Mitarbeiterrabatt. Die **Steuerfreiheit** von Belegschaftsrabatten und ähnlichen Preisvorteilen ist durch das Steuerreformgesetz 1990 auf DM 2400,– jährlich beschränkt worden.[44]
Der **Widerrufsvorbehalt** dürfte wirksam sein. Die häufig anzutreffende Möglichkeit, daß Mitarbeiter im eigenen Betrieb zu günstigeren Bedingungen einkaufen, ist jedenfalls kein so wesentlicher Vergütungsbestandteil, daß die Änderung oder Beseitigung der Rabattsätze einer Änderungskündigung bedürften. Im einzelnen wird verwiesen auf die Anm. 3 zu § 3.

4. Bruttoleistungen. Angesichts der weiten Spanne steuerpflichtiger Einkünfte (§§ 19, 8 Einkommensteuergesetz, 3 Lohnsteuerdurchführungsverordnung) sollte ausdrücklich vereinbart werden, ob Nebenleistungen brutto oder netto gewährt werden. Hier ist in Abs. 6 klargestellt, daß es sich um Bruttoleistungen handelt. Nettovereinbarungen sind zulässig.[45]
Wird eine solche gewünscht, genügt die Formulierung, daß Einkommensteuer (Lohnsteuer) und etwaige Arbeitnehmeranteile zur Sozialversicherung, die bei Gewährung von Nebenleistungen anfallen, von der Firma getragen werden. Der Lohnbuchhalter muß dann aus der Lohnsteuertabelle durch Abtasten den fiktiven Brutto-Arbeitslohn ermitteln, aus dem sich nach Abzug der Beträge für Steuer und Sozialversicherung der Gesamtnettobetrag einschließlich vollem Nebenleistungsbetrag, also z. B. einschließlich dem Betrag der zusätzlichen Beiträge für eine private Krankentagegeldversicherung, ergibt.

§ 5
Einmalige Nebenleistungen

(1) Für die Dauer der Trennung von seiner/ihrer Familie, längstens jedoch für ...... Monate, erhält Herr/Frau ...... eine monatliche Trennungsentschädigung von DM ......, zahlbar jeweils zusammen mit dem Gehalt am Monatsende.

(2) Die Firma verpflichtet sich, Herrn/Frau ...... die durch seinen/ihren Umzug von ...... zum Dienstort entstehenden Speditionskosten zu 80 % bis zum Höchstbetrag von DM ...... bei Vorlage der Speditionsrechnung zu vergüten.

(3) Von den Kosten der Fortbildungsveranstaltung ...... trägt die Firma die Seminargebühren und eine Mehraufwandspauschale von DM ......

(4) Sollte das Arbeitsverhältnis durch eine Kündigung von Herrn/Frau ......
oder durch eine Kündigung der Firma, die wegen des Verhaltens von
Herrn/Frau ...... oder aus einem in seiner/ihrer Person liegenden Grund
sozial gerechtfertigt ist, vor Ablauf von drei Jahren enden, so ist Herr/
Frau ...... zur Rückzahlung der erhaltenen Umzugskosten/Ausbildungs-
kosten nach folgender Staffelung verpflichtet: Endet das Arbeitsverhältnis innerhalb eines Jahres, ist der volle Betrag zurückzuzahlen; bei Beendigung nach dem ersten Jahr, aber vor Ablauf von zwei Jahren ermäßigt
sicht der Betrag auf $^2/_3$, bei Beendigung im dritten Vertragsjahr auf $^1/_3$.

(5) Alle Nebenleistungen sind Bruttoleistungen; etwa auf sie entfallende
Einkommenssteuer (Lohnsteuer) und Arbeitnehmeranteile zur Sozialversicherung übernimmt die Firma nicht.

Inhalt der Erläuterungen zu § 5:

1. Freiwillige Leistung   3. Bruttoleistungen
2. Die Rückzahlungsklausel

1. Freiwillige Leistung. Während Vorstellungskosten auch ohne ausdrückliche oder stillschweigende Vereinbarung jedenfalls dann zu erstatten
sind, wenn die Anreise mit Wissen und Wollen des Arbeitgebers er-
folgt, gibt es weder für die Zahlung einer Trennungsentschädigung
noch von Umzugs- oder Ausbildungskosten Regeln. Der Vertragstext
geht davon aus, daß erst mit dem Zustandekommen des Vertrages auch
Ansprüche auf einmalige Nebenleistungen entstehen. Varianten können
beliebig vereinbart werden.

2. Die Rückzahlungsklausel. Die Rückzahlungsklausel bezieht sich hier
nur auf die Umzugskosten und die Ausbildungskosten. Sie könnte auch
für die Trennungsentschädigung vereinbart werden. Voraussetzung für
die Gültigkeit jeder Rückzahlungsklausel ist, daß sie hinsichtlich der
Höhe des zurückzuzahlenden Betrages und der Dauer der Rückzahlungsverpflichtung noch zumutbar erscheint. Ist der Rückforderungsbetrag zu hoch oder die Bindungsdauer zu lange, wird die Rückforderungs-
klausel unwirksam, weil sie das aus Art. 12 Grundgesetz folgende Recht
des Arbeitnehmers beschränkt, den Arbeitsplatz frei zu wählen und auf-
zugeben. Die Kündigungsbeschränkung durch Bindung an Rückforderungsklauseln wird dann als zulässig angesehen, „wenn sie unter Berücksichtigung aller Umstände des Einzelfalles nach Treu und Glauben
dem Arbeitnehmer zuzumuten ist und vom Standpunkt eines verständigen Betrachters aus einem begründeten und zu billigenden Interesse des
Arbeitgebers entspricht".[46] Nach allgemeiner Meinung kann eine Rückzahlungsverpflichtung nicht für jeden Fall der Beendigung des Arbeitsverhältnisses vereinbart werden, insbesondere nicht für den Fall einer
vom Arbeitgeber verschuldeten, wohl aber auch für den Fall einer be-

triebsbedingten Kündigung.[47] Für die hier genannten Kündigungsfälle
sind Rückzahlungsklauseln grundsätzlich zulässig.

Wird die Vergütung einmaliger Nebenleistungen als Darlehen formuliert, das nach bestimmter Zeit erlischt, gelten dieselben Grundsätze.[48] Für die **Dauer der Bindung** an die Rückzahlungsklausel hat sich in der Rechtsprechung doch ein recht konkreter Rahmen herausgebildet. Bei einer zu langen Bindungsfrist hat die Rechtsprechung bisher nicht einfach die Rückzahlungsklausel ersatzlos als unwirksam behandelt, sondern durch **Umdeutung** das rechtlich zulässige Maß als von den Parteien gewollt angesehen. Gelegentlich wurde in der Rechtsprechung die Höchstgrenze der Bindungsdauer auf zwei Jahre angesetzt, insbesondere in Fällen, in denen der Arbeitgeber ein besonderes Interesse an einem Umzug des Arbeitnehmers hatte, weil der Betrieb verlagert wurde.[49] Im allgemeinen gilt aber eine Bindungsdauer von drei Jahren mit einer Amortisierungsklausel, wie sie auch hier § 5 Abs. 4 vorsieht, als zulässig.[50] Häufig anzufinden ist auch die Klausel, nach der sich der Rückforderungsbetrag mit jedem vollen Monat der Dauer des Arbeitsverhältnisses um $^1/_{36}$ vermindert. Die Rückzahlungsklausel bezüglich der Fortbildungskosten ist nur wirksam, wenn der Arbeitnehmer Kenntnisse erwirbt, die er auch im Interesse eines anderen Arbeitgebers verwerten könnte.[51] Andererseits ist gerade bei Fortbildungskosten eine Bindungsdauer bis zu fünf Jahren als zulässig angesehen worden.

Die **Höhe der Rückforderung** sollte nicht über einer Monats-Bruttovergütung liegen; einen zu hoch vereinbarten Betrag wird im Streitfalle das Gericht herabsetzen, ohne die Rückzahlungsklausel insgesamt für unwirksam zu erklären.[52] Ggf. empfiehlt es sich, § 5 Abs. 4 dahin zu ändern, daß der Arbeitnehmer nicht zur Rückzahlung „der erhaltenen Umzugskosten/Ausbildungskosten", sondern zur Rückzahlung „eines Teilbetrages von ...... der erhaltenen Umzugskosten/Ausbildungskosten" verpflichtet wird.

3. Bruttoleistungen. Soweit der Arbeitgeber Trennungsentschädigung, Umzugskosten oder Fortbildungskosten bezahlt, können diese vom Arbeitnehmer nicht mehr als Sonderausgaben oder Werbungskosten geltend gemacht werden. Entscheidend für die Aufnahme der Bruttolohnklausel (hier in § 5 Abs. 5) auch für einmalige Nebenleistungen spricht, daß solche Zahlungen nur beschränkt steuerfrei sind, z. B. in gewissem Umfange Umzugskosten (§ 3 Nr. 16 Einkommensteuergesetz). Auch hier spricht aber arbeitsrechtlich nichts dagegen, eine Nettoklausel zu vereinbaren. Auf die Anmerkung 4 zu § 4 (Wiederkehrende Nebenleistungen) wird Bezug genommen.[53]

§ 6
Dienstreisen

• Variante A:

(1) Für die Erstattung der aus Anlaß von Dienstreisen entstehenden Kosten gelten die allgemeinen Richtlinien der Firma über die Vergütung von Reisekosten.

(2) Soweit die Richtlinien nichts anderes bestimmen oder die Firma nicht im Einzelfall einwilligt, darf ein privates Fahrzeug für dienstliche Zwecke nicht eingesetzt werden.

• Variante B:

(1) Herrn/Frau ...... steht für seine dienstliche Tätigkeit ein Dienstwagen der Mittelklasse/oberen Mittelklasse, z.B. ein Pkw Fabrikat ......, Typ ...... zur Verfügung. Die Firma trägt die Kosten des Betriebes, der Wartung und Pflege. Sie unterhält eine Vollkaskoversicherung mit einer Selbstbeteiligung von nicht mehr als DM ...... und schließt die Haftpflichtversicherung mit einer Versicherungssumme von mindestens DM ...... ab.

(2) Die Firma kann jederzeit und ohne Angaben von Gründen die Herausgabe des Dienstwagens verlangen. Ein Zurückbehaltungsrecht ist ausgeschlossen.

oder

(2) Der Dienstwagen steht Herrn/Frau ...... auch zur privaten Nutzung zur Verfügung. Auch insoweit trägt die Firma alle Kosten. Endet der Arbeitsvertrag oder erklärt die Firma, daß Herr/Frau ...... von der Verpflichtung zur Dienstleistung unwiderruflich entbunden wird, ist der Dienstwagen sofort an die Firma herauszugeben. Im letzteren Falle erstattet die Firma den Nutzungswert nach dem steuerrechtlichen geldwerten Vorteil, sofern sie die Herausgabe verlangt. Ein Zurückbehaltungsrecht ist ausgeschlossen.

(3) Herrn/Frau ...... steht es frei, für Dienstreisen auf Kosten der Firma andere Verkehrsmittel, insbesondere die Deutsche Bundesbahn (1. Klasse) in Anspruch zu nehmen. Flugreisen bedürfen der vorherigen Zustimmung durch den unmittelbaren Vorgesetzten.

(4) Verpflegungs- und Übernachtungsaufwand wird im Rahmen der steuerrechtlichen Höchstbeträge erstattet.

(5) Auf die Leistungen der Firma entfallende Einkommensteuer (Lohnsteuer) und Arbeitnehmeranteile zur Sozialversicherung übernimmt die Firma nicht.

- Variante C:

(1) Herrn/Frau ...... steht ein Dienstwagen zur Verfügung. Die Einzelheiten ergeben sich aus dem als Anlage 1 diesem Anstellungsvertrag beigefügten Dienstwagenvertrag, der auch ohne besondere Unterzeichnung Vertragsinhalt ist.

(2) Herrn/Frau ...... steht es frei, für Dienstreisen auf Kosten der Firma andere Verkehrsmittel, insbesondere die Deutsche Bundesbahn (1. Klasse) in Anspruch zu nehmen. Flugreisen bedürfen der vorherigen Zustimmung durch den unmittelbaren Vorgesetzten.

Inhalt der Erläuterungen zu § 6:

1. Privatwagen/Dienstwagen	4. Freistellungsanspruch
2. Dienstwagen und Privatnutzung	5. Steuern, Sozialversicherung
3. Haftung im Schadensfall	6. Dienstwagenvertrag

1. Privatwagen/Dienstwagen. Ein außertarifliches Arbeitsverhältnis beinhaltet nicht zwingend die Zurverfügungstellung eines Dienstwagens durch den Arbeitgeber. Setzt die Tätigkeit des Angestellten, auch des leitenden Angestellten, ganz überwiegend seine Anwesenheit im Betrieb voraus, wird die Verfügung über einen Dienstwagen eher entbehrlich sein. Dann setzt erfahrungsgemäß der Angestellte allerdings zumindest gelegentlich sein eigenes Kraftfahrzeug für dienstliche Zwecke ein. Für diesen Fall ist hier die Variante A vorgesehen, die von der Existenz allgemeiner Richtlinien ausgeht. Sind allgemeine Richtlinien über die Vergütung von Reisekosten nicht vorhanden, sollte jedenfalls klargestellt werden, daß alle im Zusammenhang mit Dienstreisen anfallenden Kosten im Rahmen der steuerrechtlichen Bestimmungen erstattet werden. In diesem Falle sollte ferner geregelt werden, ob der Angestellte sein eigenes Kraftfahrzeug nach eigenem Ermessen oder nur im Einzelfall mit Einwilligung des Vorgesetzten/der Geschäftsleitung für dienstliche Zwecke einsetzen darf. Beim Fehlen allgemeiner Richtlinien empfiehlt es sich schon im Hinblick auf die Haftungsprobleme, eine besondere Vereinbarung über Dienstfahrten mit dem Privatfahrzeug abzuschließen, auf die im Abs. 2 der Variante A Bezug genommen werden könnte. Im Anhang (Abschnitt B S. 94) wird das Muster einer solchen Vereinbarung vorgestellt und kommentiert. Bestehen keine Vereinbarungen zu dieser Frage, kann der Arbeitgeber vom Arbeitnehmer nicht verlangen, daß dieser sein privates Kraftfahrzeug für dienstliche Zwecke einsetzt.

2. Dienstwagen und Privatnutzung. Die Varianten B und C gehen davon aus, daß dem Angestellten ständig ein Dienstwagen zur alleinigen Benutzung zur Verfügung steht. Hält das Unternehmen eigene Fahrzeuge, die Angestellten nur von Fall zu Fall dienstlich oder privat zur Verfügung stehen, kann der Vertragstext auf einen entsprechenden Hinweis beschränkt werden, der ergänzend regeln sollte, wer über die Inanspruchnahme jeweils entscheidet.[54] Wird innerhalb der Variante B die Version (Abs. 2, 2. Fassung) gewählt, daß der Angestellte den Dienstwagen auch privat nutzen kann, was die Regel sein wird, ist die Herausgabeklausel nicht unproblematisch, weil die private Pkw-Nutzung als Teil der Vergütung angesehen werden kann. Möglich und im Hinblick auf die Herausgabepflicht weniger problematisch ist eine Vereinbarung, wonach die Firma im Falle der Freistellung des Angestellten den Dienstwagen zwar herausverlangen kann, aber für die Dauer des Arbeitsverhältnisses zur privaten Nutzung durch den Angestellten ein auch geringerwertiges Fahrzeug zur Verfügung stellen muß. Im vorliegenden Text ist die Herausgabepflicht lediglich als Folge der unwiderruflichen Dienstbefreiung vorgesehen.

3. Haftung im Schadensfall. Nach der Rechtsprechung haftet der Arbeitnehmer bei betriebsbezogener Tätigkeit nur eingeschränkt. Die Benutzung eines Kraftfahrzeuges zu dienstlichen Zwecken wird in der Regel als gefahrengeeignet angesehen, was auch nach der neuen Rechtsprechung hinsichtlich der Höhe etwa zu leistenden Schadensersatzes von Bedeutung sein kann (vgl. die Darstellung beim Dienstwagenvertrag Anhang A Anm. 5). Schäden, die ein Arbeitnehmer durch einen Unfall mit dem Firmenwagen nicht grob fahrlässig verursacht, sind nach dieser Rechtsprechung „in aller Regel zwischen Arbeitgeber und Arbeitnehmer zu teilen, wobei die Gesamtumstände von Schadensanlaß und Schadensfolgen nach Billigkeitsgrundsätzen und Zumutbarkeitsgesichtspunkten gegeneinander abzuwägen sind" (innerbetrieblicher Schadensausgleich). Das Bundesarbeitsgericht hält den Arbeitgeber nicht für verpflichtet, eine Kraftfahrzeug-Kaskoversicherung abzuschließen, beschränkt die Haftung des Arbeitnehmers aber beim Fehlen einer Kaskoversicherung unter Umständen auf den Betrag der Selbstbeteiligung, die bei Abschluß einer Kaskoversicherung zu vereinbaren gewesen wäre.[55]

4. Freistellungsanspruch. Vgl. § 11 Haftung für Schaden, Anm. 5 und Privatwagenvertrag, Anhang B, Anm. 4.

5. Steuern, Sozialversicherung. Überläßt ein Arbeitgeber dem Arbeitnehmer einen Pkw kostenlos oder verbilligt zur Privatnutzung, so liegt darin ein geldwerter Vorteil, der zum steuerpflichtigen Arbeitslohn gehört und damit in der Regel auch die Beitragspflicht zur Sozialversicherung auslöst.[56] Ein geldwerter Vorteil liegt auch vor, wenn ein betriebseigenes Kraftfahrzeug zu fahrten zwischen Wohnung und Arbeitsstätte und zu Familienheimfahrten überlassen wird. Der geldwerte Vorteil kann durch Einzelnachweis ermittelt werden, wenn ein Fahrtenbuch geführt und die Zahl der dienstlich und privat gefahrenen Kilometer sowie die Fahrten zwischen Wohnung und Arbeitsstätte im einzelnen nachgewiesen werden. In aller Regel dürfte die Wahl der pauschalen Berechnung insbesondere in der Weise zweckmäßig sein, daß monatlich 1 % des auf volle hundert DM abgerundeten Kaufpreises des Pkw angenommen wird.

6. Dienstwagenvertrag. Häufig besteht ein Bedürfnis, die Überlassung des Dienstwagens ausführlicher und in einem besonderen Vertrag zu regeln. Dem trägt die Variante C mit dem im Anhang A S. 89 ff. dargestellten und kommentierten Muster eines Dienstwagenvertrages Rechnung. Das Muster eines Vertrages über die Nutzung des privaten Pkw findet sich im Anhang B S. 94 ff.

§ 7
Urlaub

(1) Herrn/Frau ...... steht ein jährlicher bezahlter Erholungsurlaub von ...... Arbeitstagen zu. Arbeitstage sind die Werktage von Montag bis Freitag. Der Urlaubsanspruch entsteht erstmals nach einer Beschäftigungsdauer von sechs Monaten.

(2) Der Urlaub soll im wesentlichen zusammenhängend genommen und erteilt werden. Die Urlaubszeit wird mit dem unmittelbaren Vorgesetzten möglichst frühzeitig abgestimmt.

(3) Teilurlaub bis zu drei Arbeitstagen gilt allgemein als erteilt, sofern er unter Berücksichtigung dienstlicher Belange und vor Antritt dem unmittelbaren Vorgesetzten mitgeteilt wird.

(4) Auf den die gesetzliche Urlaubsdauer übersteigenden Teil des Urlaubsanspruches sind die Vorschriften des Bundesurlaubsgesetzes entsprechend anzuwenden.

Inhalt der Erläuterungen zu § 7:

1. Die gesetzliche Regelung des Urlaubes
2. Die Erteilung des Urlaubes
3. Betriebsferien
4. Rückruf aus dem Urlaub
5. Übertragung, Ausschluß
6. Abgeltung
7. Betriebsverfassung

1. Die gesetzliche Regelung des Urlaubes. Das Bundesurlaubsgesetz sieht einen jährlichen Mindesturlaub von 24 Werktagen vor.[57] Seine Stärke liegt in der Unabdingbarkeitsregelung (§ 13), die sich allerdings nur auf den gesetzlichen Mindesturlaub bezieht.[58] Es wird kaum einen Arbeitsvertrag geben, der nur den gesetzlichen Mindesturlaub vorsieht. Um zu vermeiden, daß ein Teil des Urlaubsanspruches, nämlich der 24 Werktage übersteigende Urlaub, anderen Regeln folgt als der gesetzliche Urlaub, empfiehlt es sich, den Urlaub insgesamt den Regeln des Bundesurlaubsgesetzes zu unterstellen (hier § 7 Abs. 4). Der Urlaubsanspruch bezieht sich auf das Kalenderjahr (§ 1 BUrlG). § 7 Abs. 1 S. 2 des Mustertextes entspricht der gesetzlichen Regelung in § 4 BUrlG. Die Bestimmung ist nur im ersten Dienstjahr von Interesse. Vom zweiten Dienstjahr an kann der Jahresurlaub auch in der ersten Jahreshälfte genommen werden. Anspruch auf $^1/_{12}$ des Jahresurlaubes für jeden vollen Monat des Bestehens des Arbeitsverhältnisses hat der Arbeitnehmer, wenn das Arbeitsverhältnis während des Jahres nach dem 30. 6. beginnt oder das Arbeitsverhältnis vor erfüllter Wartezeit oder nach erfüllter Wartezeit in der ersten Hälfte eines Kalenderjahres endet (§ 5 BUrlG). Bruchteile von Urlaubstagen sind dann auf einen vollen Urlaubstag aufzurunden, wenn sie mindestens einen halben Tag ergeben. Der Urlaub verfällt, wenn er nicht im Kalenderjahr oder allenfalls bis zum 31. 3. des folgenden Jahres gewährt und genommen wird (im einzelnen vgl. unten Anm. 5). Die Zeit einer Erkrankung während des Urlaubes wird auf den Jahresurlaub nicht angerechnet, sofern die Erkrankung durch ärztliches Zeugnis nachgewiesen ist (§ 9 BUrlG).

2. Die Erteilung des Urlaubes. Der Urlaubsanspruch wird erst fällig, wenn der Urlaub vom Arbeitgeber erteilt ist. Die Erteilung liegt im Direktionsrecht des Arbeitgebers. Sie muß aber unter Abwägung der beiderseitigen Interessen nach billigem Ermessen erfolgen.[59] Urlaubswünsche des Arbeitnehmers müssen berücksichtigt werden, soweit nicht dringende betriebliche Belange oder sozial gewichtigere Urlaubswünsche anderer Arbeitnehmer entgegenstehen. Urlaub kann nicht im Vorgriff auf das nächste Jahr erteilt werden.[60] Es entspricht billigem Ermessen, Urlaub innerhalb der Kündigungsfrist auch gegen den Willen des Arbeitnehmers zu erteilen, es sei denn, dies wäre angesichts besonderer Umstände dem Arbeitnehmer nicht zuzumuten.[61] Umgekehrt kann auch der Arbeitnehmer die Erteilung des Urlaubes in der Kündigungsfrist verlangen. Die ältere Rechtsprechung, wonach das Urlaubsbegehren etwa bei sehr langer Krankheit rechtsmißbräuchlich sein könne, ist überholt.[62] Erteilt der Arbeitgeber vor Ablauf des Urlaubsjahres bzw. des Übertragungszeitraumes den Urlaub nicht, obwohl dies möglich gewesen wäre, tritt nach Zeitablauf an die Stelle des Urlaubsanspruches ein Schadensersatzanspruch. Der Urlaub verfällt aber ersatzlos, wenn die Krankheit so lange dauert, daß der Arbeitgeber ihn vor dem Verfalltag nicht erteilen konnte.[63] Die nachträgliche Anrechnung arbeitsfreier Tage auf den Erholungsurlaub ist unzulässig.[64] Eine Anrechnung von Kuren und Schonzeiten kommt dann in Betracht, wenn für diese Zeiten kein Lohnfortzahlungsanspruch besteht (§ 10 BUrlG).

3. Betriebsferien. An die vom Arbeitgeber im betrieblichen Interesse festgelegten Betriebsferien ist der Arbeitnehmer gebunden. der Arbeitgeber

kommt in Annahmeverzug und muß deshalb das Gehalt fortzahlen,
wenn er während der Dauer von Betriebsferien Urlaub nicht gewährt
und den Arbeitnehmer auch nicht beschäftigt. Eine Vereinbarung über
unbezahlten Urlaub während der Betriebsferien kann bei gehöriger Abwägung der beiderseitigen Interessen aber zulässig sein.[65] Ob arbeitsfreie
Tage in der Zeit zwischen Weihnachten und Dreikönig auf den Urlaub
anzurechnen sind, muß nach den Umständen des Einzelfalles beurteilt
werden.[66]

4. Rückruf aus dem Urlaub. Ein Rückruf aus dem Urlaub kann bei außer-
gewöhnlichen Umständen berechtigt sein.[67] Es handelt sich beim Rückruf nicht um die Anfechtung der Urlaubserteilung, die aber wegen Irrtums, Täuschung oder Drohung grundsätzlich in Frage kommt, so lange
der Urlaub noch nicht beendigt ist.[68]

5. Übertragung, Ausschluß. Die Übertragung des Urlaubes auf das nächste Kalenderjahr folgt nicht aus einer besonderen Vereinbarung, sondern
ergibt sich gesetzlich aus dringenden Gründen während des laufenden
Urlaubsjahres. Die Gründe können betrieblicher Art sein oder in der Person des Arbeitnehmers liegen. Lag ein dringender Grund vor, so ist der
Urlaub auch dann zu übertragen, wenn er nicht verlangt worden war.[69]
Wird er dann aber nicht so rechtzeitig geltend gemacht, daß er innerhalb
der ersten drei Monate des nächsten Jahres erteilt werden kann, verfällt
er; mit ihm verfällt auch der Anspruch auf Urlaubsentgelt; er verwandelt
sich nicht in einen Abgeltungsanspruch. Eine tarifliche Ausschlußfrist ist
in der Regel auf Urlaubs- und Urlaubsabgeltungsansprüche nicht anzuwenden.[70]

6. Abgeltung. Die Abgeltung des Urlaubes kommt nur in Frage, wenn der
Urlaub wegen Beendigung des Arbeitsverhältnisses im Urlaubsjahr oder,
sofern die Übertragungsvoraussetzungen vorlagen, im Zeitraum bis
zum 31.3. des Folgejahres nicht realisiert werden konnte. Ist der Urlaubsanspruch verfallen, gibt es auch keine Abgeltung. Der Ausschluß
von gesetzlichen Urlaubs- oder Abgeltungsansprüchen kann nicht vereinbart werden, und zwar auch nicht durch Tarifvertrag. Dem Arbeitnehmer günstigere Regelungen sind aber zulässig.[71]

7. Betriebsverfassung. Mitbestimmungsrechte des Betriebsrates bestehen,
soweit es um die Aufstellung allgemeiner Urlaubsgrundsätze und des Ur-
laubsplanes, zum Beispiel auch um die Festlegung der Betriebsferien
geht. Der Betriebsrat hat ferner ein Mitbestimmungsrecht, wenn zwischen Arbeitgeber und einzelnen Arbeitnehmern kein Einverständnis
über die zeitliche Lage des Urlaubes erzielt wird.[72]

§ 8
Arbeitsverhinderung und Gehaltsfortzahlung

(1) Herr/Frau ...... ist verpflichtet, jede Arbeitsverhinderung und ihre voraussichtliche Dauer zum frühestmöglichen Zeitpunkt der Firma mitzuteilen und dabei gleichzeitig auf etwaige dringliche Arbeiten hinzuweisen.

(2) Im Falle der Arbeitsunfähigkeit infolge Krankheit legt Herr/Frau ...... spätestens am dritten Arbeitstag eine ärztliche Bescheinigung über die Arbeitsunfähigkeit und deren voraussichtliche Dauer vor.

(3) Im übrigen gilt Herr/Frau ...... in den Fällen als ohne eigenes Verschulden an der Arbeitsleistung verhindert, die betriebsüblich oder in einem für die Firma fachlich und betrieblich geltenden Tarifvertrag als Arbeitsverhinderung anerkannt sind.

(4) Bei Arbeitsunfähigkeit wegen Krankheit wird die volle Vergütung für einen Zeitraum von ...... Wochen/Monaten fortgezahlt.

(5) Im Todesfall werden auf die Dauer von ...... Wochen/Monaten nachstehend aufgeführte Vergütungsbestandteile an die Ehefrau/unterhaltsberechtigen Kinder bezahlt: ......

(6) Soweit die Arbeitsverhinderung auf einem Ereignis beruht, aus dem Herrn/Frau ...... Schadensersatzansprüche gegen einen Dritten zustehen, ist Herr/Frau ...... verpflichtet, die Firma sofort über den Hergang des Ereignisses und den Schädiger vollständig zu unterrichten.

Inhalt der Erläuterungen zu § 8:

1. Meldepflicht	5. Verschulden, Beweislast
2. Arbeitsunfähigkeitsbescheinigung	6. Umfang der Gehaltsfortzahlung
3. Arbeitsverhinderung	7. Abtretung von Schadensersatz-
4. Einzelfälle der Arbeitsverhinderung	ansprüchen

1. Meldepflicht. Im ersten Absatz wird die heute auch gesetzlich (§ 5 EntgeltfortzahlungsG) geregelte Pflicht zur frühestmöglichen Anzeige einer Arbeitsverhinderung, gleichgültig worauf sie beruht, festgelegt. Sie wird dahin erweitert, daß auf dringliche Arbeiten hinzuweisen ist. Diese Verpflichtungen hat das Bundesarbeitsgericht einem Angestellten in verantwortlicher Stellung auch dann auferlegt, wenn sie nicht ausdrücklich vereinbart war.[73] Es hat ausgesprochen, daß ein Angestellter in verantwortlicher Stellung sich im Falle plötzlicher Erkrankung jedenfalls dann, wenn seine Anwesenheit im Betrieb aus besonderem Anlaß notwendig ist, nicht darauf beschränken darf, dem Arbeitgeber seine Arbeitsunfähigkeit durch Übersendung einer ärztlichen Bescheinigung ohne jede Erläuterung einfach nur anzuzeigen. Bleibt die Anzeige zu lange aus, entfällt allerdings nicht der Gehaltsfortzahlungsanspruch. Vielmehr hat der Arbeitgeber zunächst lediglich ein **Zurückbehaltungsrecht.**

Darüber hinaus kann nach den allgemeinen Haftungsgrundsätzen ein **Schadensersatzanspruch** des Arbeitgebers entstehen, insbesondere bei Verletzung der Pflicht, auf dringliche Arbeiten hinzuweisen. Schließlich kann die Verletzung der Meldepflichten einen **Kündigungsgrund** abgeben. Das Bundesarbeitsgericht hält „unter besonderen Umständen" sogar eine außerordentliche (fristlose) Kündigung für gerechtfertigt.[74] Die besonderen Umstände werden allerdings außergewöhnlich schwerwiegend sein müssen, wenn eine auf die Verletzung der Meldepflichten gestützte außerordentliche Kündigung Bestand haben soll.

2. Arbeitsunfähigkeitsbescheinigung. § 8 Abs. 2 sieht die übliche Verpflichtung vor, im Krankheitsfalle eine Arbeitsunfähigkeitsbescheinigung vorzulegen. Die Arbeitsunfähigkeitsbescheinigung setzt den **Anscheinsbeweis** für ihre inhaltliche Richtigkeit. Im Streit um Gehaltsfortzahlungsansprüche kann der Arbeitgeber den Anscheinsbeweis dadurch ausräumen, daß er Umstände darlegt und notfalls beweist, die ernsthafte Zweifel an der inhaltlichen Richtigkeit der Bescheinigung begründen. Der Beweiswert kann etwa dadurch gemindert sein, daß die Bescheinigung ohne vorherige persönliche Untersuchung durch den Arzt oder rückwirkend ausgestellt war, oder der Arbeitnehmer eine Erkrankung angekündigt hatte.[75] Ist der Anscheinsbeweis ausgeräumt, muß der Arbeitnehmer die Arbeitsunfähigkeit voll beweisen. Anders ist die Beweislage nur, wenn der Arbeitgeber eine Kündigung auf die Behauptung stützt, eine Arbeitsunfähigkeitsbescheinigung sei erschlichen worden, der Arbeitnehmer sei in Wirklichkeit nicht arbeitsunfähig krank gewesen. In diesen Fällen **muß der Arbeitgeber beweisen,** daß der Arbeitnehmer nicht arbeitsunfähig gewesen sei. Der Mustertext enthält keine Verpflichtung des Angestellten, sich auf Verlangen des Arbeitgebers durch einen bestimmten Arzt untersuchen zu lassen, weil nach der Rechtsprechung aus einer Weigerung des Angestellten, einem solchen Verlangen nachzukommen, so gut wie keine dem Angestellten nachteiligen Schlußfolgerungen gezogen werden können.[76] Die **ausländische Arbeitsunfähigkeitsbescheinigung** hat im allgemeinen den gleichen Beweiswert wie die Bescheinigung eines deutschen Arztes. Sie muß jedoch erkennen lassen, daß der ausländische Arzt zwischen einer bloßen Erkrankung und einer zur Arbeitsunfähigkeit führenden Krankheit unterschieden und damit eine den Begriffen des deutschen Arbeits- und Sozialversicherungsrechts entsprechende Beurteilung vorgenommen hat.[77]

3. Arbeitsverhinderung. Die Gehaltsfortzahlung im Falle der Krankheit und **sonstiger Verhinderungen** ist eine Ausnahme von dem Grundsatz, daß Vergütung nur für Arbeitsleistung zu gewähren ist.[78] Der Vergütungsanspruch bleibt immer dann aufrecht erhalten, wenn die Arbeitsleistung auch unter Berücksichtigung der Treuepflicht dem Arbeitnehmer nicht zuzumuten war. Der Arbeitnehmer muß die Verhinderung mög-lichst zu vermeiden suchen.[79] Es muß sich stets um **in der Person des Ar-beitnehmers liegende Gründe** handeln, die aber **ohne eigenes Verschulden** eingetreten sind. Objektive, allgemein wirksame Hinderungsgründe wie das Fehlen einer Berufsausübungserlaubnis oder Verkehrsbehinderungen lösen den Gehaltsfortzahlungsanspruch nicht aus.[80] Ist die Verhinderung aber dadurch begründet, daß der Verdacht besteht, der Angestellte leide unter einer ansteckenden Krankheit, liegt dies in der Person begründet.[81] Eine **Einschränkung der Gehaltsfortzahlung** im Verhinderungsfalle ist auch durch **Einzelvertrag** möglich, soweit es sich nicht um die Gehalts-fortzahlung von 6 Wochen im Falle der krankheitsbedingten Arbeitsun-fähigkeit handelt.[82] Fällt ein Vorgang, der eine Arbeitsverhinderung sein könnte, in den Urlaub, führt dies (anders als bei Arbeitsunfähigkeit im Urlaub) nicht zu einer Urlaubsunterbrechung.[83]

4. Einzelfälle der Arbeitsverhinderung. In der Praxis kommen vor allem der notwendige Arztbesuch, Begräbnisse und Geburten in Frage.[84] Die Ladung zu einem gerichtlichen oder behördlichen Termin, auch eine Vorladung zur Polizei, wird im allgemeinen als Verhinderungsfall anzu-erkennen sein, jedoch dann nicht, wenn es sich um die Wahrnehmung ei-nes Gerichtstermins in eigener Sache handelt.[85] Die Vorführung des eige-nen Kraftfahrzeuges beim TÜV gehört jedoch zu den Kosten der priva-ten Lebenshaltung, die nicht auf den Arbeitgeber abgewälzt werden kön-nen.[86] Auch die Besorgung des eigenen Umzuges dürfte entgegen einer älteren Entscheidung als Verhinderungsfall nicht anzuerkennen sein.[87] Streitig ist, ob die Vorbereitung der Bundestagswahl als Kandidat den Gehaltsfortzahlungsanspruch auslöst. Die Freistellung eines Arbeitneh-mers zu gewerkschaftlichen Schulungsveranstaltungen für einen ehren-amtlichen Richter bei der Arbeitsgerichtsbarkeit hat keinen Gehaltsfort-zahlungsanspruch zur Folge.[88] Häufig hatte sich das Bundesarbeitsge-richt mit der Frage zu befassen, ob die **Betreuung** eines **erkrankten Kindes** Gehaltsfortzahlung zur Folge hat. Die Frage wurde mit wechselnder Be-gründung bejaht.[89] **Familienfeiern** stellen grundsätzlich keinen Verhinde-rungsfall dar. Die Teilnahme an der goldenen Hochzeit der Eltern ent-spricht jedoch nach der Auffassung des Bundesarbeitsgerichts einer so stark bindenden sittlichen Pflicht, daß sie als Verhinderung mit Vergü-tungsanspruch anerkannt wurde.[90] Das Arbeitsverhältnis muß vor und nach dem Verhinderungsfall bestehen. Nicht in der Person des Arbeit-nehmers begründet und damit nicht gehaltsfortzahlungspflichtig ist eine Verhinderung, die darauf beruht, daß der Arbeitnehmer wegen allgemei-ner **Verkehrsbehinderungen**, etwa durch Glatteis, nicht zum Dienst kom-men kann, oder wenn die Arbeit wegen **Smog-Alarm** ausfällt.[91]

5. Verschulden, Beweislast. Verschulden liegt wie bei der Arbeitsunfähigkeit wegen Erkrankung auch in den anderen Verhinderungsfällen nur vor, wenn der Arbeitnehmer grob gegen das von einem verständigen Menschen zu erwartende Verhalten verstoßen hat und die Inanspruchnahme des Arbeitgebers unter Berücksichtigung der Treuepflicht unangemessen erscheint. Die Darlegungs- und Beweislast für die Verhinderung trifft den Arbeitnehmer, für das Verschulden den Arbeitgeber. Zum Nachweis der Pflegebedürftigkeit eines erkrankten Kindes genügt eine ärztliche Bescheinigung.[92]

6. Umfang der Gehaltsfortzahlung. Für den Krankheitsfall sieht das Gesetz eine unabdingbare Fortzahlungsdauer von 6 Wochen vor. Die Höhe der Entgeltfortzahlung beträgt nach dem geänderten § 4 Abs. 1 EntgeltfortzahlungsG nur noch 80 % der regelmäßigen Vergütung. Der Mustertext oben § 8 Abs. 4 gewährt dem Angestellten Gehaltsfortzahlung in vollem Umfang für einen darüber hinaus gehenden Zeitraum, wie dies in Verträgen jedenfalls mit leitenden Angestellten nicht selten ist. Leistungen aus einer Krankenversicherung und einer Unfallversicherung sind auf den Gehaltsfortzahlungsanspruch nicht anzurechnen. Erhält der Angestellte vertraglich Prämien für eine Krankentagegeld- bzw. eine Unfallversicherung (hier Mustertext § 4 Abs. 5), wird man eine über die gesetzliche Dauer hinausreichende Gehaltsfortzahlung mit den Prämienleistungen für Versicherungen abstimmen. Gehaltsfortzahlung für einen längeren Zeitraum als 6 Wochen kann auch in der Weise vereinbart werden, daß nur bestimmte Teile der regelmäßigen Vergütung weiter bezahlt werden. Die Gehaltsfortzahlung an Hinterbliebene ist vom Gesetz nicht vorgesehen; sie kann, auch bezüglich der Bezugsberechtigten, frei vereinbart werden. Im Falle einer **Kur** erhält der privat Versicherte Gehaltsfortzahlung, wenn eine Maßnahme der medizinischen Vorsorge oder Rehabilitation ärztlich verordnet worden ist und stationär in einer Einrichtung der medizinischen Vorsorge oder Rehabilitation oder einer vergleichbaren Einrichtung durchgeführt wird (§ 9 I 2 EntgeltfortzahlungsG).[93]

7. Abtretung von Schadensersatzansprüchen. Das EntgeltfortzahlungsG sieht jetzt (in § 6) für alle Arbeitsverhältnisse einen gesetzlichen Forderungsübergang vor, der sich auf den gesetzlichen Entgeltfortzahlungsanspruch zuzüglich Arbeitgeberanteile zur Sozialversicherung, zur Pflegeversicherung und zu Einrichtungen der zusätzlichen Alters- und Hinterbliebenenversorgung bezieht. Die vertragliche Abtretungsregelung soll dem Arbeitgeber einen weitergehenden Rückgriff ermöglichen.[94]

§ 9
Nebentätigkeit und Geschenke

(1) Jede Nebentätigkeit, gleichgültig ob sie entgeltlich oder unentgeltlich ausgeübt wird, bedarf der vorherigen Zustimmung der Firma. Die Zustimmung ist zu erteilen, wenn die Nebentätigkeit die Wahrnehmung der dienstlichen Aufgaben zeitlich nicht oder allenfalls unwesentlich behindert und sonstige berechtigte Interessen der Firma nicht beeinträchtigt werden.

(2) Die Übernahme eines öffentlichen Ehrenamtes bedarf nur der Anzeige an die Geschäftsleitung.

(3) Veröffentlichungen und Vorträge bedürfen der Zustimmung der Firma nur, wenn deren Interessen berührt werden. Sie sind nach Gegenstand und wesentlichem Inhalt der Geschäftsleitung im voraus anzuzeigen.

(4) Geschenke oder sonstige Leistungen dritter Personen, insbesondere von Geschäftspartnern der Firma, die im Zusammenhang mit der dienstlichen Leistung stehen können, wird Herr/Frau ...... unverzüglich an die Firma herausgeben oder ablehnen; die Firma wird über jedes Angebot unverzüglich und vollständig unterrichtet. Dies gilt nicht bei gebräuchlichen Gelegenheitsgeschenken von geringem wirtschaftlichem Wert.

1. Gesetzliche Einschränkungen der Nebentätigkeit. Es bedarf keiner näheren Begründung, daß eine Nebentätigkeit, die Wettbewerb etwa i. S. v. § 60 HGB bedeutet, verboten ist. Immerhin sieht das Gesetz aber vor, daß die Einwilligung des Arbeitgebers als erteilt gilt, wenn bei der Anstellung bekannt war, daß der Arbeitnehmer ein Konkurrenzgeschäft betrieb und der Arbeitgeber die Aufgabe dieses Betriebes nicht ausdrücklich verlangte. Gleiches gilt für Konkurrenztätigkeiten i. S. d. §§ 1 und 17 des Gesetzes gegen den unlauteren Wettbewerb.[95] Eine Beschäftigung während des Urlaubes, die dem Urlaubszweck widerspricht, ist nach § 8 Bundesurlaubsgesetz untersagt, allerdings kaum noch mit einer Sanktion verbunden, seitdem das Bundesarbeitsgericht seine Rechtsprechung, wonach der Anspruch auf die Urlaubsvergütung entfalle, aufgegeben hat.[96] Der Arbeitgeber kann aber abmahnen und im Wiederholungsfalle u. U. kündigen.

2. Vertragliches Verbot. Schon in einer früheren Entscheidung hat das Bundesarbeitsgericht ausgesprochen, daß selbst eine tarifliche Bestimmung, wonach eine Nebenbeschäftigung nur ausgeübt werden darf, wenn der Arbeitgeber einwilligt, nicht uneingeschränkt gilt, sondern dahin auszulegen ist, daß der Arbeitgeber seine Entschließung nach billigem Ermessen treffen muß, was vom Arbeitsgericht überprüft werden kann. Dem Verbot einer Nebentätigkeit stehen die Grundrechte auf freie Entfaltung der Persönlichkeit und freie Berufsausübung (Art. 2, 12 GG) entgegen.[97] Eine einzelvertragliche Klausel, die dem Arbeitnehmer jede vom Arbeitgeber nicht genehmigte Nebentätigkeit verbietet, ist nach der Rechtsprechung dahin auszulegen, daß nur solche Nebentätigkeiten verboten sind, an deren Unterlassung der Arbeitgeber ein berechtigtes Interesse hat. Der Arbeitgeber kann aber eine Nebentätigkeit seines Angestellten von seiner Genehmigung abhängig machen, soweit sie den eigenen Dienstbetrieb beeinträchtigt, beispielsweise, weil sie während der betrieblichen Dienststunden ausgeübt wird.[98] Die entschiedenen Fälle betrafen überwiegend außerordentliche Kündigungen, die auf den Vorwurf gestützt waren, daß der Angestellte entgegen einem allgemeinen vertraglichen Verbot einer Nebentätigkeit nachgegangen war. Die Übernahme der formalen Stellung eines GmbH-Geschäftsführers durch den Angestellten in einem mit dem Arbeitgeber nicht in Wettbewerb stehenden Unternehmen wurde trotz bestehendem allgemeinem Nebentätigkeitsverbot für zulässig erklärt.[99] Die Formulierung des § 9 Abs. 1 trägt dieser Rechtsprechung Rechnung. Gegen die Übernahme eines öffentlichen Ehrenamtes wird der Arbeitgeber kaum einmal aus eigenem berechtigtem Interesse etwas einwenden können. Deshalb ist hier in § 9 Abs. 2 lediglich eine Anzeigepflicht vorgesehen. Veröffentlichungen und Vorträge können dagegen durchaus das Interesse des Arbeitgebers berühren, etwa dann, wenn der Angestellte sich zu pharmakologischen Problemen äußern will, die in der Forschungsabteilung seines Arbeitgebers bearbeitet werden.

3. Unfall in Nebentätigkeit. Grundsätzlich besteht der Anspruch auf Gehaltsfortzahlung auch dann, wenn der Angestellte in seiner Nebenbeschäftigung einen Unfall erlitt, durch den er arbeitsunfähig wurde. Der Gehaltsfortzahlungsanspruch kann allerdings dann ausgeschlossen sein, wenn sich der Angestellte durch die Übernahme der Nebentätigkeit derart überlastete, daß damit seine Gesundheit gefährdet war.[100]

4. Bestechung. Die Annahme eines Geschenkes kann den Straftatbestand der passiven Bestechung erfüllen. Auch wer nicht Richter oder Beamter ist, kann als sog. Amtsträger oder „für den öffentlichen Dienst besonders Verpflichteter" bestraft werden. Angesichts des recht weiten Begriffes des Amtsträgers und des für den öffentlichen Dienst besonders Verpflichteten, ist die Anwendung der Strafbestimmungen (§§ 331 bis 335 a Strafgesetzbuch) keineswegs auf Arbeitnehmer des öffentlichen Dienstes beschränkt. Amtsträger ist z. B. auch ein Angestellter eines Betriebes, der für eine Behörde oder eine „sonstige Stelle" Aufgaben der öffentlichen Verwaltung ausführt. Außerhalb des Bereiches der Wahrnehmung behördlicher Aufgaben findet sich eine weitere Strafbestimmung gegen die Bestechung von Angestellen in § 12 des Gesetzes gegen den unlauteren Wettbewerb (UWG). Bis zu einem Jahr Freiheitsstrafe oder Geldstrafe droht demjenigen, der im geschäftlichen Verkehr zu Zwecken des Wettbewerbes dem Angestellten oder Beauftragten eines anderen Betriebes einen Vorteil als Gegenleistung dafür anbietet, verspricht oder gewährt, daß er ihn oder einen Dritten bei dem Bezug von Waren oder gewerblichen Leistungen in unlauterer Weise bevorzugt. Der Angestellte, der solche Gegenleistungen für unlautere Bevorzugung im Wettbewerb fordert, sich versprechen läßt oder annimmt, wird ebenfalls bestraft.

5. Schmiergelder. Die strafrechtlichen Bestimmungen stellen keineswegs eine Grenze des Verbotes der Annahme von Schmiergeldern dar. Aus der arbeitsvertraglichen **Treuepflicht** folgt eine umfassende Verpflichtung, **die Annahme von Schmiergeldern abzulehnen** und wohl auch – diese Frage ist nicht unumstritten – dazu, den Arbeitgeber unverzüglich über ein Schmiergeldangebot zu unterrichten. Im hier angebotenen Text wird die Unterrichtungspflicht ausdrücklich festgehalten. Eine solche Vertragsklausel ist zulässig. Gebräuchliche Gelegenheitsgeschenke wie Kalender und Kugelschreiber, auch kleine Geschenke zu besonderen Anlässen, insbesondere zu Weihnachten/Neujahr, werden im allgemeinen nicht als Schmiergelder angesehen. Der Text oben § 9 Abs. 4 stellt dies lediglich klar.

6. Rechtsfolgen der Annahme von Geschenken. Die Annahme von Schmiergeldern stellt stets eine **Störung** des Arbeitsverhältnisses im **Vertrauensbereich** dar. Wo die Abgrenzung zwischen zulässigem Gelegenheitsgeschenk und Schmiergeld schwierig ist, auch in Fällen, in denen der Arbeitgeber zulässigerweise Kraft seines Direktionsrechts die Annahme auch kleiner Geschenke verboten hat, wird der grundsätzlich möglichen Kündigung eine Abmahnung vorausgehen müssen. Im übrigen kommt aber je nach der Schwere der Vertrauensstörung eine verhaltensbedingte ordentliche Kündigung oder eine fristlose Kündigung in Frage. Das Bundesarbeitsgericht hat die fristlose Kündigung gegenüber einem leitenden Angestellten, der sich für die Vermittlung eines Großeinkaufs von einem Lieferanten finanzielle Sonderzuwendungen hatte versprechen lassen, für zulässig erklärt und dabei auch entschieden, daß es nicht darauf ankommt, ob der Arbeitgeber durch die unkorrekte Handlungsweise geschädigt worden ist oder ob eine Wiederholungsgefahr besteht.[101] Auch die fristlose Kündigung gegenüber einem Angestellten, der im begründeten Verdacht stand, den Beamten einer Behörde, mit der sein Arbeitgeber in Geschäftsverbindung stand, bestochen zu haben, wurde als rechtens anerkannt.[102]

Seit langem ist in der Rechtsprechung anerkannt, daß ein Arbeitnehmer, der sich von einem Geschäftspartner seines Arbeitgebers Sondervergütungen versprechen oder zahlen läßt, die empfangenen **Schmiergelder** an seinen Arbeitgeber **herausgeben** muß, wobei der Anspruch des Arbeitgebers nicht der kurzen Verjährungsfrist des § 61 Abs. 2 des Handelsgesetzbuches unterliegt. So hat der Angestellte, der das Unternehmen technisch berät und für den Betrieb Baustoffe zu bestellen hat, für solche Aufträge von Lieferfirmen bezahlte Sondervergütungen als Schmiergelder an den Betriebsinhaber herauszugeben.[103] Die Verpflichtung zur Herausgabe von Schmiergelder an den Arbeitgeber hat das Bundesarbeitsgericht auf § 687 Abs. 2 BGB gestützt. Den Herausgabeanspruch des Arbeitgebers hat es nur für den Fall verneint, daß der Arbeitgeber wußte und billigte, daß sein Angestellter von Geschäftspartnern „Sonderprovisionen" erhielt. Im konkreten Falle handelte es sich um den Verkaufsleiter eines Gasbetonwerks, der nebst einem Festgehalt Provision für alle während seines Arbeitsverhältnisses abgewickelten Gasbetonverkäufe erhielt. Der Verkaufsleiter hatte sich von einem der Subunternehmer Provision für die Vermittlung von Verlegeaufträgen bezahlen lassen.[104]

§ 10
Geheimhaltung

(1) Technische, kaufmännische und persönliche Vorgänge und Verhältnisse, die Herrn/Frau ...... im Zusammenhang mit seiner/ihrer Tätigkeit bekannt werden, sind auch im Zweifelsfalle als Geschäftsgeheimnisse zu behandeln. Herr/Frau ...... verpflichtet sich, über alle Geschäftsgeheimnisse, insbesondere Herstellungsverfahren, Vertriebswege und dergleichen sowohl während der Dauer des Arbeitsverhältnisses wie auch nach seiner Beendigung Stillschweigen zu bewahren.

(2) Die gleiche Verpflichtung besteht bezüglich des Inhaltes dieses Anstellungsvertrages.

(3) Herrn/Frau ...... ist es untersagt, in einer Datei gespeicherte personenbezogene Daten zu einem anderen als dem zur jeweiligen rechtmäßigen Aufgabenerfüllung gehörenden Zwecke zu verarbeiten, bekannt zu geben, zugänglich zu machen oder sonst zu nutzen (§ 5 Bundesdatenschutzgesetz).

1. Geheimhaltung im bestehenden Arbeitsverhältnis. Solange das Arbeitsverhältnis auch nur dem rechtlichen Bande nach besteht, ist der Arbeitnehmer verpflichtet, alles, was er aufgrund seiner Tätigkeit im Betrieb oder für seinen Arbeitgeber erfährt, geheim zu halten, soweit erkennbar ein Interesse des Arbeitgebers an der Geheimhaltung besteht. Im Zweifel ist von einem solchen Interesse des Arbeitgebers auszugehen. Auch über Vorgänge aus dem persönlichen Bereich, beispielsweise strafbare Handlungen des Arbeitgebers, muß der Arbeitnehmer schweigen.[105] Die Verschwiegenheitspflicht stellt eine der wichtigsten Auswirkungen der Treuepflicht dar. Alle Arbeitnehmer unterliegen darüber hinaus der Strafdrohung des § 17 des Gesetzes gegen den unlauteren Wettbewerb. Mit Freiheitsstrafe oder Geldstrafe kann bestraft werden, wer ein Geschäfts- oder Betriebsgeheimnis, das ihm aufgrund eines Arbeitsvertrages anvertraut worden oder zugänglich geworden ist, während der Geltungsdauer des Arbeitsvertrages unbefugt an Dritte zu Zwecken des Wettbewerbs oder aus Eigennutz oder in der Absicht, dem Geschäftsinhaber zu schaden, mitteilt. Auch soweit im Einzelfalle ein Straftatbestand nicht erfüllt ist, obliegt dem Angestellten während des Bestandes des Arbeitsverhältnisses die Geheimhaltungspflicht, deren Verletzung ihn schadensersatzpflichtig machen kann. Der Arbeitgeber kann – eventuell erst nach einer Abmahnung – auch verhaltensbedingt kündigen. In schwerwiegenden Fällen kommt eine fristlose Kündigung in Frage. Bei einem Programmierer wurde beispielsweise das unbefugte Abfragen einer Geheimliste vom Computer als kündigungserheblicher Vertragsverstoß angesehen.[106]

2. Geheimhaltung nach beendetem Arbeitsverhältnis
a) Die Verschwiegenheitspflicht beginnt schon mit dem Abschluß des Arbeitsvertrages, gleichgültig, wann die Arbeitspflicht einsetzt. Mit der Beendigung des Arbeitsverhältnisses entfällt im Grundsatz die Verpflichtung zur Geheimhaltung der dem Arbeitnehmer aufgrund seiner Tätigkeit auf redliche Weise bekannt gewordenen Betriebsgeheimnisse. Der Arbeitnehmer ist zwar grundsätzlich auch nach Beendigung des Arbeitsverhältnisses verpflichtet, Verschwiegenheit über Geschäfts- und Betriebsgeheimnisse zu bewahren, kann Geheimnisse, die ihm ohne Vertrauensbruch in seiner dienstlichen Stellung zur Kenntnis gelangt sind, nach Beendigung des Dienstverhältnisses aber zu Zwecken des Wettbewerbs gegenüber seinem früheren Arbeitgeber verwerten.[107] Auch hier kommt es auf die rechtliche Beendigung des Arbeitsverhältnisses und

nicht darauf an, ob der Angestellte faktisch noch tätig ist oder nicht. Soweit der Angestellte Geschäfts- oder Betriebsgeheimnisse gesetzwidrig oder in gegen die guten Sitten verstoßender Weise erfahren hat, trifft ihn auch nach Beendigung des Arbeitsvertrages die Pflicht zur Geheimhaltung. Verletzt er diese Pflicht, macht er sich nach § 17 Abs. 2 des Gesetzes gegen den unlauteren Wettbewerb strafbar. Unredlicher Kenntniserwerb liegt immer dann vor, wenn der Angestellte die Kenntnisse durch Benutzung eines den Belangen des Arbeitgebers nicht dienlichen und nicht üblichen Weges erlangt hatte. Das ist beispielsweise schon beim planmäßigen Auswendiglernen eines Verfahrens und erst recht beim heimlichen Sammeln von Konstruktionsunterlagen der Fall. Die Verwertung von Betriebsgeheimnissen nach dem Ende des Arbeitsvertrages wurde auch in einem Falle als verboten angesehen, in dem der Angestellte sich Kenntnisse von Konstruktionsunterlagen, die nicht zu seinem eigentlichen Aufgabenbereich gehörten, verschafft oder die entsprechenden Kenntnisse durch Verleitung eines anderen Arbeitnehmers zum Vertragsbruch erlangt hatte.[108]

b) Der strafrechtliche Schutz stellt aber nicht die Grenze der Verschwiegenheitspflicht nach beendetem Arbeitsverhältnis dar. Die Verwertung redlich erworbener besonderer Kenntnisse kann wettbewerbswidrig sein, z.B. dann, wenn der Angestellte bestimmte Kenntnisse aufgrund einer besonderen **Vertrauensstellung** erworben hatte, oder wenn er seine Kenntnisse so verwertet, daß dem früheren Arbeitgeber die wirtschaftliche Grundlage entzogen wird.[109] Auch über persönliche Verhältnisse des früheren Arbeitgebers, an deren Geheimhaltung erkennbar ein erhebliches Interesse besteht, muß nach beendetem Arbeitsvertrag geschwiegen werden. Im sog. Aufmacher-Urteil hat der Bundesgerichtshof aber entschieden, daß der Arbeitnehmer nicht gehindert ist, nach seinem Ausscheiden aus dem Arbeitsvertrag Betriebsinterna zu offenbaren, wenn er damit gewichtige innerbetriebliche Mißstände aufdeckt, durch die die Öffentlichkeit betroffen ist und denen durch betriebsinternes Vorstelligwerden nicht erfolgreich begegnet werden kann.[110]

3. **Vertragliche Regelungen.** Im Arbeitsverhältnis kann wirksam vereinbart werden, daß der Arbeitnehmer auch nach seinem Ausscheiden Betriebsgeheimnisse weder selbst nutzen noch weitergeben darf. Auf eine solche Vereinbarung sind die Vorschriften über das nachvertragliche Wettbewerbsverbot (S. 64 ff.) im allgemeinen nicht anzuwenden. Ihre Verbindlichkeit hängt also nicht von der Zusage einer Entschädigung ab. Eine durch betriebliche Belange nicht mehr gerechtfertigte, übermäßige vertragliche Bindung ist aber unwirksam (§ 138 BGB).[111] Das Bundesarbeitsgericht hat den Begriff des Betriebsgeheimnisses dahin umschrieben, daß es sich um Tatsachen aus dem Zusammenhang mit einem Geschäftsbetrieb handeln muß, die nur einem eng begrenzten Personen-

kreis bekannt und nicht offenkundig sind, und die nach dem Willen des Arbeitgebers aufgrund eines berechtigten wirtschaftlichen Interesses geheimgehalten werden. Es ging im konkreten Fall um die Rezeptur eines Reagenzes, die dann als nicht offenkundig angesehen wurde, wenn die quantitative Analyse für ausgebildete Chemiker einen mittleren Schwierigkeitsgrad bot und die sinnvolle Verwendung der Bestandteile nicht ohne Detail-Kenntnisse und erst nach entsprechenden Überlegungen und Untersuchungen möglich war. In einer anderen Entscheidung hatte das Bundesarbeitsgericht allerdings die Wirksamkeit einer Schweigevereinbarung über das Ende des Arbeitsverhältnisses hinaus von der vertraglichen Zubilligung einer Karenzentschädigung abhängig gemacht. Es handelte sich um die Absprache, daß ein Verkaufsleiter nach Beendigung des Arbeitsvertrages Kundenanschriften seines bisherigen Arbeitgebers nicht in einem neuen Anstellungsvertrag bei einem anderen Arbeitgeber verwenden durfte.[112]

4. Mandatsträger. Mitglieder eines Betriebsrates, eines Sprecherausschusses und sonstiger betriebsverfassungsrechtlicher Organe trifft eine besondere gesetzliche Geheimhaltungspflicht. § 79 Betriebsverfassungsgesetz unterstellt dieser Geheimhaltungspflicht Betriebs- oder Geschäftsgeheimnisse, die den Organmitgliedern wegen ihrer Zugehörigkeit zum betriebsverfassungsrechtlichen Organ bekannt geworden und vom Arbeitgeber ausdrücklich als geheimhaltungsbedürftig bezeichnet worden sind. Die Verpflichtung besteht über das Ausscheiden aus dem Organ hinaus. Der Arbeitgeber hat einen Unterlassungsanspruch sowohl gegen den einzelnen Arbeitnehmer wie auch gegen das betriebsverfassungsrechtliche Gremium.[113]

5. Besondere Einzelfälle

a) In nicht wenigen Fällen ist der Verrat von Geschäftsgeheimnissen sogar unter Strafe gestellt. § 203 Strafgesetzbuch droht u. a. Angestellten von Ärzten, Apothekern, Rechtsanwälten, Wirtschaftsprüfung- und Steuerberatungsgesellschaften, aber auch Berufspsychologen und Versicherungsangestellten Freiheitsstrafe oder Geldstrafe für den Fall einer Verletzung der Geheimhaltungspflicht an. Zu den Ärzten im Sinne dieser Strafbestimmung gehört selbstverständlich auch der **Betriebsarzt**. Er muß alle seine Aufzeichnungen, Untersuchungsbefunde, Röntgenaufnahmen usw., auch schriftliche Mitteilungen des Untersuchten selbst, geheimhalten und dafür sorgen, daß die Gesundheitsakte vor dem Arbeitgeber verschlossen bleibt. In die Personalakte darf lediglich ein Hinweis auf Untersuchungsergebnisse gelangen, niemals ein erhobener Befund.[114]

b) Nach § 24 Abs. 2 des Gesetzes über **Arbeitnehmererfindungen** muß der Angestellte eine Diensterfindung so lange geheimhalten, als sie nicht frei geworden ist, der Arbeitgeber sie also noch in Anspruch nehmen kann. Wer sonst aufgrund dieses Gesetzes von einer Diensterfindung Kenntnis erlangt, darf diese Kenntnis weder auswerten noch bekannt geben. Die Verletzung dieser Pflicht kann zwar kein Strafverfahren, wohl aber Schadensersatzansprüche auslösen.

c) § 10 Abs. 3 des hier angebotenen Textes trägt der auch privatrechtlichen Unternehmen durch das Bundesdatenschutzgesetz auferlegten Verpflichtung Rechnung, ihre Angestellten zur Geheimhaltung personenbezogener Daten aus sog. Dateien anzuhalten. Diese gesetzliche Geheimhaltungspflicht besteht auch nach Beendigung des Arbeitsvertrages fort. Ihre Verletzung kann strafrechtliche Sanktionen nach sich ziehen.

6. Vertragsstrafe. Die Geheimhaltungspflicht, insbesondere die Pflicht aus § 10 Abs. 1 des Mustertextes könnte durch eine Vertragsstrafeklausel gesichert werden. Es könnte also ein Abs. 4 angefügt werden, in dem Herr/Frau ...... sich für jeden Fall der Verletzung der Geheimhaltungspflicht aus § 10 Abs. 1 verpflichtet, an die Firma einen bestimmten Geldbetrag, etwa den Betrag eines gewöhnlichen Bruttomonatsgehaltes (oder eines entsprechenden Bruchteils der Jahresvergütung) zu bezahlen. Zur Klarstellung kann hinzugefügt werden, daß die Geltendmachung eines weiteren Schadens durch das Verhalten der Vertragsstrafe nicht ausgeschlossen sei. Die Vertragsstrafe wäre mit dem Verstoß gegen die Geheimhaltungspflicht verwirkt, ohne daß der Eintritt eines Schadens bewiesen werden müßte. Die Vereinbarung einer solchen Vertragsstrafe – geregelt in §§ 339 ff. BGB – ist nach der Rechtsprechung des Bundesarbeitsgerichtes grundsätzlich zulässig, und zwar auch formularmäßig. Der Höhe nach dürften im allgemeinen keine Bedenken gegen die Vereinbarung einer Monatsbruttovergütung bestehen. Ist eine zu hohe Vertragsstrafe vereinbart, führt dies nicht zur Unwirksamkeit der Vertragsstrafeklausel insgesamt, sondern nur zur Befugnis des Gerichtes, die Vertragsstrafe herabzusetzen. Die Festsetzung der Vertragsstrafe darf aber nicht von vornherein dem Gericht überlassen werden; eine solche Vereinbarung wäre unwirksam.[115]

§ 11
Haftung für Schaden

(1) Die Firma hat eine Betriebshaftpflichtversicherung abgeschlossen, in der Herr/Frau ...... mitversichert ist. Sollte Herr/Frau ...... von einer dritten Person auf die Leistung von Schadensersatz in Anspruch genommen werden, ohne daß die Schadensersatzpflicht durch einen öffentlichrechtlichen oder privaten Versicherungsschutz abgedeckt ist, verpflichtet sich die Firma, Herrn/Frau ...... dem Dritten gegenüber freizustellen. Im In-

nenverhältnis zur Firma trägt Herr/Frau ...... jedoch den Schaden nach Maßgabe des Abs. 3.

(2) Verursacht Herr/Frau ...... duch eine schuldhafte Pflichtverletzung der Firma einen Schaden, so ist dieser nach Maßgabe des Abs. 3 der Firma zu erstatten.

(3) Im Falle einfacher Fahrlässigkeit hat Herr/Frau ...... den Schaden zur Hälfte, höchstens jedoch bis zum Betrag einer gewöhnlichen Monatsnettovergütung zu tragen. Bei grober Fahrlässigkeit trägt Herr/Frau ...... den Schaden voll, jedoch der Höhe nach beschränkt auf den dreifachen Betrag der gewöhnlichen Monatsnettovergütung.

(4) Bei Vorsatz haftet Herr/Frau ...... unbeschränkt.

Inhalt der Erläuterungen zu § 11:

1. Allgemeine Schadenshaftung. Während beim Autoschaden seit langem mit einiger Wahrscheinlichkeit damit gerechnet werden konnte, daß ein etwa zur Entscheidung berufenes Arbeitsgericht dem Arbeitnehmer Haftungserleichterungen zubilligte, wurde allgemein in Fragen der **Haftung des Arbeitnehmers** erst durch den Beschluß des Großen Senats des BAG vom 27. 9. 1994 klargestellt, daß die Grundsätze über die Beschränkung der Arbeitnehmerhaftung für alle Arbeiten gelten, die durch den Betrieb veranlaßt sind und aufgrund eines Arbeitsverhältnisses geleistet werden, auch wenn diese Arbeiten nicht gefahrgeneigt sind.[116] Als noch ungeklärt muß die Frage angesehen werden, ob Haftungserleichterungen in vollem Umfange auch für Arbeitnehmer in herausragend leitender Position gelten. Zu unterscheiden ist wohl zwischen dem allgemeinen Betriebsrisiko, das der Arbeitgeber grundsätzlich nicht im Sinne einer Vollhaftung auf den Arbeitnehmer übertragen kann und besonderen Risiken, deren Beherrschung möglicherweise gerade der Sinn eines hochdotierten Arbeitsvertrages mit einem speziell qualifizierten Arbeitnehmer ist. In Arbeitsverträgen sind **allgemeine Schadensersatzregelungen** selten. Das Schadensersatzrisiko des Arbeitnehmers (Regreßrisiko) ist praktisch nicht versicherbar. Dagegen können in nahezu allen Branchen, wenn auch in unterschiedlichem Umfang, Betriebshaftpflichtversicherungen abgeschlossen werden. Die hier vorgeschlagene Regelung geht davon aus, daß eine Betriebshaftpflichtversicherung besteht, in der klargestellt worden ist, daß sie sich zumindest auf außertarifliche und leitende Angestellte erstreckt.[117]

2. Haftung für Vertragserfüllung. Der Angestellte schuldet nicht die Erzielung eines bestimmten Arbeitsergebnisses. Er haftet nicht für eine zu ge-

ringe Arbeitsleistung, wenn er seine „individuelle Normalleistung" erbracht hat, d.h. so gearbeitet hat, wie er dies bei angemessener Anspan-
nung seiner individuellen Kräfte und Fähigkeiten konnte. So ist z.B. ein
Schadensersatzanspruch gegen einen Berufsanfänger in einem akademi-
schen Beruf mit der Begründung versagt worden, auch eine objektiv un-
zulängliche Leistung müsse als ausreichende und ordnungsgemäße Vertragserfüllung gewertet werden, wenn der Arbeitgeber Kenntnis von
Art und Umfang der Arbeitsleistung hatte.[118] Erbringt der Arbeitnehmer
aber seine Normalleistungen nicht, kann der Arbeitgeber grundsätzlich
die Vergütung mindern.[119] Der Arbeitnehmer kann ferner sowohl bei Verletzung einer Haupt- wie auch einer Nebenpflicht zum Schadensersatz
verpflichtet sein (sog. **positive Vertragsverletzung**), gleichgültig, ob es
sich um Mängel des Arbeitsergebnisses, um die Beschädigung von Sa-
chen des Arbeitgebers oder um sonstige Vermögensschäden handelt.

3. Unerlaubte Handlung, Verschulden. Die vertragliche Haftung kann neben der Schadensersatzpflicht aus unerlaubter Handlung (§§ 823 ff.
BGB) bestehen. Der Arbeitnehmer **haftet** grundsätzlich **für** Vorsatz und
jedes Maß der Fahrlässigkeit. Die Sorgfaltspflicht richtet sich nach dem
Aufgabenkreis. Den leitenden Angestellten trifft eine erhöhte Pflicht zur
Wahrung von Vermögensinteressen des Arbeitgebers. Eine Verlustbeteiligung kann dem Angestellten jedoch nur auferlegt werden, wenn für dieses Risiko eine angemessene laufende Gegenleistung bezahlt wird.[120]

4. Haftungserleichterungen. Wer im Straßenverkehr seinen Dienstwagen
beschädigte, konnte schon vor dem Beschluß des Großen Senats vom
27. 9. 1994 mit Haftungserleichterungen rechnen (vgl. die Darstellung
beim Dienstwagenvertrag Anhang A S. 89 ff.) Im Jahre 1983 hat ein Senat des Bundesarbeitsgerichts[121] einmal entschieden, daß der Arbeitnehmer nur bei grober Fahrlässigkeit und Vorsatz haftet, wobei es sich allerdings ebenfalls um einen Kraftwagenunfall handelte. Im Jahre 1987 hat
dann der 8. Senat, der seither für diese Materie zuständig ist, entschieden, daß ein Schaden, den ein Arbeitnehmer bei gefahrengeneigter Arbeit nicht grob fahrlässig verursacht hat, bei Fehlen einer individual-
oder kollektivrechtlichen Vereinbarung über weitergehende Haftungserleichterungen grundsätzlich zwischen Arbeitgeber und Arbeitnehmer
quotenmäßig zu verteilen sei. Dabei seien die Gesamtumstände von Schadensanlaß und Schadensfolgen nach Billigkeits- und Zumutbarkeits-
grundsätzen gegeneinander abzuwägen (sog. innerbetrieblicher Schadensausgleich).[122] Der Rechtsauffassung des 8. Senates hat der Große Senat des BAG im Beschluß vom 27. 9. 1994 zugestimmt. Er hat allerdings
auch die vom BGH vertretene Interpretation der neuen Rechtsprechung
gebilligt, wonach die Gefahrgeneigtheit einer Tätigkeit bei der Höhe
der Schadensbeteiligung des Arbeitnehmers berücksichtigt werden müs-

se. Man wird den bisher vorliegenden Entscheidungen entnehmen können, daß im Arbeitsvertrag Haftungserleichterungen zugunsten des Arbeitnehmers und wohl auch eine maßvolle Schadensbeteiligung des Arbeitnehmers zugunsten des Arbeitgebers vereinbart werden können.
Beim derzeitigen Stand der Rechtsprechung ist aus der Sicht des Angestellten eine haftungsbegrenzende Vereinbarung geboten, während für
den Arbeitgeber ein Interesse daran bestehen wird, den Arbeitnehmer
auch bei gefahrgeneigter Tätigkeit und leichter Fahrlässigkeit noch – in
begrenzter Höhe – auf Schadensersatz in Anspruch nehmen zu können.
Von dieser Interessenlage geht die hier angebotene Regelung aus.

5. Freistellungsanspruch. Grundsätzlich ist die Haftung des Arbeitnehmers gegenüber Dritten nur durch spezielle Vorschriften der Reichsver-
sicherungsordnung bei **Personenschaden** beschränkt.[123] Tritt, wie bei
Kraftfahrzeugunfällen, eine Haftpflichtversicherung ein, so ist der Arbeitnehmer auch bei grober Fahrlässigkeit geschützt. Außerhalb des
Schutzes einer Haftpflichtversicherung und der unter die Reichsversiche-
rungsordnung fallenden Ereignisse muß der Arbeitnehmer aber Dritten
gegenüber für jede Fahrlässigkeit einstehen. Bei gefahrengeneigter Arbeit, unter Umständen aber auch aus der Fürsorgepflicht des Arbeitgebers wird dem Arbeitnehmer ein Freistellungsanspruch gegenüber dem
Arbeitgeber gewährt. Der Freistellungsanspruch ist z. B. dann unproblematisch, wenn der Arbeitgeber dem Arbeitnehmer ein nicht versichertes
Fahrzeug zur Benutzung im öffentlichen Verkehr überläßt. Das Bundesarbeitsgericht hat den Arbeitgeber aber auch verurteilt, den Arbeitnehmer von Rückgriffsansprüchen des leistungsfreien Haftpflichtversiche-
rers freizustellen, wenn der Arbeitnehmer in Kenntnis des Arbeitgebers
ohne Fahrerlaubnis gefahren war.[124]

6. Betriebshaftpflichtversicherung. Der hier angebotene Text geht davon
aus, daß das Unternehmen eine Betriebshaftpflichtversicherung abgeschlossen hat, die sich gem. § 151 des Versicherungsvertragsgesetzes auf
Angestellte erstreckt. Das Bundesarbeitsgericht hält den Arbeitgeber
(bisher) aber nicht für verpflichtet, eine Betriebshaftpflichtversicherung
abzuschließen, die im Schadensfall gegen den Angestellten keinen Rückgriff nehmen könnte.[125]

7. Haftung des Arbeitgebers. Eine vertragliche Regelung der Haftung des
Arbeitgebers für Schäden des Arbeitnehmers ist nicht nur völlig unüb-
lich, sie läßt sich auch kaum angemessen gestalten. Auf die einschlägige
Literatur und Einzelfallrechtsprechung muß verwiesen werden.[126]

8. Vertragsstrafe. Zur auch hier im Vertragstext nicht vorgeschlagenen
Vertragsstrafeklausel vgl. § 10 Anm. 6.

§ 12
Diensterfindungen und Verbesserungsvorschläge

(1) Für Diensterfindungen und qualifizierte technische Verbesserungsvorschläge gelten das Gesetz über Arbeitnehmererfindungen vom 25. 7.
1957 mit allen Änderungen und Ergänzungen sowie die dazu ergangenen Richtlinien für die Vergütung von Arbeitnehmererfindungen im privaten Dienst.

(2) Für einfache technische Verbesserungsvorschläge gelten die im fachlichen und betrieblichen Geltungsbereich der Firma bestehenden jeweils
gültigen tariflichen Regelungen sowie bestehende oder noch abzuschließende Betriebsvereinbarungen.

Inhalt der Erläuterungen zu § 12:

1. Vertragliche Regelung   3. Verbesserungsvorschläge
2. Diensterfindungen

1. Vertragliche Regelung. Der hier vorgeschlagene Text beschränkt sich,
wie dies in Verträgen mit außertariflichen und leitenden Angestellten
meist geschieht, auf den Hinweis auf das Gesetz über Arbeitnehmererfindungen und etwa bestehende tarifliche oder betriebliche Vereinbarungen zum Thema Verbesserungsvorschlag. Da Diensterfindungen und
Verbesserungsvorschläge von unterschiedlichster Art und Bedeutung
sein können, die Bestimmungen des Gesetzes über Arbeitnehmererfindungen aber in keiner Weise zu Ungunsten des Arbeitnehmers abgeändert werden dürfen, sind vertragliche Regelungen kaum sinnvoll. Das
Gesetz gilt während der gesamten rechtlichen Dauer eines Arbeitsverhältnisses. Es kommt nicht darauf an, ob der Arbeitnehmer bis zuletzt
im Betrieb noch tätig war. Hat der Arbeitnehmer eine Erfindung nach
dem Ausscheiden gemacht und ist anzunehmen, daß er sie bei pflichtge-
mäßer Arbeitsleistung schon während des Bestehens des Arbeitsverhältnisses hätte machen können, muß er u. U. unter dem Gesichtspunkt des
Schadensersatzes wegen positiver Vertragsverletzung ein angemeldetes
Schutzrecht auf den früheren Arbeitgeber übertragen.[127]

2. Diensterfindungen. Erfindungen von Arbeitnehmern unterliegen dem
Gesetz über Arbeitnehmererfindungen nur, wenn sie patentfähig oder gebrauchsmusterfähig sind. Das Gesetz unterscheidet gebundene Erfindungen (Diensterfindungen), die aus der dem Arbeitnehmer im Betrieb ob-
liegenden Tätigkeit entstanden sind oder maßgeblich auf Erfahrungen
oder Arbeiten des Betriebes beruhen, und sonstige Erfindungen, die das
Gesetz freie Erfindungen nennt. Diensterfindungen muß der Arbeitnehmer unverzüglich dem Arbeitgeber gesondert schriftlich melden. Der Ar-

beitgeber kann sie unbeschränkt oder beschränkt durch einseitige schriftliche Erklärung innerhalb von vier Monaten nach Eingang einer ordnungsgemäßen Meldung in Anspruch nehmen. Dadurch gehen die Rechte auf ihn über; der Arbeitnehmer ist auf den Vergütungsanspruch nach § 9 des Gesetzes beschränkt. Freie Erfindungen sind lediglich dem Gegenstand nach mitzuteilen. Der Arbeitgeber muß in die Lage versetzt werden, zu prüfen, ob es sich um eine freie Erfindung handelt. Die freie Erfindung muß dem Arbeitgeber mindestens zur nicht ausschließlichen Benutzung angeboten werden.

3. Verbesserungsvorschläge. Erfindungen, die weder patentfähig noch gebrauchsmusterfähig sind, aber die betriebsbezogene Technik verbessern, nennt das Gesetz über Arbeitnehmererfindungen technische Verbesserungsvorschläge, die im Falle der Verwertung durch den Arbeitgeber dem Arbeitnehmer einen Vergütungsanspruch gewähren. Das Gesetz selbst (§ 20 Abs. 2) behält die Behandlung technischer Verbesserungsvorschläge der Regelung durch Tarifvertrag oder Betriebsvereinbarung vor. Der Betriebsrat hat nach § 87 Abs. 1 Nr. 12 Betriebsverfassungsgesetz ein Mitbestimmungsrecht bei der Aufstellung der Richtlinien für das betriebliche Vorschlagswesen.[128]

§ 13
Altersversorgung

● **Variante A:**

(1) Herr/Frau . . . . . . erhält eine zusätzliche betriebliche Altersrente, wenn das Arbeitsverhältnis endet und er/sie das 65. Lebensjahr vollendet hat. Die Rente beläuft sich auf monatlich DM . . . . . ./. . % des letzten Jahresgehaltes/. . % des letzten Bruttomonatsgehaltes im Sinne von § 3 Abs. 1 dieses Vertrages.

(2) Herr/Frau . . . . . . erhält ferner bis zum Bezug der zusätzlichen betrieblichen Altersrente im Falle der Erwerbs- oder Berufsunfähigkeit eine zusätzliche betriebliche Rente in Höhe von DM . . . . . ./. . % des letzten Jahresgehaltes/. . % des letzten Monatsbruttogehaltes im Sinne von § 3 Abs. 1 dieses Vertrages. Diese Rente wird nur gewährt, wenn Herr/Frau . . . . . . bei Eintritt des Versorgungsfalles mindestens das . . Lebensjahr vollendet und sein/ihr Arbeitsverhältnis mindestens 10 Jahre bestanden hat.

(3) Sollte Herr/Frau . . . . . . während des Bezuges von Rente im Sinne der Abs. 1 und 2 versterben, erhält seine/ihr Witwe/Witwer . . % der Rente auf die Dauer von höchstens . . Jahren. Stirbt die Witwe/der Witwer

vor Ablauf dieses Zeitraumes, wird die Rente an Abkömmlinge des/der primär Rentenberechtigten bezahlt, jedoch nicht über den Tag hinaus, an dem der jüngste Abkömmling das 25. Lebensjahr vollendet.

(4) Die Abänderung der betrieblichen Altersversorgung, auch zum Nachteil des/der Angestellten durch Betriebsvereinbarung bleibt vorbehalten.

(5) Die Firma behält sich ferner den Widerruf der Versorgungszusage im Falle grober Treuepflichtverletzung des/der Angestellten und im Falle wirtschaftlicher Notlage des Unternehmens vor.

- Variante B:

(1) Herr/Frau . . . . . . nimmt an der betrieblichen Altersversorgung der Firma teil.

(2) Herr/Frau . . . . . . willigt in eine etwaige Übernahme der Leistungspflicht durch ein anderes Unternehmen, bei dem Herr/Frau . . . . . . beschäftigt wird, durch eine Pensionskasse, eine Lebensversicherung oder durch einen öffentlich-rechtlichen Versorgungsträger ein (§ 4 Abs. 1 BetrAVG).

(3) Die Abänderung der betrieblichen Altersversorgung, auch zum Nachteil des/der Angestellten durch Betriebsvereinbarung bleibt vorbehalten.

(4) Die Firma behält sich ferner den Widerruf der Versorgungszusage im Falle grober Treuepflichtverletzung des/der Angestellten und im Falle wirtschaftlicher Notlage des Unternehmens vor.

- Variante C:

(1) Herr/Frau . . . . . . erhält als zusätzliche Altersversorgung die unwiderrufliche Bezugsberechtigung aus einer auf sein/ihr Leben von der Firma abzuschließenden Lebensversicherung/abgeschlossenen Gruppenlebensversicherung/vom früheren Arbeitgeber übernommenen Lebensversicherung über eine Versicherungssumme von DM . . . . . ., die auf die Vollendung seines/ihres 65. Lebensjahres zahlbar gestellt wird/ist.

(2) Herr/Frau . . . . . . kann für den Fall seines/ihres Todes einen oder mehrere Bezugsberechtigte aus dem Personenkreis seiner/ihrer Hinterbliebenen bezeichnen.

(3) Die Firma bezahlt die Versicherungsprämie jährlich mit der November-Vergütung. Sie verpflichtet sich gegenüber Herrn/Frau . . . . . . hinsichtlich dieser Leistung die pauschalierte Besteuerung zu wählen, übernimmt jedoch nicht die abzuführende Lohnsteuer.

Inhalt der Erläuterungen zu § 13:

1. Allgemeines. Die Probleme um eine betriebliche Altersversorgung und die Gestaltungsmöglichkeiten sind so zahlreich, daß hier nur ein kleiner Ausschnitt dargestellt werden kann. Entwürfe von Richtlinien und Satzungen rechtlich selbständiger Unterstützungskassen fehlen ganz. Sie würden den gegebenen Rahmen bei weitem sprengen. Drei Varianten individueller Zusagen sollen angeboten werden.[129]

2. Direktzusage. Die Variante A stellt eine einzelvertragliche Direktzusage dar, auch die Variante B, die auf eine als bestehend vorausgesetzte betriebliche Versorgungsregelung Bezug nimmt. Die Direktzusage unterliegt wie alle Formen betrieblicher Altersversorgungsleistungen dem sog. Betriebsrentengesetz (Gesetz zur Verbesserung der betrieblichen Altersversorgung – BetrAVG). Die Versorgungsregelung kann Alters-, Invaliditäts- oder Hinterbliebenenrenten vorsehen. Vorruhestandsvereinbarungen unterliegen nicht dem Betriebsrentengesetz. Der einzelvertraglichen Vereinbarung ist es vollständig überlassen, ob eine Betriebsrente zugesagt wird **und ggf. in welcher Höhe.** Auch zahlreiche andere Einzelfragen können vertraglich geregelt werden. Das Betriebsrentengesetz sieht zwingend vor allem die Unverfallbarkeit, die Insolvenzsicherung und die Anpassung vor und gewährt bestimmte Garantien in Fällen der flexiblen Altersgrenze und zur Anrechnungsbegrenzung. Was die vorausgesetzte betriebliche Ruhegeldordnung der Individualvereinbarung vorbehält, sollte im Ab. 1 der Variante B ergänzend geregelt werden. Die **Schriftform** ist nur aus steuerrechtlichen Gründen erforderlich.

3. Anderweitige Begründung einer Ruhegeldzusage. Besteht im Unternehmen eine einheitliche Versorgungsordnung, sei es auch nur für bestimmte Gruppen der Mitarbeiter, kommt eine Verpflichtung des Unternehmens schon dadurch zustande, daß diese Versorgungsordnung, die sog. **Gesamtzusage,** im Betrieb bekanntgemacht wird. Auch eine allgemeine Bekanntgabe der Begründung einer betrieblichen Altersversorgung kann ausreichen. Der Arbeitgeber ist dann verpflichtet, die fehlenden Einzelheiten nach pflichtgemäßem Ermessen (§ 315 Abs. 3 BGB) noch zu schaffen.[130] Das Gesetz (§ 1 Abs. 1 Satz 1 BetrAVG) geht erklärtermaßen davon aus, daß Versorgungsverpflichtungen auch auf betrieblicher Übung und sogar auf dem Grundsatz der Gleichbehandlung beruhen können.

Eine Versorgungszusage kann auch durch Betriebsvereinbarung in schriftlicher Form begründet werden (§ 77 Abs. 2 Satz 1 Betriebsverfassungsgesetz). Diese gilt dann allerdings nicht für die leitenden Angestellten im Sinne des Betriebsverfassungsgesetzes (vgl. Einführung S. 3). Der leitende Angestellte kann aber einzelvertraglich in die Versorgungsregelung einer Betriebsvereinbarung einbezogen werden.

Der Mustertext der Variante B sieht in Abs. 2 die vorherige Zustimmung des Angestellten zur Übernahme der Versorgungsleistungen durch

Dritte vor, soweit dies nach § 4 BetrAVG zulässig ist. Die Bestimmung kann auch in die Variante A eingefügt werden.[131]

4. Änderung der Versorgungszusage. Die Abänderungsklausel in Abs. 3 des Mustertextes der Variante B und Abs. 4 der Variante A sollte zur Vermeidung von Unklarheiten über das Verhältnis der Individualvereinbarung zur **Betriebsvereinbarung** nicht fehlen. Einzelvertraglich kann eine verschlechternde Änderung der Ruhegeldzusage nur bei ausdrücklicher Zustimmung des Angestellten wirksam werden. Die Weiterarbeit nach einseitiger Änderungserklärung des Arbeit gebers bedeutet keine stillschweigende Zustimmung.[132] Aufgrund der Klausel unterliegt die einzelvertragliche Ruhegeldzusage in jedem Falle der Abänderbarkeit zum Nachteil des Arbeitnehmers durch eine Betriebsvereinbarung. Kommt über die betrieblichen Ruhegeldzusagen eine Betriebsvereinbarung zustande, so unterliegt diese der **gerichtlichen Billigkeitskontrolle.**[133] Verschlechternde Eingriffe in bereits erdiente Anwartschaften sind nur zulässig, wenn die Voraussetzungen zumindest eines Teilwiderrufes vorliegen.

5. Widerruf der Ruhegeldzusage. Die Widerrufsklausel in Abs. 4 der Variante B und Abs. 5 der Variante A des Mustertextes bedeutet lediglich eine Klarstellung. Ruhegeldzusagen können nach der Rechtsprechung widerrufen werden, allerdings nur in zwei Ausnahmefällen, nämlich bei **grober Treuepflichtverletzung** des Mitarbeiters und im Falle **wirtschaftlicher Notlage** des Unternehmens. Im letzteren Falle muß auch geprüft werden, ob die Ruhegeldzusage nicht zum Teil aufrechterhalten werden kann, also nicht vollständig widerrufen, sondern lediglich abgeändert werden muß.[134]

6. Verzicht. Im Wege eines Abfindungsvergleiches kann auf unverfallbare Anwartschaften in den Grenzen des § 3 BetrAVG verzichtet werden. Das bedeutet insbesondere eine Beschränkung der Abfindungsmöglichkeiten auf Versorgungszusagen, die beim Ausscheiden des Arbeitnehmers weniger als 10 Jahre alt sind. Die Abfindung einer Anwartschaft hat das Bundesarbeitsgericht ferner davon abhängig gemacht, daß kein grobes Mißverhältnis zwischen der Abfindungssumme und der erdienten Anwartschaft besteht. Auch im gerichtlichen Vergleich kann ein Verzicht vereinbart werden. Im Falle des Betriebsüberganges wurde ein Verzicht nur unter den Voraussetzungen und in einem Umfange zugelassen, soweit auch ein Widerruf der Versorgungszusage zulässig wäre. Bei der Abfindung einer Anwartschaft sind der Höhe nach ferner die Einschränkungen aus § 3 Abs. 2 BetrAVG zu beachten.[135]

7. Direktversicherung. Für den höher dotierten Angestellten wird die Vereinbarung einer zusätzlichen Altersversorgung in Gestalt einer sog. Direktversicherung (Variante C) häufig aus steuerrechtlichen Gründen interessant sein. In jedem Einzelfall empfiehlt es sich, die konkreten steuerlichen Auswirkungen feststellen zu lassen. Die Direktversicherung ist eine Lebensversicherung, bei der der Arbeitgeber Versicherungsnehmer ist. Sie wird auf das Leben des Arbeitnehmers abgeschlossen, dem auch ein Bezugsrecht einzuräumen ist. Gleichgültig ist, ob eine Risiko-Lebensversicherung, eine Versicherung auf den Todes- oder Erlebensfall oder eine Rentenversicherung auf den Erlebensfall gewählt wird. Unfallversicherungen stehen aber einer Lebensversicherung nicht gleich. Beim Arbeitgeberwechsel kann die Direktversicherung vom neuen Arbeitgeber übernommen werden, und zwar nach einem Abkommen der Lebensversicherungsunternehmen vom 19. 10. 1981 auch auf ein anderes Versicherungsunternehmen. Das Bezugsrecht kann gespalten sein – die Versicherung kann der Arbeitgeber auch beleihen. Die daraus im einzelnen folgenden Probleme können hier nicht dargestellt werden. Der oben vorgeschlagene Text sieht ein unwiderrufliches Bezugsrecht des Angestellten im Lebensversicherungsvertrag vor. § 1 Abs. 2 Satz 1 BetrAVG legt dem Arbeitgeber nur die schuldrechtliche Verpflichtung auf, die Bezugsberechtigung nicht mehr zu widerrufen, wenn die Voraussetzungen für die Unverfallbarkeit der betrieblichen Ruhegeldzusage erfüllt sind.[136]

8. Konkurs des Arbeitgebers. Die Eröffnung des Konkursverfahrens über das Vermögen des Arbeitgebers hat auf die Fortgeltung einer erteilten Versorgungszusage keinen Einfluß. Der Konkursverwalter kann aber einen zur betrieblichen Altersversorgung bestimmten Lebensversicherungsvertrag kündigen und den Rückkaufswert zur Konkursmasse einziehen, auch wenn die Versicherungsbeiträge voll vom Gehalt des Arbeitnehmers einbehalten worden waren. Dies gilt nicht, wenn der Arbeitnehmer ein unwiderrufliches Bezugsrecht oder eine unverfallbare Versorgungsanwartschaft hatte. Der Arbeitnehmer hat bei Kündigung des Vertrages durch den Konkursverwalter nur eine einfache Konkursforderung nach § 61 Abs. 1 Nr. 1 der Konkursordnung. Führt der Konkursverwalter das Arbeitsverhältnis mit einem Arbeitnehmer fort, dem eine betriebliche Altersversorgung zugesagt ist, so kann die Versorgungsanwartschaft nach der Eröffnung des Konkursverfahrens unverfallbar werden und ein Rechtsanspruch auf die Versorgungsleistung entstehen. Die nach Eröffnung des Konkursverfahrens zeitanteilig erdiente Rente ist Masseschuld. Hinsichtlich der Leistung aus einem unwiderruflichen Bezugsrecht auf eine Lebensversicherung können der Angestellte oder seine Angehörigen und Erben Aussonderung aus der Konkursmasse verlangen. Die wichtigste Insolvenzsicherung der Betriebsrente wird durch das Eintreten des Pensions-Sicherungs-Vereins auf Gegenseitigkeit als Träger der gesetzlichen Insolvenzsicherung nach den Bestimmungen der §§ 7 bis 15 BetrAVG gewährleistet.[137]

9. Steuern, Sozialversicherung. Hier kann nur ein grober Rahmen dargestellt werden: Die Nichtzurechnung zum Betriebsvermögen des Unternehmens regelt § 4 b Einkommensteuergesetz. Für die Pauschalierung
der Lohnsteuer ist § 40 b EStG i. V. m. Abschnitt 96 der Lohnsteuerricht-
linien maßgeblich. Die Lohnsteuer sowohl von Beiträgen für eine Direktversicherung wie auch von Zuwendungen an eine Pensionskasse kann
mit 15 % pauschaliert werden, soweit die Zuwendungen nicht steuerfrei
sind. Die Versicherungssumme darf **nicht früher als** auf die **Vollendung des
60. Lebensjahres** des Arbeitnehmers zahlbar sein. Die Beiträge müssen
vom Arbeitgeber direkt an den Versicherer bezahlt werden. § 40 b EStG
bestimmt Höchstgrenzen. Es ist unschädlich, wenn der Arbeitnehmer neben dem Arbeitgeber Versicherungsprämien einbezahlt. Der Mustertext
sieht die jährliche Zahlung der Prämie durch den Arbeitgeber zusätzlich
zu der vereinbarten sonstigen Vergütung vor. Die monatliche Prämien-
zahlung kann vereinbart werden. Sie führt vor allem dazu, daß die Leistung nicht sozialversicherungsneutral ist. Die Einmal-Zahlung ist, sofern es sich um eine zusätzliche Leistung des Arbeitgebers handelt oder
die Direktversicherungsbeiträge aus Sonderzuwendungen finanziert werden, sozialversicherungsneutral. Zulässig ist auch die Vereinbarung einer
Barlohnumwandlung (Gehaltsumwandlung) zur laufenden Zahlung von
Versicherungsprämien. Die Prämienleistungen sind dann nicht sozialversicherungsneutral. Aus Versorgungsbezügen sind, soweit sie die Beitrags-
bemessungsgrenze nicht überschreiten, Beiträge zur Krankenversicherung abzuführen (§§ 226 ff. SGB V).[138]

§ 14
Nachvertragliches Wettbewerbsverbot

● **Variante A:**

(1) Herr/Frau . . . . . . verpflichtet sich für die Dauer von . . . . Monaten/Jah-
ren nach Beendigung des Arbeitsverhältnisses, im Geschäftszweig der
Firma und innerhalb der Bundesrepublik Deutschland weder für eigene
noch für fremde Rechnung Geschäfte zu machen. Herrn/Frau . . . . . . ist
es auch untersagt, sich an einem anderen Unternehmen, das sich auf gleichem Gebiet betätigt, mittelbar oder unmittelbar zu beteiligen oder für
ein solches im Arbeitsverhältnis oder in sonstiger Weise tätig zu werden.

(2) Für die Dauer des Wettbewerbsverbotes erhält Herr/Frau . . . . . . eine
Karenzentschädigung in Höhe der Hälfte seiner/ihrer zuletzt bezogenen
vertragsmäßigen Leistungen.

(3) **Auf das Wettbewerbsverbot sind die gesetzlichen Bestimmungen, insbesondere §§ 74 ff. HGB in vollem Umfang anzuwenden.**

• Variante B:

(1) Herr/Frau . . . . . . verpflichtet sich, innerhalb von . . Monaten/. . Jahren nach Beendigung des Arbeitsverhältnisses im Geschäftszweig der Firma und innerhalb der Bundesrepublik Deutschland weder für eigene noch für fremde Rechnung Geschäfte zu machen. Herr/Frau . . . . . . wird für ein anderes Unternehmen, das sich auf gleichem Gebiet betätigt, auch weder mittelbar noch unmittelbar, weder in einem freien Rechtsverhältnis noch in einem Arbeitsverhältnis Dienste leisten.

(2) Für die Dauer des Wettbewerbsverbotes bezahlt die Firma Herrn/Frau . . . . . . monatlich eine Entschädigung in Höhe von . . . % der letzten vertragsmäßigen Leistungen. Diese Karenzentschädigung ist in monatlichen Beträgen jeweils am Monatsende zu zahlen.

(3) Auf die fällige Entschädigung wird im Rahmen der gesetzlichen Bestimmungen angerechnet, was Herr/Frau . . . . . . während der Dauer des Wettbewerbsverbotes durch anderweitige Verwertung der Arbeitskraft erwirbt oder zu erwerben böswillig unterläßt.

(4) Herr/Frau . . . . . . verpflichtet sich, während der Dauer des Wettbewerbsverbotes auf Wunsch der Firma jederzeit Auskunft über die Höhe seines/ihres Erwerbs zu erteilen und dabei den jeweiligen Arbeitgeber oder Dienstherrn bekanntzugeben.

(5) Die Firma kann bis zur Beendigung des Arbeitsverhältnisses durch schriftliche Erklärung auf das Wettbewerbsverbot verzichten mit der Folge, daß trotz Wegfalls des Verbotes die Karenzentschädigung bis zum Ablauf eines Jahres seit der Verzichtserklärung zu bezahlen ist.

(6) Kündigt die Firma das Arbeitsverhältnis aus wichtigem Grund wegen vertragswidrigen Verhaltens des/der Angestellten, wird das Wettbewerbsverbot unwirksam, sofern die Firma vor Ablauf eines Monats nach der Kündigung Herrn/Frau . . . . . . schriftlich mitteilt, daß sie sich nicht an die Vereinbarung gebunden halte.

(7) Kündigt die Firma das Arbeitsverhältnis ohne einen erheblichen Anlaß in der Person des/der Angestellten, wird das Wettbewerbsverbot unwirksam, wenn Herr/Frau . . . . . . innerhalb eines Monats nach Zugang der Kündigung schriftlich erklärt, daß er/sie sich an das Wettbewerbsverbot nicht gebunden fühle. Hat sich die Firma jedoch bei der Kündigung zur Zahlung der vollen letzten durchschnittlichen Bezüge für die Dauer des Wettbewerbsverbotes verpflichtet, bleibt das Wettbewerbsverbot wirksam.

(8) Sollte Herr/Frau . . . . . . dem Wettbewerbsverbot zuwiderhandeln, kann die Firma für jeden Fall der Zuwiderhandlung eine Vertragsstrafe in Höhe von DM . . . . . . fordern. Herr/Frau . . . . . . hat dann einen etwaigen weitergehenden Schaden ebenfalls zu ersetzen. Für die Dauer der Vertragsverletzung ist Karenzentschädigung nicht zu bezahlen.

1. Allgemeines. Die beiden Varianten unterscheiden sich im wesentlichen dadurch, daß die Variante B den Gesetzesinhalt in größerem Umfange in den Vertragstext übernimmt, was den Vertragsschließenden die Übersicht über Art und Umfang der eingegangenen Verpflichtungen erleichtern mag, rechtlich aber nicht erforderlich ist. Ferner wurde in die Variante B eine Vertragsstrafeklausel (Abs. 8) aufgenommen. Im Einzelfalle sollte der Geschäftszweig, für den das Wettbewerbsverbot gelten soll, näher umschrieben werden. Wird ein Wettbewerbsverbot separat vereinbart, ist unbedingt darauf zu achten, daß der Angestellte ein vom Unternehmen rechtsverbindlich unterzeichnetes Exemplar des Vertragstextes ausgehändigt erhält. Ist die Wettbewerbsabrede, wie im vorliegenden Muster, im Arbeitsvertrag enthalten, muß der Arbeitnehmer ein vom Unternehmen unterzeichnetes Exemplar des ganzen Vertrages erhalten. Ein zwar unterzeichnetes, die Vereinbarungen aber nicht selbst enthaltendes Bestätigungsschreiben genügt nicht, ebensowenig eine zwar ausdrücklich zum Gegenstand des unterzeichneten Arbeitsvertrages erklärte, aber weder besonders unterzeichnete noch mit dem Vertrag fest verbundene Anlage oder eine beglaubigte Abschrift.[139] Es empfiehlt sich dann, am Ende der Vereinbarung die besondere Klausel aufzunehmen: „Herr/Frau . . . . . . bestätigt mit seiner/ihrer Unterschrift unter diese Vereinbarung auch, ein vom Unternehmen rechtsverbindlich unterzeichnetes Exemplar der Vereinbarung erhalten zu haben." In der Praxis scheint das Interesse an der Vereinbarung eines nachvertraglichen Wettbewerbsverbotes zurückzugehen; dazu mag auch beigetragen haben, daß § 128a Arbeitsförderungsgesetz den Arbeitgeber verpflichtet, der Bundesanstalt für Arbeit das Arbeitslosengeld zu erstatten, das dem Arbeitslosen für die Dauer des Wettbewerbsverbotes gezahlt wird.[140]

2. Nachwirkende Bindung ohne Vertrag. Grundsätzlich steht es dem Arbeitnehmer frei, nach Beendigung des Arbeitsverhältnisses seinem bisherigen Arbeitgeber Konkurrenz zu machen. Gesetzliche Grenzen finden sich nur im Gesetz gegen den unlauteren Wettbewerb (§§ 1, 17 UWG) und in dem allgemeinen bürgerlich-rechtlichen Schädigungsverbot (§§ 823, 826 BGB). Allerdings können aus der arbeitsvertraglichen Treuepflicht in besonderen Fällen nachwirkende Pflichten zur Wahrung der Interessen des früheren Arbeitgebers folgen. So hat das Bundesarbeitsgericht z. B. einen Angestellten als verpflichtet angesehen, die Störung eines konkreten, von ihm noch selbst vorbereiteten Kundenauftrages des früheren Arbeitgebers zu unterlassen.[141] Größere praktische Bedeutung hat die nachwirkende Treuepflicht bei der Verwertung von **Betriebsgeheimnissen,** obwohl auch hier der ausgeschiedene Arbeitnehmer im Grundsatz frei ist. Gewisse Einschränkungen sind aber zu beachten: Die strafbedrohte Einschränkung aus § 17 Abs. 2 UWG und die Unterlassungsverpflichtung aus §§ 1 UWG, 826 BGB kann durch die sogenannte **nachwirkende Treuepflicht** erweitert werden. Auf sie wurde z. B. die Verpflichtung des ausgeschiedenen Angestellten gestützt, über gesetz- und sittenwidrige Handlungen des früheren Arbeitgebers zu schweigen.[142] Für Betriebsratsmitglieder gilt die besondere Regelung des § 79 Betriebsverfassungsgesetz.

3. Die nachvertragliche Wettbewerbsvereinbarung. Während die Gewerbeordnung nur eine Generalklausel enthält (§ 133 f), stellt das Handelsgesetzbuch (HGB) in den §§ 74 bis 75 d eine scheinbar umfassende Regelung zur Verfügung, deren wichtigste Bestimmung im Verbot einer vertraglichen Abweichung zum Nachteil des Arbeitnehmers besteht (§ 75 d HGB). Die Regelung des HGB gilt nach gefestigter Rechtsprechung für alle Arbeitnehmer.[143] Die Abrede ist zum Schutze des Angestellten **eng auszulegen.** So kann beispielsweise eine Vereinbarung, wonach der ausgeschiedene Angestellte kein Arbeitsverhältnis bei einem Konkurrenzunternehmen eingehen darf, nicht durch Auslegung auf die Unterlassung auch einer selbständigen Tätigkeit ausgedehnt werden. Dem ausgeschiedenen Angestellten steht die Karenzentschädigung grundsätzlich unabhängig davon zu, aus welchen Gründen er Wettbewerb unterläßt oder im neuen Arbeitsverhältnis weniger verdient. Gleichgültig ist auch, ob der Angestellte in den Ruhestand tritt.[144]

4. Die Karenzentschädigung. Die Verpflichtung des Arbeitgebers zur Zahlung der Karenzentschädigung muß zweifelsfrei formuliert sein. Die Karenzentschädigung muß der Höhe nach **mindestens die Hälfte** der letzten „vertragsmäßigen Leistungen" ausmachen. Sie ist jeweils am Monatsende auszuzahlen. Eine Erhöhung der Mindestquote empfiehlt sich, wenn das Wettbewerbsverbot sonst im Verhältnis zur Höhe der Entschädigung seinem Umfang nach eine **unbillige Erschwerung des Fortkommens** des Angestellten bedeutet (§ 74 a Abs. 1 HGB), was hier insbesondere für das Verbot der Beteiligung an Konkurrenzunternehmen gilt.

Bei der **Berechnung der Höhe** der Karenzentschädigung sind einmalige und wechselnde Bezüge wie Tantiemen, Provisionen und Akkordvergütungen nach dem Durchschnitt der letzten drei Jahre bzw. eines etwa noch nicht drei Jahre während den Bezugszeitraumes einzubeziehen (§ 74 b Abs. 2 HGB). Auch widerrufliche Leistungszulagen und Zahlungen ohne Rechtspflicht werden hinzugerechnet, nicht hingegen Leistungen des Arbeitgebers zur sozialen Sicherung des Arbeitnehmers wie Bei-

träge zur gesetzlichen Kranken- und Rentenversicherung, freiwillige Beiträge zur befreienden Lebensversicherung und freiwillige Krankenver-
sicherungszuschüsse. Bei der Berechnung der Entschädigungshöhe sind
auch Vergütungen einzubeziehen, die noch nicht fällig sind, nicht aber
Zahlungen, die zum Ersatz besonderer Auslagen dienen. Eine Anpassung
der Entschädigung an die Entwicklung der Lebenshaltungskosten oder
an die voraussichtliche Entwicklung der Bezüge bei Fort bestand des Arbeitsverhältnisses kommt nur in Frage, wenn die Wett bewerbsabrede
eine **Anpassungsvereinbarung** enthält.[145]

5. Anrechnung. Anrechnungsfrei bleibt ein Einkommen, soweit die Sum-
me aus Entschädigung und neuem Verdienst **110 % des früheren Verdienstes** nicht übersteigt. Hat der Angestellte also z.B. zuletzt DM 5000,–
im Monat verdient und verdient er jetzt bei Einhaltung des Wettbewerbsverbotes monatlich DM 5200,–, errechnet sich, sofern nur die
Mindestentschädigung von 50 % vereinbart ist, die tatsächlich zu zah-
lende Entschädigung wie folgt: Karenzentschädigung DM 2500,– zuzüglich neuer Erwerb DM 5200,– = DM 7700,– abzüglich 110 % des
alten Verdienstes, also DM 5500,– = der Anrechnungsbetrag von DM
2200,–, so daß tatsächlich nur noch DM 300,– zu bezahlen sind. Der ab-
zuziehende Betrag erhöht sich auf **125 % des alten Verdienstes,** wenn der
Arbeitnehmer durch das Wettbewerbsverbot gezwungen wird, seinen
Wohnsitz zu verlegen.[146]

Böswilligkeit wird wie beim Annahmeverzug (§ 615 BGB) verstanden.
Dem Arbeitnehmer ist die Aufnahme einer berufsfremden Tätigkeit nicht
zuzumuten. Gründet er eine Existenz als Selbständiger mit zunächst ge-
ringen Einkünften, sind nur diese anzurechnen. Auch der Beginn eines
erfolgversprechenden Studiums schmälert den Anspruch auf die Entschädigung nicht. Der Anspruch auf die Karenzentschädigung besteht
auch, wenn der Arbeitnehmer wegen Krankheit keine anderweitige Er-
werbstätigkeit aufnehmen kann. Selbst bei einer Kündigung des Arbeitnehmers ist ihm die Annahme eines Weiterbeschäftigungsangebotes des
bisherigen Arbeitgebers nicht zuzumuten.[147]

Altersruhegeld aus der Angestelltenversicherung wird nicht angerechnet. Die Anrechnung von **Arbeitslosengeld** ist inzwischen vom Gesetzgeber verfügt worden; bei der Anrechnung sind aber die 110 %- bzw.
125 %-Grenzen zu beachten. Ob eine Betriebsrente auf die Karenzentschädigung anzurechnen ist, hat das BAG, soweit ersichtlich, bisher
nicht entschieden, jedoch für zweifelhaft erklärt. Einkünfte aus wissenschaftlicher Nebentätigkeit sind nicht anzurechnen.[148]

6. Unverbindlichkeit des Wettbewerbsverbotes. Eine Wettbewerbsvereinbarung, die von den Vorschriften der §§ 74 bis 75 c HGB zum Nachteil des
Angestellten abweicht, ist unverbindlich. Enthält die Wettbewerbsabrede

eine **zu geringe Karenzentschädigung** oder ist ihr Inkrafttreten von einer **Bedingung** abhängig, so bedeutet Unverbindlichkeit, daß der Angestellte ein **Wahlrecht** hat. Er kann frei entscheiden, ob er sich an das Wettbewerbsverbot hält und die vereinbarte Entschädigung, die unter der gesetzlichen Mindestentschädigung liegen kann, verlangt, oder ob er Wettbewerb betreibt. Der Arbeitgeber kann sich auf die Unverbindlichkeit des Wettbewerbsverbotes nicht berufen. Beim sogenannten bedingten und damit unverbindlichen Wettbewerbsverbot hat der Arbeitgeber sich vorbehalten, das Wettbewerbsverbot „in Anspruch zu nehmen" oder einseitig den Angestellten unter Wegfall der Karenzentschädigung freizustellen.[149] Dagegen ist der Arbeitnehmer in den Fällen **übermäßiger Bindung und unbilliger Erschwerung** des Fortkommens (§ 74 a Abs. 1 HGB) **ohne Wahlbefugnis** an die Vereinbarung gebunden, die lediglich auf den Rahmen der gesetzlich zulässigen Bedingungen zurückgeführt wird.[150]

7. Verzicht. § 75 a HGB gestattet dem Arbeitgeber, sich durch einseitige schriftliche Erklärung von der Wettbewerbsvereinbarung zu lösen. Die schriftliche Verzichtserklärung muß dem Arbeitnehmer vor Beendigung des Arbeitsverhältnisses zugehen. Der Arbeitgeber hat in diesem Falle für die Dauer eines Jahres seit dem Zugang der Verzichtserklärung beim Arbeitnehmer die Karenzentschädigung zu bezahlen. Endet also beispielsweise das Arbeitsverhältnis drei Monate nach dem Verzicht, kann der Angestellte noch neun Monate nach Beendigung des Arbeitsverhältnisses Entschädigung fordern, ohne sich an das Wettbewerbsverbot halten zu müssen.

Die einvernehmliche **Aufhebung** der Abrede ist selbstverständlich möglich. Sie muß aber klar zum Ausdruck kommen. Die Aufhebung des Arbeitsvertrages beinhaltet noch nicht ohne weiteres auch die Aufhebung des Wettbewerbsverbotes. Dasselbe gilt für eine **Ausgleichsquittung.** Aufhebung und Änderungen können mündlich erfolgen. Ist Schriftform vereinbart (wie hier in § 17 Abs. 1), so sind mündliche Änderungen doch wirksam, wenn die Parteien „die Maßgeblichkeit der mündlichen Vereinbarung übereinstimmend gewollt haben". Dies hat das Bundesarbeitsgericht in Übereinstimmung mit dem Bundesgerichtshof so entschieden; man wird mit der daraus folgenden Rechtsunsicherheit leben müssen (vgl. im einzelnen § 17 Anm. 1).[151]

8. Einseitige Lösung bei Kündigungen. Für den Fall einer außerordentlichen Kündigung sieht § 75 HGB einseitige Lösungsmöglichkeiten vor. Die gesetzliche Bestimmung ist durch die Rechtsprechung so modifiziert worden, daß für den Arbeitnehmer ebenso wie für den Arbeitgeber bei eigener außerordentlicher Kündigung wegen vertragswidrigem Verhalten des anderen Teiles die Lösungsmöglichkeit innerhalb eines Monats nach Zugang der Kündigung besteht.[152] Auch bei ordentlicher Arbeitgeberkündigung kann der Arbeitnehmer sich einseitig vom Wettbewerbsverbot lösen, es sei denn er habe durch Gründe in seiner Person „erheblichen Anlaß" zur Kündigung gegeben.

9. Die Vertragsstrafe. Nach § 75 c Abs. 1 HGB kann für den Fall des Verstoßes gegen ein Wettbewerbsverbot eine Vertragsstrafe vereinbart werden. Verlangt der Arbeitgeber die Vertragsstrafe, so kann er auch weitergehenden Schaden und für die Zukunft Erfüllung verlangen.[153] Zur Vertragsstrafe vgl. im übrigen § 10 Anm. 6.

§ 15
Beendigung des Vertrages

• Variante A:

(1) Das Arbeitsverhältnis wird auf unbestimmte Zeit abgeschlossen.

(2) Eine vor Vertragsbeginn dem anderen Teil zugehende Kündigung ist unwirksam.

(3) Während der ersten sechs Monate seit Beginn des Arbeitsverhältnisses können Herr/Frau . . . . . . und die Firma mit einer Frist von vier Wochen zum 15. oder zum Ende eines jeden Monats kündigen.

(4) Danach können beide Seiten mit einer Frist von . . . . . . zum Quartalsende/Halbjahresende/Jahresende kündigen. Eine gesetzliche Verlängerung der Kündigungsfrist des Arbeitgebers gilt auch für Herrn/Frau . . . . . .

(5) Das Arbeitsverhältnis endet ohne Kündigung am Ende des Quartals, in dem Herr/Frau . . . . . . sein/ihr 65./63./60. Lebensjahr vollendet.

(6) Endet das Arbeitsverhältnis aufgrund einer von der Firma aus betriebsbedingten Gründen ausgesprochenen Kündigung, so erhält Herr/ Frau . . . . . . mit dem Ausscheiden aus dem Arbeitsverhältnis eine Kündigungsentschädigung, die sich für jedes volle Jahr der Dauer des Arbeitsverhältnisses auf $^1/_{24}$ der Jahresvergütung im Sinne von § 3 dieses Vertrages beläuft. Die Abfindung ist auf eine im arbeitsgerichtlichen Kündigungsschutzverfahren vom Arbeitsgericht festgesetzte oder in einem Prozeßvergleich vereinbarte Kündigungsentschädigung sowie auf eine Entschädigung aus einem Sozialplan anzurechnen.

(7) Im Falle einer Kündigung, gleichgültig von welcher Seite, kann die Firma Herrn/Frau . . . . . . von der Verpflichtung zur Dienstleistung freistellen.

• Variante B:

(1) Das Arbeitsverhältnis wird für die Zeit vom . . . . . . bis . . . . . . fest abgeschlossen. Eine Verlängerung bedarf einer besonderen schriftlichen Vereinbarung.

(2) Die Firma kann Herrn/Frau . . . . . . von der Verpflichtung zur Dienstleistung jederzeit freistellen. Die Freistellung hat keinen Einfluß auf die Vergütung.

- Variante C:

(1) Das Arbeitsverhältnis wird für die Zeit vom . . . . . . bis . . . . . . fest abgeschlossen. Eine Verlängerung bedarf einer besonderen schriftlichen Vereinbarung.

(2) Während der festen Vertragsdauer kann jede Seite unter Einhaltung einer Frist von . . Monaten zum Quartalsende kündigen.

(3) Die Firma kann Herrn/Frau . . . . . . von der Verpflichtung zur Dienstleistung jederzeit freistellen. Die Freistellung hat keinen Einfluß auf die Vergütung.

Inhalt der Erläuterungen zu § 15:

1. Gesetzliche Beendigungsgründe. § 620 Abs. 2 BGB sieht für das auf unbestimmte Zeit eingegangene Arbeitsverhältnis, also für den Normalfall, vor, daß die Beendigung durch **Kündigung** herbeigeführt wird. Die Kündigung ist eine einseitige Erklärung eines der beiden Vertragspartner. Sie bedarf nicht der „Annahme" oder einer „Bestätigung" des anderen Teils. Die in der Praxis häufige und zweckmäßige Empfangsbestätigung des anderen Teils bezweckt allein den Beweis des Zugangs der Kündigungserklärung, insbesondere auch den Zugang an einem bestimmten Tag. Nur in ganz besonderen Ausnahmefällen kann ein auf unbestimmte Zeit eingegangenes Arbeitsverhältnis ohne Kündigung enden.[154] Aus der Pflicht zur persönlichen Dienstleistung (§ 613 Satz 1 BGB) folgt, daß das Arbeitsverhältnis durch den Tod des Arbeitnehmers endet. Durch den Tod des Arbeitgebers (des Inhabers einer Einzelfirma) endet es nur, wenn sich dies aus dem Zweck der Dienste ergibt (§ 620 Abs. 2 BGB). Auch sonst kann ein Arbeitsverhältnis grundsätzlich ohne Kündigung dadurch enden, daß der Zweck erreicht ist. Das könnte der Fall sein, wenn ein Arbeitsverhältnis mit einer hoch spezialisierten Fachkraft zum Zwecke der Lösung einer umschriebenen technischen Aufgabe eingegangen wird.[155] Durch den Eintritt der **Bedingung**, die vereinbarungsgemäß das Arbeitsverhältnis lösen soll, tritt in aller Regel ebensowenig eine Beendigung ein wie durch die Ausübung eines vorbehaltenen **Rücktrittrechtes**. Die Vereinbarung einer auflösenden Bedingung bedarf zu ihrer Wirksamkeit eines sachlich rechtfertigenden Grundes.[156]

2. Befristung. § 620 Abs. 1 BGB bestimmt, daß das Dienstverhältnis mit dem Ablauf der vereinbarten Zeit endet, ohne daß es einer Kündigung bedarf. Diese Bestimmung ist durch die Rechtsprechung zum **befristeten Arbeitsvertrag** erheblich modifiziert worden. Von den Besonderheiten des Beschäftigungsförderungsgesetzes abgesehen bedürfen Befristungen eines dem Kündigungsgesetz unterliegenden Arbeitsverhältnisses einer besonderen sachlichen Rechtfertigung, die allerdings beim leitenden Angestellten durch eine angemessene Abfindungsregelung (hier Variante A Abs. 6) ersetzt werden kann.[157] Fehlt es an einer solchen, endet das Arbeitsverhältnis nicht durch Fristablauf. Der Fortbestand des Arbeitsverhältnisses kann durch Feststellungsklage zum Arbeitsgericht geltend gemacht werden. Die Erhebung der Feststellungsklage ist nicht an die **Dreiwochenfrist** des § 4 Kündigungsschutzgesetz gebunden. Die Klagebefugnis kann aber relativ schnell verwirkt sein. Aus der Sicht des Arbeitgebers empfiehlt sich eine vorsorgliche Kündigung auch deshalb, weil nach der Rechtsprechung der Arbeitgeber verpflichtet sein kann, einen an sich wirksam befristeten Arbeitsvertrag auf unbestimmte Zeit fortzusetzen, wenn er beim Arbeitnehmer die Erwartung geweckt und bestätigt hat, er werde bei Eignung und Bewährung unbefristet weiterbeschäftigt werden. Die Variante C sieht ergänzend die Vereinbarung einer Kündigungsmöglichkeit auch während der Dauer der Befristung vor.[158]

3. Kündigung vor Dienstantritt. Sie ist hier in Abs. 2 die Variante A ausdrücklich ausgeschlossen, und zwar für beide Seiten. Eine Vereinbarung, die nur den Arbeitnehmer hindert, vor Dienstantritt zu kündigen, verstößt gegen § 622 Abs. 5 BGB und ist deshalb unwirksam. Die Ungültigkeit einer einseitigen Klausel führt allerdings nicht unbedingt zum Wegfall des Verbotes einer Kündigung vor Dienstantritt. Das Gericht kann im Wege der ergänzenden Vertragsauslegung den Willen der Parteien zum beiderseitigen Ausschluß der Kündigung vor Dienstantritt unter Umständen feststellen.[159] Gelegentlich wird für den Fall des Nichtantritts eine **Vertragsstrafe** vereinbart. Sie ist grundsätzlich zulässig. Das Gericht kann die Höhe der Vertragsstrafe herabsetzen. Im Falle eines als Abteilungsleiter vorgesehenen Angestellten wurde die Vereinbarung einer Vertragsstrafe in Höhe eines Monatseinkommens als nicht unverhältnismäßig hoch angesehen.[160]

Im übrigen darf auf die Anmerkung 1 zu § 1 verwiesen werden.

4. Anfechtung. Der Arbeitsvertrag kann grundsätzlich angefochten werden. Die Anfechtung ist formfrei. In der Erklärung muß jedoch zum Ausdruck kommen, daß der Arbeitsvertrag wegen eines **Irrtums**, einer **Täuschung** oder einer **Drohung** beseitigt werden soll. Die Erklärung des Rücktritts oder die Mitteilung des Wunsches nach einer Vertragsänderung ist keine Anfechtung. Die Irrtumsanfechtung muß unverzüglich erklärt werden; nach der Rechtsprechung sind hierzu die für die Zweiwochenfrist, in der die außerordentliche Kündigung ausgesprochen werden muß, entwickelten Grundsätze heranzuziehen.[161] Für die Anfechtung wegen arglistiger Täuschung oder Drohung (§ 123 BGB) gilt die Jahresfrist des § 124 Abs. 1 BGB. Für eine Klage auf Feststellung, daß die vom Arbeitgeber ausgesprochene Anfechtung unwirksam sei, muß die Dreiwochenfrist des § 4 Kündigungsschutzgesetz nicht eingehalten werden. Eine Teilanfechtung mit der Folge, daß der übrige Vertrag fortbesteht, ist möglich, wenn nur der angefochtene Teil auf einer Täuschung beruht.[162] Die in § 142 Abs. 1 BGB vorgesehene Rückwirkung der Anfechtung gilt im Arbeitsrecht nur, so lange Arbeit noch nicht geleistet wurde, sonst wirkt die Anfechtung nicht zurück, sondern erst ab dem Zeitpunkt des Zuganges der Anfechtungserklärung.[163]

Auch die **Anfechtung einer Kündigung** ist möglich. Die Anfechtung kann als Verstoß gegen Treu und Glauben unwirksam sein, wenn der Anfechtungsgrund seine Bedeutung mittlerweile verloren hatte.[164]

5. Probezeit. Abs. 3 der Variante A sieht für die ersten sechs Monate des Arbeitsverhältnisses die Vereinbarung der nach § 622 Abs. 1 BGB kürzestmöglichen Kündigungsfrist vor. Wird lediglich vereinbart, daß die ersten sechs Monate des Arbeitsverhältnisses als Probezeit gelten, so liegt darin die Vereinbarung der Mindestkündigungsfrist von zwei Wochen zu jedem beliebigen Tag (§ 622 Abs. 3 BGB).[165] Die Probezeit kann voll ausgeschöpft werden, d. h. eine Kündigung mit Mindestkündigungsfrist kann noch am letzten Tag der Probezeit ausgesprochen werden.

Während der ersten sechs Monate eines jeden Arbeitsverhältnisses besteht kein **Kündigungsschutz** nach § 1 Kündigungsschutzgesetz. Der **Betriebsrat** muß jedoch auch vor einer Kündigung in der Probezeit angehört werden. Auf den leitenden Angestellten ist die Anhörungsvorschrift des § 102 Betriebsverfassungsgesetz nicht anzuwenden; der Arbeitgeber muß nach § 31 Abs. 2 Sprecherausschußgesetz jedoch den Sprecherausschuß anhören (vgl. auch unten Anm. 9). Der Arbeitgeber hat nach § 105 Betriebsverfassungsgesetz ferner die Pflicht, personelle Veränderungen bei leitenden Angestellten dem Betriebsrat mitzuteilen. Die Kündigung gegenüber einem leitenden Angestellten ist zwar nicht wegen Verletzung der Informationspflicht, jedoch wegen Nichtanhörung des Sprecherausschusses unwirksam.[166]

6. Fristen, Fristberechnung. Die normale gesetzliche Kündigungsfrist des Angestellten beläuft sich nach § 622 Abs. 1 BGB auf **vier Wochen zum 15. oder zum Ende eines Kalendermonats.** Bei Führungskräften werden in der Regel längere Fristen vereinbart. Zu beachten ist, daß für die Kündigung des Arbeitsverhältnisses durch den Angestellten keine längere Frist vereinbart werden darf als für die Kündigung durch den Arbeitgeber (§ 622 Abs. 6 BGB). Die gesetzliche Normalfrist **verlängert sich** nach einer Beschäftigungsdauer von zwei Jahren auf einen Monat zum Ende eines Kalendermonats, nach fünf Jahren auf zwei Monate, nach acht Jahren auf drei Monate, nach zehn Jahren auf vier Monate, nach zwölf Jahren auf fünf Monate, nach fünfzehn Jahren auf sechs Monate und nach zwanzig Jahren auf sieben Monate zum Ende eines Kalendermonats. Dienstjahre, die vor Vollendung des 25. Lebensjahres liegen, werden dabei nicht berücksichtigt. Abweichende Regelungen können durch Tarifvertrag und im Geltungsbereich eines solchen Tarifvertrages auch einzelvertraglich vereinbart werden. Ist ein Arbeitsvertrag für **längere Zeit als fünf Jahre** oder auf Lebenszeit abgeschlossen, so kann der Angestellte nach Ablauf von fünf Jahren unter Einhaltung einer Frist von sechs Monaten auf jeden beliebigen Endzeitpunkt kündigen. Das Sonderkündigungsrecht aus § 624 BGB gilt aber nicht für den Fall, daß ein Fünfjahresvertrag mit der Klausel abgeschlossen wird, daß der Vertrag sich um weitere bis zu fünf Jahre verlängert, wenn er zum Ablauf der ersten fünf Jahre nicht gekündigt wird.[167] Wird die Kündigungsfrist versäumt, so gilt die Kündigung im Zweifel als zum nächst zulässigen Termin erklärt.[168]

7. Zugang, Vertretung. Wird die Kündigung durch einen Bevollmächtigten ausgesprochen, kann der Kündigungsempfänger sie durch unverzügliche Zurückweisung unwirksam machen, sofern eine Vollmachtsurkunde nicht beigefügt war. Allerdings bedarf es der Vorlage einer Vollmachtsurkunde dann nicht, wenn die Kündigung durch eine Person unterzeichnet ist, die nach allgemeiner Kenntnis im Betrieb entsprechend bevollmächtigt ist, beispielsweise durch den Leiter der Personalabteilung (§ 174 S. 2 BGB). Die Berechnung der Kündigungsfristen richtet sich nach den Bestimmungen der §§ 187 ff. BGB. Für Kündigungsfristen ist zunächst wichtig, daß der Tag des Zuganges der Kündigung nicht mitgerechnet wird. Die Monatsfrist ist also z. B. nicht mehr gewahrt, wenn die Kündigung am 1. des Monats, auf dessen Ende gekündigt werden soll, zugeht. Dagegen wird der Tag, an dem die Frist abläuft, in die Frist mit eingerechnet. § 193 BGB, der eine Verlängerung von Fristen vorsieht, deren letzter Tag auf ein Wochenende oder einen Feiertag fällt, ist bei der Kündigung von Arbeitsverhältnissen nicht anzuwenden. Eine am Monatsende ablaufende Frist verlängert sich also nicht, wenn der letzte Tag des Monats ein Samstag, Sonntag oder Feiertag ist. Dasselbe gilt für den Tag des Zuganges der Kündigung. Eine mit Monatsfrist zum

Monatsende auszusprechende Kündigung kann also nicht wirksam noch am Ersten zugehen, wenn der letzte Tag des vorausgegangenen Monats ein Sonntag war.[169]

Die Kündigung wird erst mit **Zugang** an den Erklärungsempfänger wirksam (§ 130 BGB). Die Kündigungserklärung muß so in den „Machtbereich" des Empfängers gelangen, daß dieser unter gewöhnlichen Umständen Kenntnis nehmen kann. Wird die Kündigung erst nach der allgemeinen Postzustellungszeit in den Wohnungsbriefkasten geworfen, geht sie erst am folgenden Tag zu. Der Kündigende trägt das Zugangsrisiko. Es genügt im allgemeinen die Übergabe an den Vermieter oder an qualifizierte Angestellte. Ein eingeschriebener Brief geht noch nicht mit der Benachrichtigung durch die Post, sondern erst bei Aushändigung zu. Allerdings muß, wer eine Einschreibesendung trotz ordnungsgemäßer Benachrichtigung nicht innerhalb angemessener Frist abholt, sich so behandeln lassen, als habe er die Einschreibesendung alsbald abgeholt; dies gilt insbesondere dann, wenn der Empfänger weiß, daß eine Kündigung an ihn unterwegs ist. Die förmliche Zustellung mit Postzustellurkunde gilt unabhängig vom tatsächlichen Empfang. Eine Vereinbarung, wonach das Datum des Poststempels maßgeblich sein soll, ist ohne Wirkung. Der Zugang wird aber nicht dadurch beeinträchtigt, daß der Empfänger verreist ist, auch wenn der andere Teil dies weiß.[170]

8. Bedingte Kündigung. Die Kündigung ist nicht grundsätzlich bedingungsfeindlich. Eine etwa mit der Kündigung verbundene Bedingung darf aber den Empfänger nicht in eine ungewisse Lage versetzen. Zulässig sind also nur Bedingungen, deren Eintritt allein vom Erklärungsempfänger abhängt, wenn dieser sich also im Zeitpunkt der Kündigung sofort entschließen kann, ob er die Bedingungen erfüllen will oder nicht. Hängt der Eintritt der Bedingung von der Beurteilung dessen ab, der die Kündigung ausgesprochen hat, oder aber auch von der Beurteilung eines Dritten, so ist die Kündigung nicht genügend bestimmt und daher unwirksam.[171]

9. Kündigungsschutz. Vom Schutz des Kündigungsschutzgesetzes sind nur Mitglieder des Organs, das zur gesetzlichen Vertretung einer juristischen Person berufen ist, ferner die durch Gesetz, Satzung oder Gesellschaftsvertrag zur Vertretung einer Personengesellschaft berufenen Personen ganz ausgeschlossen. In der Praxis betrifft dieser Ausschluß besonders häufig den im Handelsregister eingetragenen Geschäftsführer einer GmbH. Für sie hat das Bundesarbeitsgericht neuerdings entschieden, daß ein ruhendes Arbeitsverhältnis bestehen kann, das bei der Abberufung aus der Geschäftsführung wieder auflebt mit der Folge, daß von da an Kündigungsschutz besteht.[172] Angestellte in leitender Stellung, mögen sie Geschäftsführer, Direktor, Abteilungsleiter oder ähnlich heißen, genießen grundsätzlich den Schutz des Kündigungsschutzgesetzes, allerdings mit der nicht unwichtigen Einschränkung, daß der Arbeitgeber nach einer ordentlichen Kündigung, nicht auch nach einer außerordentlichen, einen Auflösungsantrag stellen kann, den er nicht begründen muß. Das Gericht muß einem solchen Auflösungsantrag stattgeben mit der Maßgabe, daß im Rahmen des § 10 Kündigungsschutzgesetz dem Angestellten eine Abfindung zugesprochen werden muß (vgl. unten Anmerkung 15 Abfindungen). In einer Vertragsklausel, wonach der Arbeitnehmer für den Fall seiner eigenen Kündigung an den Arbeitgeber eine „Abfindung" zahlen muß, dürfte in der Regel eine unzulässige Kündigungsbeschränkung liegen.[173] Ein Sonderkündigungsschutz, etwa nach dem Schwerbehindertengesetz oder nach dem Mutterschutzgesetz steht auch dem/der leitenden Angestellten zu.

Zur Anhörung und Benachrichtigung des Betriebsrates siehe oben Anm. 5 Abs. 2.

10. Verhältnis zur Abmahnung. Die Wirksamkeit einer ordentlichen oder außerordentlichen verhaltensbedingten Kündigung hängt häufig davon ab, daß der Arbeitgeber ein beanstandetes Verhalten des Arbeitnehmers zuvor rügt mit einem Hinweis darauf, daß im Wiederholungsfalle Inhalt oder Bestand des Arbeitsverhältnisses gefährdet sei. Die Abmahnung kann auch lediglich den Sinn einer gegenüber der Kündigung milderen Sanktion ohne Hinweis auf Konsequenzen im Wiederholungsfalle haben. In beiden Fällen der Abmahnung **verzichtet der Arbeitgeber** nach der Rechtsprechung des Bundesarbeitsgerichts konkludent auf ein Kündigungsrecht wegen der Gründe, die Gegenstand der Abmahnung waren. Eine etwaige spätere Kündigung kann er nicht allein auf die abgemahnten Gründe stützen. Auf diese kann er nur unterstützend zurückgreifen, wenn weitere kündigungsrechtlich erhebliche Umstände eintreten oder ihm nachträglich erst bekanntwerden. Umgekehrt kann jedoch ein für eine Kündigung nicht ausreichender Grund auch nach Abschluß eines Kündigungsschutzverfahrens noch zum Ausspruch einer Abmahnung herangezogen werden.[174]

11. Änderungskündigung. Die Möglichkeit, eine Änderungskündigung auszusprechen, besteht theoretisch zwar für beide Vertragsteile. Da sie die Vollkündigung des bestehenden Arbeitsverhältnisses verbunden mit dem Angebot der Fortsetzung des Arbeitsverhältnisses zu geänderten Bedingungen beinhaltet, ist sie für den Arbeitnehmer aber so risikoreich, daß sie in der Praxis nur als Arbeitgeber-Änderungskündigung vorkommen dürfte. Die Änderungskündigung wird besonders berücksichtigt in § 2 Kündigungsschutzgesetz. Auch die Änderungskündigung durch den Arbeitgeber ist eine Vollkündigung mit dem Angebot neuer Bedingungen. Der Arbeitnehmer kann sein Risiko erheblich vermindern, indem er rechtzeitig dem Arbeitgeber erklärt, er nehme das Angebot zur Fortsetzung des Arbeitsverhältnisses unter geänderten Bedingungen an unter dem **Vorbehalt**, daß die Änderung nicht sozial ungerechtfertigt sei. Diesen Vorbehalt muß der Arbeitnehmer innerhalb der Kündigungsfrist, spätestens jedoch **innerhalb von drei Wochen** nach Zugang der Kündigung erklären. In aller Regel wird also die Dreiwochenfrist, die auch für die Erhebung einer Kündigungsschutzklage gilt, zu wahren sein. Allerdings kann eine Änderungskündigung auch in der Form der **außerordentlichen** (fristlosen) Kündigung ausgesprochen werden. In einem solchen Falle darf die Dreiwochenfrist nur für die Erhebung der Kündigungsschutzklage, nicht jedoch für die Vorbehaltsannahme ausgenutzt werden. Letztere muß unverzüglich erklärt werden.

Die Änderungskündigung hat an Bedeutung erheblich gewonnen durch die neuere Rechtsprechung des BAG, nach der sie **Vorrang vor der Vollkündigung** hat. Eine Formulierung, nach der unter der Bedingung gekündigt wird, daß der Arbeitnehmer neue Arbeitsbedingungen nicht annehme, schadet nicht. Kündigt der Arbeitgeber unter Inanspruchnahme eines entsprechenden vertraglichen Vorbehaltes einzelne Bedingungen des Arbeitsvertrages, etwa eine Provisionsregelung, so wird es sich in der Regel um eine **Teilkündigung** handeln, deren Zulässigkeit zweifelhaft ist und die jedenfalls wie ein vorbehaltener Widerruf der Billigkeitskontrolle durch das Arbeitsgericht gem. § 315 BGB unterliegt. Durch widerspruchslose Weiterarbeit unter den geänderten Arbeitsbedingungen nimmt der Arbeitnehmer das Änderungsangebot unter Umständen an.

Die Änderungskündigung bedarf wie jede andere Kündigung der Anhörung des **Betriebsrates** bzw. bei leitenden Angestellten der Anhörung des Sprecherausschusses (vgl. auch oben Anm. 5 Abs. 2).[175]

12. Vereinbarung von Kündigungsgründen. In der Literatur ist es streitig, ob wenigstens zum Nachteil des Arbeitgebers die Kündigungsmöglichkeiten vertraglich erweitert werden können. Streitig ist auch, ob die Gründe für eine außerordentliche Kündigung vertraglich eingeschränkt werden können. Die Rechtsprechung sieht aber wohl die gesetzlichen Bestimmungen als **beiderseits zwingend** an. Eine Erweiterung der Gründe für eine außerordentliche Kündigung wurde ausdrücklich abgelehnt. Denkbar ist insoweit, daß der Arbeitsvertrag die Einhaltung bestimmter Pflichten als für den Bestand des Arbeitsverhältnisses besonders wichtig hervorhebt, so daß sich aus der Bedeutung einer Pflicht, deren Verletzung zum Anlaß einer Kündigung genommen werden soll, das besondere Gewicht eines Fehlverhaltens bei Beurteilung einer verhaltensbedingten Kündigung oder auch einer außerordentlichen Kündigung ergeben kann. Als dem Schutz des Arbeitsverhältnisses durch Mindestkündigungsfristen zuwiderlaufend und damit unwirksam wurde auch eine Vereinbarung angesehen, nach der das Arbeitsverhältnis enden sollte, wenn der Arbeitnehmer nach dem Urlaub die Arbeit nicht rechtzeitig wieder antrat.[176] Bei **Unkündbarkeitsvereinbarungen** sind aber Ausnahmeregelungen zulässig. Die gesetz lichen Schutzbestimmungen werden dadurch nicht berührt.[177]

13. Außerordentliche Kündigung, Umdeutung. Die außerordentliche Kündigung bedarf keiner vertraglichen Regelung. Sie ist nur zulässig aus **wichtigem Grund**. In der Regel wird sie als fristlose Kündigung ausgesprochen. Eine Auslauffrist kann eingeräumt werden. Ist der Kündigungsgrund eingetreten, kann ein Verzicht auf den Ausspruch einer fristlosen Kündigung aber darin liegen, daß der Arbeitgeber den Arbeitnehmer nur ermahnt oder daß er wegen des Vorganges eine ordentliche Kündigung ausspricht. Der wichtige Grund muß nicht im Verhalten oder in der Person des Arbeitnehmers, er kann auch in betrieblichen Verhältnissen liegen. Die außerordentliche Kündigung muß innerhalb von **zwei** Wochen ausgesprochen werden, nachdem der wichtige Grund dem Kündigenden bekannt wurde (§ 626 Abs. 2 BGB). Die Versäumung der Frist führt zur Unwirksamkeit der Kündigung. Der Fristbeginn ist allerdings häufig nur schwer festzustellen, weil die Frist erst bei zureichender Kenntnis des Kündigungsberechtigten von den maßgeblichen Fakten zu laufen beginnt. Die zwei-Wochen-Frist muß auch derjenige einhalten, der Schadenersatz wegen Beendigung des Arbeitsverhältnisses aus wichtigem Grund (§ 628 Abs. 2 BGB) verlangen will. Der Kündigende ist voll **beweispflichtig**. Er hat auch die vom Gekündigten behauptete Rechtfertigung auszuschließen. Der Gekündigte muß lediglich im einzelnen plausibel die Tatsachen vortragen, aus denen sich die behauptete Rechtfertigung ergeben soll.[178] Nur auf Verlangen des Gekündigten muß der Kündigende die Gründe unverzüglich schriftlich mitteilen (§ 626 Abs. 2 Satz 3 BGB).

Der **Betriebsrat** bzw. der Sprecherausschuß ist auch bei einer außerordentlichen Kündigung anzuhören. Im einzelnen wird auf oben Anmerkung 5 Abs. 2 verwiesen.

Die **Umdeutung** einer unwirksamen außerordentlichen Kündigung in eine ordentliche wird in der Praxis bei entsprechendem Prozeßvortrag des Kündigenden regelmäßig als zulässig angesehen. Auch die Umdeutung einer unwirksamen außerordentlichen Kündigung in ein Angebot zur Vertragsauflösung wurde – bei strengen Anforderungen an die Annahmeerklärung – zugelassen.[179]

14. Altersgrenze. Die Zulässigkeit der Vereinbarung einer Altersgrenze, an der das Arbeitsverhältnis von allein endet, ist noch mit manchem wenn und aber verbunden. In einer Entscheidung aus dem Jahre 1961[180] hatte das Bundesarbeitsgericht Bedenken gegen die automatische Beendigung mit Erreichen des 65. Lebensjahres für den Fall angemeldet, daß die Altersversorgung des Angestellten nicht ausreichend erschien. 1984 entschied das Bundesarbeitsgericht[181] im wesentlichen die rechtstechnische Frage, ob es sich bei der Vereinbarung einer Altersgrenze um einen vorweggenommenen Aufhebungsvertrag, eine Befristung oder eine **auflösende Bedingung** handele, im letzteren Sinne. Die Pensionierungsregelung wurde auch ohne Bestehen einer betrieblichen Versorgungsregelung als jedenfalls nicht wegen Umgehung des zwingenden Bestandsschutzes unwirksam angesehen. Seit 1987 kann man wohl als gesichert ansehen, daß die Wirksamkeit der Vereinbarung einer Altersgrenze **nicht davon abhängig ist,** daß der Angestellte eine zusätzliche **betriebliche Altersversorgung** erhält. Allerdings ließ das Bundesarbeitsgericht auch jetzt offen, ob im Wege einer Billigkeitskontrolle Härteklauseln für Arbeitnehmer einzufügen sind, die durch das gesetzliche Altersruhegeld nicht ausreichend wirtschaftlich versorgt sind.[182] Der Gesetzgeber ging offensichtlich schon 1972 davon aus, daß zumindest die Altersgrenze 65, aber auch eine vorgezogene Altersgrenze bei früherem Bezug der gesetzlichen Altersrente vereinbart werden kann, wenn der Arbeitnehmer innerhalb der letzten drei Jahre vor Beginn der Rentenbezugsberechtigung diese Vereinbarung ausdrücklich bestätigt. Nach der letzten Änderung von § 41 des Sechsten Buches des Sozialgesetzbuches gilt eine Vereinbarung, die die Beendigung des Arbeitsverhältnisses ohne Kündigung zu einem Zeitpunkt vorsieht, in dem der Arbeitnehmer vor Vollendung des 65. Lebensjahres eine Altersrente beantragen kann, dem Arbeitnehmer gegenüber als auf die Vollendung des 65. Lebensjahres abgeschlossen, es sei denn, die Vereinbarung wäre innerhalb der letzten 3 Jahre vor diesem Zeitpunkt abgeschlossen oder vom Arbeitnehmer bestätigt worden.[183]

15. Abfindung. Die in der Variante A Abs. 6 vorgesehene Abfindungsregelung für den Fall einer betriebsbedingten Kündigung liegt zumindest überwiegend im Interesse des Angestellten. Das Bundesarbeitsgericht hat entschieden, daß im Falle der Vereinbarung eines Sozialplanes der Arbeitgeber aus Gründen der Gleichbehandlung nicht verpflichtet ist, auch dem leitenden Angestellten eine Abfindung zukommen zu lassen. Der vertragliche Abfindungsanspruch kann aber im Streit um die soziale Rechtfertigung einer betriebsbedingten Kündigung bei der Interessenabwägung von Bedeutung sein. Das Bundesarbeitsgericht läßt beim leitenden Angestellten im Sinne des Kündigungsschutzgesetzes (s. oben Teil I, 4 b) eine Befristung zu, wenn vertraglich eine Abfindung zugesagt ist, wie sie dem Angestellten im Prozeßfall auch vom Arbeitsgericht zugesprochen werden könnte.[184] Die Anrechnungsklausel ist zur Klarstellung geboten. Bei der Einbeziehung von etwaigen Sozialplanansprüchen wurde die hier in § 17 Abs. 2 vorgesehene Einbeziehung von Betriebsvereinbarungen in den Einzelarbeitsvertrag berücksichtigt.[185]

Die Abfindung ist bis zu DM 24000,– steuerfrei. Der steuerfreie Betrag erhöht sich nach § 3 Ziff. 9 Einkommensteuergesetz entsprechend

der Staffelung in § 10 Kündigungsschutzgesetz nach Vollendung des
50. Lebensjahres bei einer Vertragsdauer von mindestens 15 Jahren auf
DM 30 000,– und nach Vollendung des 55. Lebensjahres des Angestellten und einer Vertragsdauer von mindestens 20 Jahren auf
DM 36 000,–. Der darüber hinausgehende Teil einer Abfindung ist zu
versteuern, bei Abfindungen für lange Zeiträume unter Umständen zum
halben Steuersatz. Nach der Rechtsprechung ist der volle Betrag der Abfindung nicht beitragspflichtig zur Sozialversicherung, weil es sich nicht
um die Vergütung in einem Beschäftigungsverhältnis handelt. Dabei
wird – wie auch im Steuerrecht – unterstellt, daß die Abfindung tatsächlich auch nicht teilweise anstelle arbeitsvertraglicher Vergütungsansprü-
che geleistet wird. Die hier angebotene Formulierung verzichtet bewußt
auf die häufig anzutreffende, jedoch allenfalls zur Erzeugung von Miß-
verständnissen geeignete Formel „brutto = netto".[186]

16. Suspendierung, Beschäftigungspflicht, Annahmeverzug. Alle Varianten
dieses Paragraphen enthalten im letzten Absatz die Vereinbarung der Su-
spendierungsbefugnis des Arbeitgebers. Fehlt es an einer solchen Regelung, ist die Suspendierung nur bei besonderem, schutzwürdigem Interesse des Arbeitgebers, das sorgfältig zu prüfen ist, zulässig. Auch für
die Zeit nach erklärter Kündigung ist eine Dienstenthebung im Grundsatz davon abhängig, ob überwiegende und schutzwürdige Interessen
des Arbeitgebers diese gebieten. Die Freistellung von der Dienstpflicht
enthält noch keine Urlaubserteilung, so daß der Arbeitgeber nicht im
Nachhinein Urlaub mit Zeiten der Suspendierung verrechnen kann.
Auch muß sich der Angestellte Einkünfte, die er in der Zeit der Freistellung anderweitig erzielt, nicht ohne weiteres auf die Vergütung anrech-
nen lassen.[187] Der Große Senat des Bundesarbeitsgerichts hat 1985
auch grundsätzlich den **Beschäftigungsanspruch** des Arbeitnehmers bejaht, den der Arbeitgeber regelmäßig nur abwehren kann, wenn er recht-
fertigende Gründe vortragen und notfalls beweisen kann.[188] Die Suspendierung ist einer vertraglichen Regelung zugänglich. Es kann auch vereinbart werden, aus welchen Gründen der Arbeitgeber einseitig suspen-
dieren kann. Die Suspendierung darf sich allerdings nicht auf die Vergütung auswirken. Eine Vereinbarung, wonach der Vergütungsanspruch
sich bei Suspendierung verringert, macht unter Umständen die Suspen-
dierungsklausel insgesamt unwirksam.[189] Eine unberechtigte Suspendierung oder Teilsuspendierung kann dem Angestellten einen wichtigen
Grund zur außerordentlichen Kündigung geben, jedenfalls dann, wenn
ihm wesentliche Aufgaben entzogen werden und die Dienstenthebung
kränkend ist.

Solange der Arbeitnehmer suspendiert ist, befindet sich der Arbeitgeber im **Annahmeverzug.** Dasselbe gilt für die Zeit nach einer unwirksamen Kündigung. Der Arbeitgeber kann den Annahmeverzug nur da-

durch beenden, daß er von sich aus den Arbeitnehmer zur Wiederaufnahme der Arbeit auffordert.[190]

17. Aufhebungsvertrag. Heben die Vertragspartner den Arbeitsvertrag einvernehmlich auf, was jederzeit möglich ist, sollte nicht nur der Beendigungszeitpunkt festgelegt, sondern auch Wert darauf gelegt werden, klarzustellen, welche Ansprüche mit der Beendigung entstehen oder bestehen bleiben. So sollte insbesondere die **Abfindung** der Höhe nach präzisiert werden. Es sollte klargestellt werden, ob ein etwa vereinbartes nachvertragliches **Wettbewerbsverbot** bestehen bleibt oder aufgehoben wird. Etwaige restliche **Vergütungs- und Urlaubsansprüche** sollten festgehalten werden. Das gilt insbesondere, wenn der Aufhebungsvertrag in Form einer **Ausgleichsquittung** zustande kommt. Nach § 17 Abs. 1 des vorliegenden Vertragsmusters ist Schriftform vereinbart. Sie gilt insbesondere für den Aufhebungsvertrag, der sonst auch formlos zustande kommen könnte.[191] Ebenso wie der auflösend bedingte Arbeitsvertrag nicht wirksam ist, kann auch ein Aufhebungsvertrag nicht auflösend oder aufschiebend bedingt abgeschlossen werden, wenn dadurch der Bestandsschutz aus § 1 Kündigungsschutzgesetz tangiert wird, was zumeist der Fall sein dürfte.[192] Die **rückwirkende Aufhebung** ist nicht zulässig, weil ein vollzogenes Arbeitsverhältnis nicht rückwirkend beseitigt werden kann.[193] Die **Rückdatierung** einer Aufhebungsvereinbarung führt vor allem zu sozialversicherungsrechtlichen Problemen. Wird sie zum Zwecke der Erweiterung bzw. zum Erhalt von Ansprüchen gegen einen Sozialversicherungsträger vorgenommen, kann der Straftatbestand des Betruges erfüllt sein. Der rückdatierte Aufhebungsvertrag ist unter Umständen auch sittenwidrig und damit nichtig.[194]

Das Bundesarbeitsgericht hat erwogen, ob den Arbeitgeber eine Pflicht trifft, vor Abschluß eines Aufhebungsvertrages den Arbeitnehmer über die sozialversicherungsrechtlichen Folgen der Aufhebung, insbesondere des Beendigungszeitpunktes **zu belehren.** Die Frage ist nach der wenig griffigen Formel des Bundesarbeitsgerichts zu beantworten „aus einer Abwägung der Interessen der Beteiligten unter Billigkeitsgesichtspunkten, wobei alle Umstände des Einzelfalls zu berücksichtigen sind".[195] Für den Arbeitgeber kann der Aufhebungsvertrag mit älteren Angestellten zur Folge haben, daß die Bundesanstalt für Arbeit ihn im Rahmen der Bestimmungen des § 128 Arbeitsförderungsgesetz auf Ersatz von Arbeitslosengeld in Anspruch nimmt.[196] Der Aufhebungsvertrag kann nach allgemeinen Grundsätzen angefochten werden. Ein Widerrufsrecht muß ausdrücklich vereinbart sein; es findet sich gelegentlich in Tarifverträgen.[197]

§ 16
Herausgabe und Rückzahlung

(1) Mit der Freistellung von der Dienstverpflichtung, sei es vor oder mit der Beendigung des Arbeitsvertrages, ist Herr/Frau . . . . . . verpflichtet, sämtliche ihm/ihr von der Firma überlassenen Geschäftsunterlagen, insbesondere Verzeichnisse, Werbemittel und Aufzeichnungen, ferner Schlüssel und Arbeitsmittel an diese herauszugeben.

(2) Gleichzeitig ist die Firma verpflichtet, Herrn/Frau . . . . . . die Arbeitspapiere sowie im Original überlassene Urkunden, insbesondere Zeugnisse, herauszugeben.

(3) Ein Zurückbehaltungsrecht, gleichgültig worauf es gestützt wird, ist beiderseits ausgeschlossen.

(4) Mit der Beendigung des Arbeitsverhältnisses sind noch nicht verrechnete Vorschüsse, gleichgültig auf welche Vergütungsbestandteile sie gewährt wurden, zurückzuzahlen. Die Verrechnung mit Ansprüchen, die bei Beendigung des Arbeitsverhältnisses fällig werden, ist zulässig; die Firma ist beweispflichtig dafür, daß ihr Ansprüche zustehen.

Inhalt der Erläuterungen zu § 16:

1. Geschäftsunterlagen   4. Personalakten
2. Arbeitspapiere   5. Rückzahlung
3. Zurückbehaltungsrecht

1. Geschäftsunterlagen. Abs. 1 bezieht sich auf alle kleineren Gegenstände, die dem Angestellten vom Arbeitgeber zu dienstlichen Zwecken überlassen wurden, gleichgültig ob es sich um Kundenlisten, einen Taschenrechner oder Prospektmaterial handelt. Es kommt auch nicht darauf an, ob der Arbeitnehmer im Rahmen seiner Aufgaben Geschäftsunterlagen zu bearbeiten hatte. Der Rückforderungsanspruch des Arbeitgebers folgt sowohl aus seinem Eigentumsrecht wie auch aus einer vertraglichen Rückgabepflicht des Arbeitnehmers gem. §§ 666, 675 BGB. Bestehen Meinungsverschiedenheiten über den Umfang der im Besitz des Arbeitnehmers befindlichen Arbeitsmittel oder Geschäftsunterlagen, so hat der Arbeitgeber auch einen klagbaren Anspruch auf Auskunftserteilung. Besteht Grund zu der Annahme, daß die Auskunft nicht mit der erforderlichen Sorgfalt erteilt wurde, ist der Arbeitnehmer verpflichtet, an Eides statt die Richtigkeit seiner Auskunft zu versichern (§§ 260, 261 BGB). Auch wenn der Arbeitnehmer Geschäftsunterlagen als Beweisstücke vor Gericht verwenden will, hat er kein Besitzrecht.[198]

2. Arbeitspapiere. Die Arbeitspapiere stehen im Eigentum des Arbeitnehmers. Dieser kann jederzeit die Herausgabe verlangen. Besondere Bedeutung kommt der **Lohnsteuerkarte** und dem Versicherungsnachweisheft zu. Stehen der vollständigen Ausfüllung der Lohnsteuerkarte technische Hindernisse im Wege, kann der Arbeitnehmer nach § 41 Abs. 1 Einkommensteuergesetz eine besondere „Bescheinigung über alle auf der Lohnsteuerkarte des Arbeitnehmers eingetragenen Merkmale" verlangen. Die Verpflichtung ist durch Überlassung von Fotokopien der Lohnsteuerkarte leicht zu erfüllen. Zumindest aus der Fürsorgepflicht des Arbeitgebers folgt auch der Anspruch des Arbeitnehmers auf Ausstellung einer Zwischenbescheinigung hinsichtlich der Versicherungsnachweise. Die verzögerte Herausgabe der Arbeitspapiere kann zur Schadenersatzpflicht des Arbeitgebers führen.[199]

Im Jahre 1979 wurde durch eine Änderung des Arbeitsgerichtsgesetzes (§ 2 Abs. 1 Nr. 3 e) klargestellt, daß der Arbeitnehmer auf Herausgabe und Ausfüllung der Arbeitspapiere vor den Arbeitsgerichten klagen kann. Auch der Erlaß einer einstweiligen Verfügung kommt in Frage.[200] Zweifelhaft ist allerdings, ob der Arbeitnehmer, der die Eintragungen des Arbeitgebers für unrichtig hält, vor den Arbeitsgerichten auch auf Berichtigung und Vervollständigung klagen kann. Solche Klagen sind häufig abgewiesen worden. Die Frage muß noch als offen angesehen werden.[201]

3. Zurückbehaltungsrecht. Das aus § 273 BGB folgende Zurückbehaltungsrecht bei fälligen Gegenansprüchen aus demselben Rechtsverhältnis kann durch Vereinbarung ausgeschlossen werden. Von dieser Möglichkeit macht der hier vorgeschlagene Vertragstext Gebrauch. Die Klausel dient auch der Klarstellung, soweit der Bestand eines gesetzlichen Zurückbehaltungsrechtes zweifelhaft sein kann. Die Regelung bezieht sich nur auf die von den Absätzen 1 und 2 erfaßten Gegenstände. Die Problematik der Zurückhaltung der Arbeitskraft wegen Zahlungsverzuges des Arbeitgebers wird nicht berührt.[202] Zur Herausgabe eines **Dienstwagens** wird verwiesen auf oben § 6 Anmerkung 2 und Anhang A.

4. Personalakten. Geregelt wird nur der Herausgabeanspruch des Arbeitnehmers bezüglich der Urkunden, die er dem Arbeitgeber im Original überlassen hatte. Durch Überlassung hat der Arbeitnehmer das Eigentum nicht aufgegeben. Die vertragliche Regelung bezieht sich nicht auf die Führung der Personalakte allgemein und auf die Frage, wann bestimmte Vorgänge aus Personalakten zu entfernen sind. Aus dem verfassungsrechtlich gewährleisteten Persönlichkeitsschutz folgt die Pflicht des Arbeitgebers, die Personalakten eines Arbeitnehmers sorgfältig zu verwahren, bestimmte Informationen vertraulich zu behandeln und für die vertrauliche Behandlung durch die Sachbearbeiter Sorge zu tragen. Der Kreis der mit Personalakten befaßten Mitarbeiter muß möglichst eng gehalten werden.[203]

5. **Rückzahlung.** Hier geregelt ist nur die Verrechnung bzw. Rückforderung von Vorschüssen. Sinnvoll ist eine **Beweislastregelung.** Das Bundesarbeitsgericht hat im Falle der Klage eines Arbeitgebers auf Rückzahlung von Provisionsvorschüssen den Arbeitnehmer als beweispflichtig für diejenigen Umstände angesehen, aus denen sich ein zu verrechnender Anspruch ergibt. Das Landesarbeitsgericht Berlin hielt den Arbeitgeber, der einen nicht mehr verrechenbaren Lohnvorschuß zurückforderte, für in vollem Umfange darlegungs- und beweispflichtig, weil die Lohnabrechnung vom Arbeitgeber vorgenommen und vom Arbeitnehmer lediglich entgegengenommen werde.

§ 16 Abs. 4 stellt keine die Kündigung erschwerende **Rückzahlungsklausel** dar (dazu oben § 5 Anmerkung 2).

Während der Arbeitnehmer dem Rückforderungsanspruch des Arbeitgebers hinsichtlich einer irrtümlichen **Überzahlung** unter Umständen entgegenhalten kann, daß er nicht mehr bereichert sei, folgt die Verpflichtung, einen nicht mit Vergütungsansprüchen verrechenbaren Vorschuß zurückzuzahlen, aus der Vorschußvereinbarung.[204] Der Rückzahlungsanspruch des Arbeitgebers **verjährt** nach § 196 Abs. 1 Nr. 8, 9 BGB in zwei Jahren.

§ 17
Allgemeine Bestimmungen

(1) Herr/Frau . . . . . . und die Firma sind sich darüber einig, daß keine mündlichen Vereinbarungen getroffen sind, die diesen schriftlichen Vertrag ändern oder ergänzen würden. Spätere Änderungen und Ergänzungen des Vertrages sowie seine einvernehmliche Aufhebung bedürfen zu ihrer Rechtswirksamkeit der Schriftform.

(2) Für Herrn/Frau . . . . . . gelten die betriebliche Übung sowie die mit dem Betriebsrat bereits abgeschlossenen und noch abzuschließenden Betriebsvereinbarungen.

oder

(2) Für Herrn/Frau . . . . . . gelten die betriebliche Übung sowie die mit dem Betriebsrat bereits abgeschlossenen und noch abzuschließenden Betriebsvereinbarungen, soweit im Einzelfall die Regelung in diesem Vertrag für ihn/sie nicht günstiger ist.

(3) Der Anstellungsvertrag unterliegt dem deutschen Recht. Gerichtsstand ist für beide Teile . . . . . .

(4) Sollten einzelne Bestimmungen dieses Vertrages nicht rechtswirksam sein, wird dadurch die Gültigkeit des Vertrages im übrigen nicht berührt. Rechtsunwirksame Bestimmungen sind durch solche Bestimmungen zu

ersetzen, die den von den Vertragsschließenden mit der unwirksamen Bestimmung verfolgten wirtschaftlichen Zielsetzungen am nächsten kommen. Dasselbe gilt, sollte ein Teil des Vertrages durch den Wegfall der Geschäftsgrundlage unwirksam werden.

Schluß

Herr/Frau . . . . . . bestätigt mit seiner/ihrer Unterschrift zugleich den Erhalt einer vom Vertragspartner gegengezeichneten Vertragsausfertigung.

. . . ., den . . . .

(Unterschrift)   (Unterschrift)

Inhalt der Erläuterungen zu § 17:

1. Schriftformklausel   5. Teilunwirksamkeit
2. Betriebliche Übung   6. Verfallklausel
3. Betriebsvereinbarung   7. Empfangsbestätigung
4. Rechtsanwendung, Gerichtsstand

1. Schriftformklausel. Abs. 1 enthält zunächst eine Vollständigkeitsklausel, die Beweiszwecken dient. Sie schließt nicht aus, daß ein Vertragspartner sich auf eine tatsächlich mündlich doch getroffene Vereinbarung beruft, die er dann aber im Bestreitensfalle voll beweisen muß. § 127 BGB erlaubt es Vertragspartnern zu vereinbaren, daß die Wirksamkeit einer mündlichen Absprache davon abhängt, daß sie auch in schriftlicher Form niedergelegt wird. Das Gesetz schafft für die vereinbarte Schriftform gewisse Erleichterungen, indem die telegraphische Übermittlung oder Briefwechsel als für das Zustandekommen ausreichend erklärt werden. Der Wert einer Schriftformklausel ist allerdings dadurch erheblich gemindert, daß die Rechtsprechung eine trotz bestehender Schriftformklausel nur mündlich vorgenommene Vertragsänderung oder -aufhebung dann als rechtswirksam ansieht, wenn „die Parteien die Maßgeblichkeit der mündlichen Vereinbarung übereinstimmend gewollt haben". Auch durch eine betriebliche Übung kann die vereinbarte **Schriftform formlos abbedungen** werden. Im letzteren Falle wurde lediglich eingeschränkt, daß ein die Schriftform abbedingender objektiver Erklärungswert der betrieblichen Übung dann nicht anzunehmen sei, wenn es gerade Sinn des Schriftformerfordernisses war, auch das Entstehen abweichender betrieblicher Übungen zu verhindern. Die Frage, wann die Schriftformklausel wirklich zieht, kann also allein vom Ergebnis einer Beweisaufnahme darüber abhängen, was die Parteien „übereinstimmend gewollt" haben oder welchen „objektiven Erklärungswert" die Betriebsübung hat. Es nützt auch nichts, die Schriftformklausel um die Formulierung zu erweitern, daß auch die Aufhebung der Schriftformabrede nur schriftlich wirksam sei. Die vorgeschlagene Klausel bezieht sich nicht auf einseitige Willenserklärungen wie insbe-

sondere die Kündigung. Wird auch die Schriftform der Kündigung gewünscht, empfiehlt es sich, Abs. 1 durch den Satz zu ergänzen: „Jede Kündigung bedarf zu ihrer Wirksamkeit der Schriftform."[205]

2. Betriebliche Übung. In der betrieblichen Praxis werden häufig bestimmte Leistungen gewährt, ohne daß diese durch Einzelverträge, Gesetz, Tarifvertrag oder Betriebsvereinbarung geregelt wären. Eine betriebliche Übung kann beispielsweise aus einem Anschlag am schwarzen
Brett oder einem Rundschreiben entstehen. Auch eine **ständige Handhabung** ohne besondere Erklärung kann eine die Vertragsbedingungen der
einzelnen Arbeitnehmer gestaltende Wirkung haben. Es reicht aus, daß
der Arbeitgeber bewußt bestimmte Leistungen erbringt und der Arbeitnehmer aus dem Verhalten des Arbeitgebers auf den entsprechenden Lei-
stungswillen schließen konnte. Bei materiellen Zuwendungen wird die
Entstehung einer betrieblichen Übung eher angenommen als bei der Gewährung sonstiger Vergünstigungen wie etwa zusätzlicher freier Tage
oder Stunden aus besonderem Anlaß. Bei jahrelanger Gewährung einer
bestimmten sozialen Leistung hat das Bundesarbeitsgericht dem Arbeitgeber die spätere Berufung auf eine Schriftformklausel versagt. Durch
betriebliche Übung entstehen Ansprüche von Arbeitnehmern jedoch
nur, wenn dafür noch keine andere Anspruchsgrundlage besteht. Sie
kommt auch den Arbeitnehmern zugute, mit denen unter ihrer Geltung
ein Arbeitsverhältnis erst begründet wird.[206] Das Bundesarbeitsgericht
hat z. B. einen Anspruch auf Zahlung einer Trennungsentschädigung
aus betrieblicher Übung als begründet angesehen, nachdem ein Arbeitgeber jahrelang allen ausländischen Arbeitnehmern, die ihren Familien-
wohnsitz im Ausland beibehalten hatten, eine Trennungsentschädigung
bezahlt hatte. Dagegen wurde ein Anspruch auf jährliche Überprüfung
des **Gehaltes außertariflicher Angestellter** aus betrieblicher Übung verneint, auch nachdem der Arbeitgeber mehrere Jahre hindurch jeweils
zum 1. Januar in Anlehnung an die Tarifentwicklung des Vorjahres die
Gehälter der außertariflichen Angestellten erhöht hatte.[207] Die Beseitigung der betrieblichen Übung ist einseitig nur möglich, wenn der Arbeitgeber sich den **Widerruf vorbehalten** hatte.[208] Durch Betriebsvereinbarung kann in Ansprüche aus betrieblicher Übung eingetriffen werden
(hierzu sogleich Anmerkung 3). Die Klausel in Abs. 2 dient im Hinblick
auf die Vollständigkeitsklausel aus Abs. 1 der Klarstellung. Ansprüche
aus betrieblicher Übung können, soweit der Gleichbehandlungsgrundsatz zu beachten ist, nicht von vornherein ausgeschlossen werden. Aus
dem Gegenstand der betrieblichen Übung kann sich aber eine Differenzierung nach Arbeitnehmergruppen ergeben.[209]

3. Betriebsvereinbarungen. Für außertarifliche Angestellte, die nicht zugleich leitende im Sinne des Betriebsverfassungsgesetzes sind (oben I 4),

gelten Betriebsvereinbarungen ohnehin, soweit deren jeweiliger Gegenstand auch das Arbeitsverhältnis des Angestellten erfaßt. Für diesen Angestellten ist die ausdrückliche Einbeziehung von Betriebsvereinbarungen in den Einzelarbeitsvertrag überflüssig. Die hier vorgeschlagene Öffnungsklausel ist nur erforderlich für den Arbeitsvertrag des leitenden Angestellten. Da durch Betriebsvereinbarung in diesem Umfang in einzelvertragliche Abreden auch zum Nachteil des einzelnen Arbeitnehmers eingegriffen werden kann, wird hier eine Alternativfassung des Abs. 2 vorgeschlagen. Sie steht für den Fall, daß die Öffnungsklausel nur dem Vorteil des Angestellten dienen soll. Der Große Senat des Bundesarbeitsgerichts hat ausgesprochen, daß vertraglich begründete Ansprüche der Arbeitnehmer auf Sozialleistungen, die auf eine Einheitsregelung oder eine Gesamtzusage zurückgehen, durch eine nachfolgende Betriebsvereinbarung in den Grenzen von Recht und Billigkeit beschränkt werden können, wenn die Neuregelung nur insgesamt bei kollektiver Betrachtung nicht ungünstiger ist. Die Individualabrede hat aber Vorrang.[210]

4. Rechtsanwendung, Gerichtsstand. Die in Abs. 3 Satz 1 vorgesehene Rechtsanwendungsklausel empfiehlt sich in Arbeitsverträgen mit Auslandsberührung.[211] Ein Gerichtsstand kann nur vereinbart werden, wenn entweder der Arbeitnehmer seinen Wohnsitz oder das Unternehmen seinen Verwaltungssitz nicht in der Bundesrepublik hat. Der Arbeitnehmer wird im allgemeinen nicht Vollkaufmann sein, so daß eine Vereinbarung des Erfüllungsortes ausscheidet. Das Gesetz sieht in § 29 Abs. 1 Zivilprozeßordnung für Streitigkeiten aus einem Vertragsverhältnis, damit auch aus dem Arbeitsverhältnis, und über dessen Bestehen eine Zuständigkeit des Gerichtes vor, in dessen Bezirk die streitige Verpflichtung zu erfüllen ist (Gerichtsstand des Erfüllungsortes). Der Erfüllungsort (§ 269 BGB) richtet sich danach, an welchem Ort eine vertraglich geschuldete Leistung zu erbringen ist. Die Arbeitspflicht wird im allgemeinen am gleichen Ort zu erfüllen sein wie die Lohnzahlungspflicht. Schwieriger wird es, wenn Betriebsstätte und Sitz des Unternehmens auseinanderfallen. Ein einheitlicher Erfüllungsort für die beiderseitigen Verpflichtungen wird dort angenommen, wo der **Schwerpunkt des Arbeitsverhältnisses** liegt. Das ist regelmäßig der **Beschäftigungsbetrieb**, und zwar auch dann, wenn der Betrieb zu einem Unternehmen gehört, das seinen Sitz an einem anderen Ort hat. Wird der Arbeitnehmer zum Einsatz an beliebig wechselnden Orten entsandt, sieht man im allgemeinen den Sitz des Betriebes, von dem aus die Weisungen erteilt werden, als Erfüllungsort an. Im Falle eines Angestellten, der für ein französisches Unternehmen an mehreren Orten in der Bundesrepublik tätig zu sein hatte, nahm das Bundesarbeitsgericht als Gerichtsstand des Erfüllungsortes auch für eine Klage auf Zahlung von Provisionen den Wohnsitz des Angestellten in der Bundesrepublik an.[212]

5. Teilunwirksamkeit. Daß **Textunklarheiten** zu Lasten des Arbeitgebers gehen, hat das Bundesarbeitsgericht, wenn auch in anderem Zusammenhang, entschieden. Es entspricht ferner ständiger Rechtsprechung des Bundesarbeitsgerichts, daß die Teilunwirksamkeit arbeitsvertraglicher Regelungen nur in Ausnahmefällen zur Gesamtunwirksamkeit führt. Die Gerichte füllen eine durch die Unwirksamkeit einer einzelnen Regelung entstandene Vertragslücke meist dadurch aus, daß sie den mutmaßlichen Parteiwillen ermitteln. Mit der Formulierung in Abs. 4 Satz 2 soll für den Streitfall die Lückenfüllung auf das mit einer etwa unwirksamen Einzelregelung bezweckte wirtschaftliche Ergebnis hin gelenkt werden. Die Klausel Abs. 4 S. 2 berücksichtigt, daß ein Vertrag teilweise auch durch den Wegfall der Geschäftsgrundlage, beispielsweise durch eine Gesetzesänderung, unwirksam werden kann.[213]

6. Verfallklausel. Der Vertrag enthält keine Verfallklausel (Ausschlußfrist). Verfallklauseln finden sich häufig in Tarifverträgen. Sie führen bei Arbeitsverträgen mit außertariflichen Bedingungen, insbesondere mehrschichtigen Vergütungssystemen besonders leicht zu Unklarheiten. Für abdingbare Ansprüche aus dem Arbeitsverhältnis kann aber auch in einem Einzelvertrag grundsätzlich eine Verfallklausel vereinbart werden. Sie unterliegt lediglich einer Inhaltskontrolle nach § 138 BGB (Sittenwidrigkeit). Sie könnte dahin lauten, daß alle beiderseitigen Ansprüche aus dem Arbeitsverhältnis und solche, die mit dem Arbeitsverhältnis in Verbindung stehen, verfallen, wenn sie nicht innerhalb von 2 (3,. .) Monaten nach der Fälligkeit gegenüber der anderen Vertragspartei schriftlich erhoben werden.[214]

7. Empfangsbestätigung. Die unmittelbar vor den Unterschriften stehende Bestätigung, ein mit der Unterschrift des Vertragspartners versehenes Exemplar des Vertrages erhalten zu haben, dient Beweiszwecken. Sie schließt es allerdings nicht aus, daß derjenige Partner, der behauptet, entgegen seiner Empfangsbestätigung eine Vertragsausfertigung mit der Unterschrift des Partners nicht erhalten zu haben, die Empfangsbestätigung widerlegt. Er ist für seine Behauptung voll **beweispflichtig.** Materiellrechtlich ist allein für die Wirksamkeit eines nachvertraglichen Wettbewerbsverbotes (oben § 14) die Aushändigung einer vom Arbeitgeber unterzeichneten Urkunde an den Arbeitnehmer erforderlich (§ 74 Abs. 1 HGB).

Anhang A

Dienstwagenvertrag
(Anlage 1 zum Anstellungsvertrag vom . . . . . .)

§ 1
Vertragsgegenstand

(1) Die Firma . . . . . . überläßt Herrn/Frau . . . . . . den Pkw . . . . . . (Marke, Typ, pol. Kennzeichen) zur Benutzung für dienstliche Zwecke.

(2) Die Firma behält sich vor, das Fahrzeug jederzeit durch einen anderen, gleichwertigen Pkw zu ersetzen.

§ 2
Betriebskosten

(1) Die gewöhnlichen Kosten des Betriebes, der Wartung und der Pflege trägt die Firma. Sie unterhält eine Teilkaskoversicherung und schließt die Haftpflichtversicherung mit einer Versicherungssumme von DM . . . . . . pauschal ab.

(2) Handelt es sich um ein Leasing-Fahrzeug, treffen Herr/Frau . . . . . . alle gegenüber der Firma bestehenden Pflichten auch im Verhältnis zum Leasing-Unternehmen. Rechnungen für Aufwendungen, die zu Lasten des Leasing-Unternehmens gehen, sind auf das Leasing-Unternehmen auszustellen.

(3) Herr/Frau . . . . . . verpflichtet sich, auf die rechtzeitige Durchführung aller vom Hersteller empfohlenen oder sonst notwendig erscheinenden Maßnahmen wie Inspektionen, Reparaturen, Ölwechsel, Reinigung hinzuwirken. Er/sie ist für rechtzeitiges Auftanken und für die Kontrolle des Ölstandes und des Reifendruckes verantwortlich.

(4) Herr/Frau . . . . . . wird das Fahrzeug stets schonend fahren. Er/sie verpflichtet sich auch gegenüber der Firma zur Einhaltung der Verkehrsvorschriften. Nach Alkoholgenuß darf das Fahrzeug nicht benutzt werden.

(5) Erforderlichenfalls legt Herr/Frau . . . . . . anfallende Kosten z.B. für Kraftstoff, Inspektionen und dergleichen aus. Der jeweilige Nachweis wird der Firma unverzüglich zur Erstattung übergeben.

(6) Herr/Frau . . . . . . führt ein Fahrtenbuch, das über den Tag und den Kilometerstand zu Beginn und am Ende jeder Fahrt sowie über Start- und

Zielort Auskunft gibt. In das Fahrtenbuch werden auch besondere Vorkommnisse, insbesondere Unfälle eingetragen.

§ 3
Unfälle und polizeiliche Maßnahmen

(1) Bei Unfällen ist unabhängig davon, wen eine Schuld trifft, grundsätzlich
die Polizei zu verständigen. Davon kann abgesehen werden, wenn kein
Personenschaden entstanden ist und der Gegner schriftlich eine vollständige Darstellung des Sachverhaltes aushändigt, aus der sich die alleinige
Schuld des Unfallgegners am Zustandekommen des Unfalls ergibt. Die
Adressen aller Beteiligten und Zeugen sowie die Fahrzeug- und Versiche-
rungsdaten, bei Fahrzeugen mit ausländischen Kennzeichen auch Nummer und Gültigkeitsdauer der grünen Versicherungskarte, sind zu notie-
ren. Die örtlichen Verhältnisse und Spuren sind durch Skizzen und foto-
grafische Aufnahmen soweit als möglich zu sichern. Die Firma ist unverzüglich zu verständigen.
(2) Bietet die Polizei dem Mitarbeiter wegen eines Verkehrsverstoßes eine
gebührenpflichtige Verwarnung an, soll, wenn nicht unerheblicher eigener Schaden entstanden ist, die Überlegensfrist von einer Woche (§ 56
Abs. 2 OWiG) in Anspruch genommen werden. Die Firma ist von jeder
polizeilichen Maßnahme unverzüglich zu unterrichten.

§ 4
Benutzung durch Dritte und Privatfahrten

(1) Die Überlassung des Fahrzeuges an Dritte ist nicht gestattet. Ein Verstoß
gegen diese Regel gilt stets als grob schuldhafte Pflichtverletzung.
(2) Herr/Frau . . . . . . kann das Fahrzeug auch für private Zwecke einschließlich Urlaubsreisen benutzen. Die Mitnahme von Personen, die
Herr/Frau . . . . . . bekannt sind, ist gestattet. Auf längeren Privatfahrten
kann die Lenkung des Fahrzeuges zeitweise einer Person überlassen werden, die über eine gute Fahrpraxis verfügt.
(3) Auf Ferienreisen trägt Herr/Frau . . . . . . die Benzinkosten selbst. Im
übrigen trägt die Firma auch die Kosten der privaten Nutzung. Der geldwerte Vorteil der Privatnutzung ist zu versteuern; die Firma übernimmt
hierauf entfallende Steuern und Arbeitnehmeranteile zur Sozialversicherung nicht. Der geldwerte Vorteil wird, soweit zulässig, pauschal ver-
steuert, es sei denn, Herr/Frau . . . . . . verlangt unter rechtzeitiger Vorlage aller Belege die Versteuerung auf Einzelnachweis.

§ 5
Schadensersatz

(1) Entsteht Fahrzeugschaden im dienstlichen Einsatz, so ist der Frima bei Vorsatz und grober Fahrlässigkeit der volle Schaden, bei jeder einfachen Fahrlässigkeit die Hälfte des entstandenen Schadens zu ersetzen. Bei ganz leichter Fahrlässigkeit ist die Ersatzpflicht zusätzlich der Höhe nach auf die Hälfte des gewöhnlichen Monats-Nettoverdienstes beschränkt.

(2) Ist bei einem Unfall entgegen § 3 Abs. 1 die Polizei nicht verständigt worden, wird grobes Verschulden vermutet.

(3) Entsteht Fahrzeugschaden bei privater Nutzung, ist der Schaden stets und unabhängig vom eigenen Verschulden voll zu ersetzen. In diesem Falle ist die Firma auch von etwaigen Ansprüchen dritter Personen freizustellen, soweit Ersatz nicht durch Versicherungsleistung oder sonst von dritter Seite zu erhalten ist.

§ 6
Rückgabe

(1) Mit der Beendigung des Arbeitsverhältnisses ist das Fahrzeug sofort herauszugeben.

(2) Wird Herr/Frau . . . . . . von der Verpflichtung zur Dienstleistung freigestellt, kann die Firma ebenfalls die sofortige Herausgabe des Fahrzeuges verlangen. Für Privatfahrten bis zum Ende des Arbeitsverhältnisses ist in diesem Falle ein anderes Fahrzeug zur Verfügung zu stellen, das nicht gleichwertig sein muß.

(3) Gegen den Herausgabeanspruch hat Herr/Frau . . . . . . in keinem Falle ein Zurückbehaltungsrecht.

(4) Herr/Frau . . . . . . kann das Fahrzeug jederzeit zurückgeben.

Ort . . . .

Datum . . . .

Unterschriften . . . .

Inhalt der Erläuterungen:

1. Firmeneigener Pkw
2. Sorgfaltspflichten
3. Verhalten bei Unfällen
4. Kosten der Privatnutzung, Steuern
5. Schadensersatz

6. Versicherungen
7. Rückgabe
8. Verjährung
9. Betriebsverfassungsrecht

1. Firmeneigener Pkw. Der Vertrag regelt die Überlassung eines im Eigentum des Arbeitgebers stehenden oder geleasten Kraftfahrzeuges an den

Angestellten (vgl. auch die Anm. oben zu § 6 Dienstreisen). Der Arbeitgeber ist Halter und schließt als Versicherungsnehmer auf seine Kosten
die erforderlichen Versicherungen ab. Er trägt grundsätzlich auch alle
sonstigen Kosten. Die Teilkaskoversicherung deckt bei geringer Prämie
u. a. die durch Brand und Entwendung entstehenden Schäden (§ 12
Abs. 1 Nr. I a bis d, Abs. 2 AKB). Zweckmäßig ist auch der Abschluß einer Vollkaskoversicherung (hierzu noch unten 6). Die Benutzung des
Fahrzeugs für Privatzwecke kann beliebig erweitert, eingeschränkt oder
ganz untersagt werden, ohne daß dadurch die Schadensregelungen (§ 5)
überflüssig würden. Für den öffentlichen Dienst wurde entschieden,
daß der Arbeitgeber Kraft seines Direktionsrechtes auch anordnen
kann, daß der Angestellte einen Dienstwagen selbst führt und Kollegen
mitnimmt.[215]

2. **Sorgfaltspflichten.** Auch ohne ausdrückliche Aufnahme in den Text
wird man den Angestellten als vertraglich gegenüber dem Arbeitgeber
zur Einhaltung der Verkehrsvorschriften verpflichtet ansehen müssen.[216]
Den Angestellten weitgehend auch zur Besorgung von Erhaltungsmaß-
nahmen zu verpflichten, ist jedenfalls dann gerechtfertigt, wenn das
Fahrzeug allein oder ganz überwiegend von ihm benutzt wird. Auch die
Verletzung dieser vertraglichen Pflichten macht den Angestellten schadensersatzpflichtig.

3. **Verhalten bei Unfällen.** Ein nur schriftlich wirksames abstraktes oder
konstitutives Schuldanerkenntnis[217] des Unfallgegners wird in der Regel
nicht zu erlangen sein, zumal einem Kraftfahrer, der ein Schuldanerkenntnis abgibt, der Verlust des Versicherungsschutzes droht. Dieses Risiko geht der Kraftfahrer aber nicht ein, wenn er den reinen Sachverhalt
schriftlich darstellt, etwa so, wie er ihn auch zu polizeilichem Protokoll
darstellen würde. Mit nur mündlichen Erklärungen des Unfallgegners
darf der Angestellte sich nicht zufriedengeben, obwohl auch ein mündli-
ches Anerkenntnis grundsätzlich wirksam ist. Häufig genug werden
mündliche Erklärungen aber später bestritten; eine Beweisführung ist
selten möglich. Wird dem Angestellten wegen seines Verhaltens im Zusammenhang mit einem Verkehrsunfall eine **Geldstrafe oder Geldbuße**
auferlegt, muß er diese grundsätzlich aus seinem eigenen Vermögen tragen; Verteidigerkosten muß der Arbeitgeber aber unter Umständen dem
Arbeitnehmer erstatten.[218]

4. **Kosten der Privatnutzung, Steuern.** Überläßt ein Arbeitgeber seinem Arbeitnehmer einen Pkw kostenlos oder verbilligt zur Privatnutzung, so
liegt darin ein geldwerter Vorteil, der zum steuerlichen Arbeitslohn gehört.[219] Ein geldwerter Vorteil wird auch dann gewährt, wenn ein betriebseigenes Kraftfahrzeug zu Fahrten zwischen Wohnung und Arbeits-

stätte und zu Familienheimfahrten überlassen wird. Im allgemeinen empfiehlt sich die pauschale Versteuerung eines geldwerten Vorteiles durch die monatliche Abrechnung von 1 % des Neuanschaffungspreises.

5. Schadensersatz. Die Rechtsprechung gewährt dem Arbeitnehmer Haftungserleichterungen, wenn ein Schaden bei Fahrten im dienstlichen Interesse eingetreten ist. Die Benutzung eines Kraftfahrzeuges zu dienstlichen Zwecken wird in der Regel als **gefahrengeneigt** angesehen, was auch nach der neuen Rechtsprechung für die Bemessung der Höhe einer etwaigen Schadensersatzforderung des Arbeitgebers von Bedeutung ist. Das von der Rechtsprechung an Fällen ohne besondere vertragliche Haftungsregelung entwickelte Modell der Schadenverteilung sieht vor, daß der Arbeitnehmer nur bei grober Fahrlässigkeit (und selbstverständlich bei Vorsatz) voll haftet, während bei nicht grober Schuld der Schaden je nach den Umständen des Einzelfalles aufzuteilen ist.[220] Dabei kann die Haftung der Höhe nach zusätzlich beschränkt sein auf den Betrag einer Selbstbeteiligung bei bestehender Vollkaskoversicherung. Zum Abschluß einer Vollkaskoversicherung ist der Arbeitgeber aber nicht verpflichtet. Die Haftungsregelung ist in den durch die §§ 138, 242 BGB gezogenen Grenzen, also soweit nach Treu und Glauben zumutbar, dispositiv.[221] Die hier vorgeschlagene Regelung dürfte ausgewogen und damit zulässig sein. Möglicherweise ist auch eine Beweislastregelung zulässig, etwa die Absprache, daß grobes Verschulden vermutet wird, wenn der Arbeitnehmer bei einem erheblichen Schaden die Polizei nicht hinzuzieht und auch keine hieb- und stichfeste unterzeichnete Sachverhaltsdarstellung des Unfallgegners erhält.[222]

6. Versicherungen. Die Rechtsprechung hält bisher den Arbeitgeber nicht für verpflichtet, eine Haftpflichtversicherung über die gesetzlichen Mindestbeträge hinaus abzuschließen,[223] was angesichts der minimalen Prämiendifferenzen verwundert. Auch zum Abschluß einer Vollkaskoversicherung ist der Arbeitgeber rechtlich nicht verpflichtet. Nachdem das BAG beim Fehlen einer Vollkaskoversicherung aber die Haftung des Arbeitnehmers der Höhe nach auf den fiktiven Selbstbehalt begrenzt, liegt der Abschluß einer Vollkaskoversicherung im wesentlichen im Interesse des Arbeitgebers. Gibt der Angestellte das Fahrzeug nicht zurück, obwohl der Arbeitgeber dies verlangt, kann dies dazu führen, daß im Schadensfalle der Versicherer gegenüber dem Angestellten, der dann unberechtigter Fahrer ist, leistungsfrei wird.

7. Rückgabe. Nach § 4 Abs. 2 und 3 dieses Musters kann der Angestellte, was wohl die Regel ist, den Dienstwagen auch privat nutzen. Diese Befugnis hat den Charakter einer zusätzlichen Vergütung (Nebenleistung), deren Entzug im Grundsatz den Kündigungsregelungen unterliegt. Der

Arbeitnehmer hat ein Besitzrecht an dem Fahrzeug. Der Arbeitgeber kann auch nach ausgesprochener fristloser Entlassung nicht ohne weiteres im Wege der einstweiligen Verfügung die Rückgabe des Fahrzeuges fordern, allenfalls dann, wenn er im Verfügungsverfahren glaubhaft machen kann, daß ein wichtiger Grund zur außerordentlichen Kündigung tatsächlich besteht. Nimmt der Arbeitgeber den Dienstwagen ohne Einverständnis des Angestellten an sich, wird der Angestellte im allgemeinen eine einstweilige Verfügung auf Rückgabe des Dienstwagens an ihn erwirken können.[224] Er kann auch Schadenersatz wegen des Entzuges der privaten Nutzung verlangen; die Bemessung der Höhe des Ersatzanspruches ist umstritten, wenn auch eine Tendenz erkennbar ist, den Nutzungswert nach der ADAC-Tabelle zu bemessen.[225]

8. Verjährung. Die Gebrauchsüberlassung im Rahmen eines Arbeitsvertrages ist weder Miete noch Leihe. Die kurzen Verjährungsfristen aus §§ 558, 606 BGB greifen nicht.[226]

9. Betriebsverfassungsrecht. Der Dienstwagenvertrag unterliegt nicht der Mitbestimmung des Betriebsrates. Bei allgemeinen Regelungen zum Beispiel über Fahrtenschreiber kommen aber Mitbestimmungsrechte nach § 87 Abs. 1 Nr. 6, 7 und Unterrichtungspflichten nach § 89 Abs. 2 BetrVG in Frage. Dienstreiseordnungen unterliegen nicht der Mitbestimmung.[227]

Anhang B

Vereinbarung über Dienstfahrten mit dem Privatfahrzeug
(Privatwagenvertrag)

§ 1
Dienstfahrten

(1) Herr/Frau ...... benutzt ein ihm/ihr privat zur Verfügung stehendes Kraftfahrzeug für dienstliche Zwecke, soweit die Firma dies ausdrücklich wünscht oder Dienstfahrten genehmigt.

(2) Allgemein sind als Dienstfahrten anerkannt die Fahrten zwischen ...... und ......, soweit sie nicht im Einzelfall ausschließlich privaten Zwecken dienen.

§ 2
Fahrzeugunterhaltung

(1) Herr/Frau ...... ist allein für die Wartung des Fahrzeuges verantwortlich und schließt die gesetzliche Haftpflichtversicherung ab. Der Firma steht es frei, zur Absicherung bestimmter Risiken auf eigene Kosten eine zusätzliche Versicherung abzuschließen. Alle hierfür erforderlichen Daten teilt Herr/Frau ...... der Firma auf Verlangen mit. Er/sie verpflichtet sich, an der Erfüllung eines solchen Versicherungsvertrages mitzuwirken, soweit dies erforderlich ist.

(2) Die Firma ersetzt Herrn/Frau ...... die Kosten von Dienstfahrten in Höhe des steuerrechtlich zulässigen Pauschalbetrages pro gefahrenen Kilometer. Berücksichtigt werden nur Fahrten, die sich aus dem von Herrn/Frau ...... geführten Fahrtenbuch ergeben. Das Fahrtenbuch muß über Tag und Stunde, Start- und Zielort sowie den Kilometerstand bei Beginn und Ende der Dienstfahrt Auskunft geben.

§ 3
Aufwand im Schadensfall

(1) Entsteht bei einer Privatfahrt Schaden, hat Herr/Frau ...... keinen Ersatzanspruch gegen die Firma.

(2) Den materiellen Schaden, der auf einer Dienstfahrt entsteht, trägt Herr/Frau ...... bei grobem Verschulden in vollem Umfange selbst, bei einfacher Fahrlässigkeit zur Hälfte. Bei ganz leichter Fahrlässigkeit ist der von Herrn/Frau ...... zu tragende Anteil zusätzlich der Höhe nach auf die Hälfte eines gewöhnlichen Monats-Nettoverdienstes beschränkt. Aufwendungen, die Herr/Frau ...... aufgrund vertraglicher Absprachen mit Dritten treffen, hat die Firma nicht zu ersetzen. Im übrigen ersetzt die Firma den Schaden.

(3) Soweit die Frage des Verschuldens bzw. seines Ausmaßes nicht ausreichend sicher beurteilt werden kann, weil Herr/Frau ...... im Zusammenhang mit einem Unfall zumutbare Feststellungen unterlassen hat, ist von mindestens mittlerer Schuld auszugehen. Dies gilt auch, soweit Feststellungen unterlassen wurden, die eine Inanspruchnahme dritter Personen ermöglichen konnten.

(4) Hat die Firma eine Fahrzeugversicherung (Teilkasko, Vollkasko) abgeschlossen, so beschränkt sich ihre Haftung auf die Leistung des Versicherers.

§ 4

Widerruf

(1) Dieser Privatwagenvertrag kann von beiden Teilen jederzeit unter Einhaltung einer Frist von 14 Kalendertagen widerrufen werden. Ein Widerruf hat keinen Einfluß auf den Bestand des Arbeitsverhältnisses.

Ort . . . .
Datum . . . .
Unterschriften . . . .

Inhalt der Erläuterungen:

1. Vertragsgegenstand   5. Personenschaden
2. Kosten und Steuern   6. Betriebsverfassungsrecht
3. Versicherungen   7. Widerruf
4. Unfallkosten, Freistellung

1. Vertragsgegenstand. Der Vertrag regelt die Inanspruchnahme eines Kraftfahrzeuges des Arbeitnehmers für Belange des Arbeitgebers. Es kommt nicht darauf an, ob das nicht dem Arbeitgeber gehörende Fahrzeug im Eigentum des Arbeitnehmers oder ihm sonst zur Verfügung steht. Es kann sich also auch um einen vom Arbeitnehmer gemieteten Wagen handeln. Aus diesem Grunde wurde in § 3 Abs. 2 S. 3 eine besondere Aufwandsersatzregelung aufgenommen. Die Kennzeichnung bestimmter meist häufig wiederkehrender Fahrten als Dienstfahrten (§ 1 Abs. 2) kann Zweifel z. B. darüber ausräumen, ob die täglichen Fahrten zwischen Wohnung und Arbeitsstätte Dienstfahrten sind.

2. Kosten und Steuern. Wird eine pauschale Vergütung vereinbart, muß diese regelmäßig als steuerpflichtiger Lohn behandelt werden. Beim Privatwagenvertrag empfiehlt sich deshalb wohl die Vergütung pro gefahrenem Kilometer in Höhe des jeweils steuerrechtlich anerkannten steuerneutralen Satzes. Unfallkosten aus einer Dienstfahrt sind Werbungskosten bei Einkünften aus nichtselbständiger Arbeit.[228]

3. Versicherungen. Daß der Arbeitnehmer auf eigene Kosten die Pflichtversicherungen mit einer die gesetzlichen Mindestbeträge übersteigenden Versicherungssumme und eine Vollkaskoversicherung abschließt, kann nicht verlangt werden, liegt aber im eigenen Interesse des Arbeitnehmers. Soweit der Arbeitgeber für Drittschäden, die der Arbeitnehmer auf Dienstfahrten verursacht, nach §§ 278 oder 831 BGB einzustehen hat, ist er mitversichert (§ 10 Nr. 2 f. AKB).

4. Unfallkosten, Freistellung. Der Arbeitgeber hat einen am Fahrzeug des Arbeitnehmers entstandenen Schaden grundsätzlich nur zu ersetzen, soweit ihn ein Verschulden bezüglich der Beschädigung trifft. Aus der Fürsorgepflicht folgt keine allgemeine Pflicht zur Freistellung des Arbeitnehmers von Aufwendungen zur Behebung von Unfallschäden. Hat sich jedoch der Unfall auf einer **Dienstfahrt** ereignet, muß der Arbeitgeber in entsprechender Anwendung von § 670 BGB für „nicht arbeitsadäquate" Aufwendungen Ersatz leisten.[229]

Wird eine Kilometerpauschale bezahlt, kann der Arbeitnehmer die nach einer Rückstufung in der Haftpflichtversicherung anfallenden höheren Prämien nicht als Schaden geltend machen. Zugunsten des Arbeitgebers, der eine angemessene monatliche „Kfz-Pauschale" bezahlt, kann ein Haftungsausschluß vereinbart werden.[230]

5. Personenschaden. Bei Personenschaden einschließlich eines Schmerzensgeldanspruches des Arbeitnehmers gilt die Haftungsbeschränkung aus § 636 RVO. Fahrten zwischen Wohnung und Arbeitsstätte sind allerdings nicht stets der betrieblichen Tätigkeit zuzuordnen.[231]

6. Widerruf. Der Widerruf unterliegt der gerichtlichen Billigkeitskontrolle gem. § 315 Abs. 3 BGB (vgl. im einzelnen § 3 Anm. 3, S. 14).

Anhang C

Zeugnisgrundsätze

Inhalt der Erläuterungen zu Anhang C:

1. Rechtsquellen. Alle Arbeitnehmer, nicht zuletzt auch leitende Angestellte, haben einen gesetzlichen Zeugnisanspruch, der sich aus § 630 BGB, § 73 HGB und ggf. auch aus § 113 Gewerbeordnung ergibt. § 630 S. 1 BGB gewährt den Anspruch bei Beendigung eines dauernden Dienstverhältnisses. Das Merkmal „dauerndes Dienstverhältnis" fehlt in den §§ 73 HGB, 113 Gewerbeordnung. Auf die Erteilung des Zeugnisses dürfte auch bei kurzer Dauer eines Arbeitsverhältnisses ein Anspruch bestehen.

2. Form und Inhalt. § 630 BGB unterscheidet zwischen dem einfachen Zeugnis, das sich nur „über das Dienstverhältnis und dessen Dauer" äußert, also über die Leistungen des Arbeitnehmers und seine „Führung im Dienste" keine Angaben enthält, und dem auf Verlangen des Arbeitnehmers zu erteilenden sog. qualifizierten Zeugnis. Das Zeugnis muß auf einem ordentlichen Firmenbogen in ungefaltetem Zustand zur Verfügung gestellt werden. U.U. kann der Arbeitnehmer verlangen, daß der Briefbogen einer Fachabteilung verwandt wird. Im Falle einer späteren Berichtigung muß zurückdatiert werden.[232]

Das Zeugnis muß **wahr aber wohlwollend** sein. Vom Arbeitgeber sind sowohl das Gebot der Wahrheitspflicht als auch die Verpflichtung zu beachten, das berufliche Fortkommen des Arbeitnehmers nicht unnötig zu erschweren.[233] Die gleichzeitige Beachtung dieser beiden Grundsätze ist dann schwierig, wenn objektive Vorkommnisse, die sich auf die Leistung oder insbesondere die Führung im Dienst beziehen, sich mit der Verpflichtung des Arbeitgebers stoßen, den Arbeitnehmer in seiner beruflichen Zukunft nicht zu benachteiligen. Darüber hinaus steht der Arbeitgeber, der wesentliche, den Arbeitnehmer benachteiligende Umstände wegläßt, unter Umständen sogar im Haftungsrisiko gegenüber einem auf die Richtigkeit des Zeugnisses vertrauenden späteren Arbeitgeber (hierzu unten Ziff. 9).

Das Zeugnis muß die Tätigkeiten, die ein Arbeitnehmer im Laufe des Arbeitsverhältnisses ausgeübt hat, so vollständig und genau beschreiben, daß sich künftige Arbeitgeber ein klares Bild machen können. Nur solche Tätigkeiten dürfen unerwähnt bleiben, denen bei einer Bewerbung des Arbeitnehmers keine Bedeutung zukommt.[234] Hatte der Arbeitnehmer eine gemischte Tätigkeit ausgeübt, darf der Arbeitgeber nicht getrennte Zeugnisse ausstellen.[235]

3. Fälligkeit, Holschuld. Der Arbeitnehmer hat spätestens mit Ablauf der Kündigungsfrist oder bei seinem tatsächlichen Ausscheiden Anspruch auf ein Zeugnis über Führung und Leistung und nicht lediglich auf ein Zwischenzeugnis. Dies gilt auch dann, wenn die Parteien in einem Kündigungsschutzprozeß über die Rechtmäßigkeit der Kündigung streiten. Grundsätzlich muß der Arbeitnehmer das Arbeitszeugnis wie alle Arbeitspapiere bei dem Arbeitgeber abholen. Im Einzelfall kann sich allerdings aus § 242 BGB die Verpflichtung des Arbeitgebers ergeben, das Arbeitszeugnis nachzuschicken.[236]

4. Einzelfragen, Formulierungen

a) Wird ein qualifiziertes Zeugnis verlangt, kann der Arbeitgeber im Rahmen der Beurteilung der dienstlichen Führung vermerken, daß der Arbeitnehmer ein Dienstfahrzeug in fahruntüchtigem Zustand zu einer Privatfahrt benutzt hat und deshalb **strafgerichtlich verurteilt** wurde.[237]

b) Bezieht sich ein gegen den Angestellten beim Ausscheiden noch an-
hängiges Strafverfahren auf die dienstliche Tätigkeit, kann unter Umständen auch dieses erwähnt werden.[238]

c) Überwiegend wird die Auffassung vertreten, daß der **Beendigungstat-
bestand** oder der Beendigungsgrund nur dann in das Zeugnis aufgenommen werden darf, wenn es der Arbeitnehmer ausdrücklich wünscht.[239]

d) **Gewerkschaftliche Tätigkeit** eines Arbeitnehmers oder dessen Mitarbeit
im **Betriebsrat** dürfen nur auf ausdrücklichen Wunsch des Arbeitnehmers
in ein qualifiziertes Zeugnis aufgenommen werden.[240]

e) Die Formulierung „**zu unserer Zufriedenheit**" bringt zum Ausdruck,
daß der Arbeitnehmer unterdurchschnittliche, aber ausreichende Leistungen erbracht hat.[241] Zumindest nach einer mehrjährigen Tätigkeit
ist die Erklärung, der Arbeitnehmer habe die ihm übertragenen Aufgaben „**mit großem Fleiß und Interesse**" durchgeführt, dahin zu verstehen,
daß der Arbeitnehmer im Ergebnis nichts geleistet habe. Für die Richtigkeit einer solchen nachteiligen Leistungsbeurteilung ist der Arbeitgeber
beweispflichtig.[242]

f) Die Formulierung, der Arbeitnehmer habe die ihm übertragenen Aufgaben „**stets zu unserer vollen Zufriedenheit erledigt**", attestiert eine gute
Leistung. Eine Arbeitsleistung, die vom Arbeitgeber nicht beanstandet
worden ist, muß deshalb in einem qualifizierten Zeugnis noch nicht als
sehr gute Leistung bewertet werden.[243]

g) Aus der Formulierung „**im großen und ganzen zu unserer Zufriedenheit**"
folgt lediglich die Bescheinigung einer noch ausreichenden Leistung.[244]

5. Bindung des Arbeitgebers. Weil Zeugnisse für den Arbeitnehmer auch
die Bedeutung haben, daß sie für ihn Maßstab dafür sind, wie der Arbeitgeber seine Leistungen und seine Führung beurteilt, ist der Arbeitgeber grundsätzlich an die Beurteilung, die er dem Arbeitnehmer hat zukommen lassen, auch diesem gegenüber gebunden.[245] Das Gegenstück
zu dieser Bindung ist die Verwirkung, die zu Lasten des Arbeitnehmers
schon nach relativ kurzer Zeit eintreten kann (vgl. unten Ziff. 10).

6. Verzicht des Arbeitnehmers. Vor der Fälligkeit eines Zeugnisanspruches
kann der Arbeitnehmer nicht wirksam verzichten. Offen ist, ob er anläß-
lich oder nach der Beendigung des Arbeitsverhältnisses wirksam auf ein
qualifiziertes Zeugnis verzichten kann. Entschieden wurde lediglich,
daß der Verzicht jedenfalls ausdrücklich den Zeugnisanspruch benennen
muß. Eine allgemeine Ausgleichsklausel, etwa in einem Vergleich in einem Kündigungsschutzprozeß, genügt nicht.[246]

7. Berichtigung, Widerruf. Es ist grundsätzlich Sache des Arbeitgebers,
das Zeugnis zu formulieren. Er ist auch frei bei seiner Entscheidung,
welche Leistungen und Eigenschaften eines Arbeitnehmers er mehr her-

vorheben oder zurücktreten lassen will. Das Zeugnis muß nur wahr sein
und darf auch dort **keine Auslassung** enthalten, wo der Leser eine positive
Hervorhebung erwartet. Zeugnisse müssen ein Ausstellungsdatum tragen. Ist nach der Auffassung des Gerichts eine Ergänzung erforderlich,
muß das Zeugnis insgesamt neu geschrieben werden.[247] Geben die vom
Arbeitgeber gewählten Formulierungen aber ein unzureichendes Bild,
so ist der **Zeugnisanspruch nicht erfüllt.** Der Arbeitnehmer kann auf Erteilung des Zeugnisses klagen. Wenn in der Praxis gelegentlich von einer
Berichtigung oder einer Ergänzung gesprochen wird, macht der Arbeitnehmer den Erfüllungsanspruch dahin geltend, ihm ein nach Form und
Inhalt den gesetzlichen Vorschriften entsprechendes Zeugnis zu erteilen.[248] Da das Zeugnis keine Willenserklärung sondern ein „Bekenntnis
von Tatsachen" ist, kann der Arbeitgeber es widerrufen und herausverlangen. Ein Arbeitgeber, der schuldhaft seine Zeugnispflicht verletzt,
muß dem Arbeitnehmer **Schadenersatz** leisten, wenn das Zeugnis nicht
gehörig oder verspätet ausgestellt wurde.[249]

8. Beweislast. Die Beweislast für die Richtigkeit der Darstellung der Tätigkeit und für die Leistungsbeurteilung trifft den Arbeitgeber.[250]

9. Haftung gegenüber Dritten. Der Bundesgerichtshof hat im Rechtsstreit
zwischen zwei Arbeitgebern entschieden, daß unrichtige Angaben im
Zeugnis den früheren Arbeitgeber gegenüber dem neuen schadensersatzpflichtig machen können. Vom früheren Arbeitgeber wurde sogar verlangt, daß er dem neuen Arbeitgeber eine **warnende Mitteilung** zukommen lassen muß, wenn er erst nach Erteilung des Dienstzeugnisses er-
kannt hat, daß dieses grob unrichtig war und daß ein bestimmter Dritter
durch Vertrauen auf dieses Zeugnis Schaden zu nehmen drohte.[251]

10. Verjährung, Verwirkung. Der Zeugnisanspruch verjährt erst in 30 Jahren. Er wird in aller Regel schon sehr viel früher verwirkt sein. In einem
Fall der Erteilung eines unzureichenden Zeugnisses hat das Bundes arbeitsgericht, als der Arbeitnehmer zehn Monate später „Berichtigung"
verlangte, den Zeugnisanspruch als verwirkt angesehen.[252]

11. Ausschlußfrist. Der Zeugnisanspruch unterliegt einer tarifvertraglichen oder einzelvertraglichen Ausschlußfrist, sofern diese alle Ansprüche
aus dem Arbeitsverhältnis erfaßt.[253]

12. Zwischenzeugnis. Die gesetzlichen Bestimmungen geben nicht ausdrücklich auch einen Anspruch auf Erteilung eines Zwischenzeugnisses.
Der Anspruch wird aber jedenfalls dann, wenn der Arbeitnehmer ein berechtigtes Interesse hat, etwa im Falle einer Bewerbung, ganz überwiegend bejaht. Auch das Bundesarbeitsgericht dürfte vom Anspruch auf
Erteilung eines Zwischenzeugnisses ausgehen.[254]

Anhang D

Dienstwohnung und Werkmietwohnung

1. Begriff. Das BGB unterscheidet zwischen Werkmietwohnungen und Werkdienstwohnungen. Werkmietwohnung ist Wohnraum, der „mit Rücksicht auf das Bestehen eines Dienstverhältnisses vermietet" ist (§ 565 b BGB). Werkdienstwohnung ist Wohnraum, der „im Rahmen eines Dienstverhältnisses überlassen" wird (§ 565 e BGB). Für die Praxis spielt die Unterscheidung keine Rolle, weil der Arbeitnehmer/Mieter in aller Regel die Wohnung „ganz oder überwiegend mit Einrichtungsgegenständen ausgestattet" haben dürfte oder in der Wohnung „mit seiner Familie einen eigenen Hausstand führt". Für diesen Fall setzt § 565 e BGB die Werkdienstwohnung der Werkmietwohnung gleich. Es gelten zunächst alle mietrechtlichen Bestimmungen. Wird ein Mietvertrag schriftlich abgeschlossen, kann ein allgemein gebräuchliches Muster verwendet werden. Besonderheiten gelten im wesentlichen nur für den Kündigungsschutz.

2. Kündigungsschutz

a) Besteht ein ungekündigtes Arbeitsverhältnis, folgt auch der Kündigungsschutz den allgemeinen Regeln. Es empfiehlt sich, in den Vertrag Kündigungsregelungen wie beim normalen Mietvertrag aufzunehmen. Eine Lockerung des Kündigungsschutzes tritt mit der Beendigung des Arbeitsverhältnisses ein. Nach dem Gesetzestext (§ 565 c BGB) gilt die Lockerung „nach Beendigung des Dienstverhältnisses". Die Kündigung des Mietvertrages kann bereits mit der Kündigung des Arbeitsverhältnisses ausgesprochen werden, jedoch nicht vor der Kündigung des Arbeitsverhältnisses. In der Kündigung des Arbeitsverhältnisses liegt nicht automatisch die Kündigung des Mietvertrages. Die Wohnungskündigung muß spätestens alsbald nach dem Ende des Arbeitsverhältnisses ausgesprochen werden, sonst gilt wieder der normale nicht gelockerte Kündigungsschutz.

b) § 565 c BGB verkürzt zunächst die **Kündigungsfrist.** Spätestens am dritten Werktag eines Kalendermonats kann für den Ablauf des nächsten Monats gekündigt werden, wenn der Wohnraum weniger als zehn Jahre überlassen war und für einen anderen Arbeitnehmer dringend benötigt wird. Bei der sog. Funktionswohnung, die nach der Art des Dienstverhältnisses in unmittelbarer Beziehung oder Nähe zum Arbeitsort steht, kann spätestens am dritten Werktag eines Kalendermonats sogar für den Ablauf desselben Monats gekündigt werden, wenn der Wohnraum aus dem gleichen Grunde für einen anderen Arbeitnehmer benötigt wird.

c) Grundsätzlich gilt zwar der **Kündigungsschutz nach § 564b BGB**. Das erforderliche berechtigte Interesse des Vermieters liegt, wenn die für die Kündigungsfrist dargelegten Voraussetzungen (oben b) erfüllt sind, aber ohne weiteres vor. Das berechtigte Interesse muß wie beim normalen Kündigungsschutz **im Kündigungsschreiben dargelegt werden** (§ 564b Abs. 3 BGB).

d) Die **Sozialklausel der §§ 556a, 556b BGB** (Widerspruch gegen die Kündigung) gilt im Grundsatz ebenfalls; im Falle der Kündigung auf den Ablauf des nächsten Monats jedoch mit der Maßgabe, daß der Vermieter (Arbeitgeber) die Einwilligung zur Fortsetzung des Mietvertrages verweigern kann, wenn der Mieter (Arbeitnehmer) den Widerspruch nicht spätestens einen Monat vor der Beendigung des Mietverhältnisses erklärt hat. Die Sozialklausel gilt nicht, wenn die Voraussetzungen für eine Kündigung spätestens am dritten Werktag eines Kalendermonats für den Ablauf dieses Monats vorliegen (Funktionswohnung, oben b) oder wenn der Arbeitnehmer den Arbeitsvertrag ohne wichtigen Grund im Sinne von § 626 BGB gekündigt hatte oder der Arbeitnehmer (Mieter) seinerseits einen wichtigen Grund für eine außerordentliche Arbeitgeberkündigung gegeben hatte. Es muß sich um einen wichtigen Grund im Sinne von § 626 BGB handeln. Die Sozialrechtfertigung im Sinne von § 1 Kündigungsschutzgesetz reicht nicht aus.

3. Benutzungspflicht, Aufrechnung. Arbeitsvertraglich kann unter Umständen eine Verpflichtung zum Bewohnen einer Werkdienstwohnung begründet werden, die auch vom Arbeitnehmer nicht unabhängig vom Arbeitsverhältnis gekündigt werden kann.[255] Die Aufrechnung des Mietzinsanspruches des Arbeitgebers/Vermieters gegen den Gehaltsanspruch des Mieters/Arbeitnehmers ist zulässig. Die beiden Ansprüche stehen selbständig nebeneinander. Auch eine Aufrechnungsvereinbarung ist zulässig.[256].

4. Betriebsverfassung. Der Betriebsrat hat im Rahmen der vorgegebenen finanziellen Dotierung durch den Arbeitgeber ein Mitbestimmungsrecht bei der allgemeinen Festsetzung der Grundsätze für die Mietzinsbildung bei Werkmietwohnungen. Er hat auch dann mitzubestimmen, wenn aus einem einheitlichen Bestand von Werkmietwohnungen für alle Arbeitnehmer eines Betriebes oder Unternehmens einem **leitenden Angestellten** eine Wohnung zugewiesen werden soll.[257]

5. Steuern. Dienstwohnungen werden häufig zu einem besonders günstigen Mietzins überlassen. Als steuerpflichtige Einnahme gilt nach § 8 Abs. 2 Einkommensteuergesetz der übliche Mietpreis des Verbrauchs ortes nach einer objektiven Wertbestimmung.[258] Die Steuerlast trifft mangels ausdrücklicher Nettovereinbarung, die der Arbeitnehmer auch hier zu beweisen hätte, den Arbeitgeber.[259]

6. Gerichtliche Zuständigkeit. Die Frage, ob für Rechtsstreitigkeiten um Werkmietwohnungen, insbesondere eine etwaige Räumungsklage, die ausschließliche Zuständigkeit der Amtsgerichte (§ 29 a Zivilprozeßordnung) oder eine Zuständigkeit der Arbeitsgerichte (nach § 2 Abs. 1 Nr. 3 a oder Nr. 4 a Arbeitsgerichtsgesetz) begründet ist, dürfte durch die Änderung des § 29 a Abs. 1 ZPO im ersteren Sinne geklärt sein. Vor der Änderung hatte das LAG Frankfurt sich für die Zuständigkeit des Arbeitsgerichtes, das LAG Düsseldorf aber für die Zuständigkeit des Amtsgerichts entschieden.[260] Höchstrichterlich entschieden wurde, daß für Streitigkeiten über die Miethöhe für Werkmietwohnungen die Amtsgerichte ausschließlich sachlich zuständig sind.[261]

Anhang E

Schiedsgutachtenvertrag

(1) Können sich Herr/Frau . . . . . . und die Firma
   a) über die für die Bemessung der Tantieme maßgeblichen Daten,
   b) . . .
   c) . . .
   nicht einigen, so entscheidet ein Sachverständiger für beide Seiten bindend.

(2) Kommt eine Einigung auf einen bestimmten Sachverständigen nicht zustande, kann jede Seite die für den Sitz der Firma zuständige Industrie- und Handelskammer um die Benennung eines Sachverständigen bitten. Der von der Industrie- und Handelskammer benannte Sachverständige gilt als von beiden Parteien bestellt.

(3) Die Kosten des Sachverständigen tragen Herr/Frau . . . . . . und die Firma je zur Hälfte.

(4) Wird ein zur Annahme des Gutachtenauftrages bereiter Sachverständiger nicht innerhalb von . . . . . . Wochen nach dem Eingang des Antrages bei der Industrie- und Handelskammer bestellt, so entfällt für diesen Streitfall die Bindung beider Seiten an diesen Schiedsgutachtenvertrag.

1. Allgemeines. Das Bedürfnis, durch einen Schiedsgutachter bestimmte tatsächliche Voraussetzungen eines Anspruches für beide Seiten verbindlich feststellen zu lassen, besteht gelegentlich bei komplizierten Gewinnbeteiligungsabsprachen oder Gehaltsanpassungsklauseln, die auf im Einzelfall möglicherweise schwierig zu beurteilende **wirtschaftliche Daten** des Betriebes oder des Unternehmens Bezug nehmen. Sieht der Arbeitsvertrag das Recht des Arbeitnehmers vor, einen Dienstwagen zum **Schätzpreis** in sein Eigentum zu übernehmen, kommt beispielsweise auch die Bestimmung des Preises als Gegenstand eines Schiedsgutachtenvertrages in Frage. Der Schiedsgutachtenvertrag kann als besonderer Paragraph in den Arbeitsvertrag übernommen werden. Er unterscheidet sich vom Schiedsgerichtsvertrag dadurch, daß der Schiedsgutachter nur **Tatsachen feststellt,** die als Voraussetzungen eines Anspruches dem Grunde oder der Höhe nach von Bedeutung sind. Gelegentlich kommt die Tatsachenfeststellung nicht ganz ohne **rechtliche Wertung** aus, etwa wenn Fragen der Angemessenheit, der Zumutbarkeit oder der Üblichkeit im Wirtschaftsleben zu beurteilen sind. Dies macht den Schiedsgutachter noch nicht zum Schiedsrichter.[262] Unzulässig ist aber die Feststellung von Tatsachen, die für die Beurteilung der sozialen Rechtfertigung einer Kündigung relevant sind.[263] Einen Schiedsgerichtsvertrag läßt § 101 Arbeitsgerichtsgesetz ohnehin nur in engen Grenzen zu. Die Vorschriften der Zivilprozeßordnung über das schiedsrichterliche Verfahren finden in Arbeitssachen keine Anwendung. Der Schiedsgutachtenvertrag bedarf in keinem Falle einer besonderen Form. Er folgt den Bestimmungen der §§ 317 bis 319 BGB.[264]

2. Person des Schiedsgutachters. § 317 BGB läßt ausdrücklich die Möglichkeit offen, daß mehrere Personen über die Feststellungen entscheiden. Für den Zweifelsfall fordert das Gesetz dann Einstimmigkeit. Im Rahmen der hier angesprochenen Beispiele empfiehlt es sich schon aus Kostengründen, daß eine einzige Person zum Schiedsgutachter berufen wird. Es muß sich aber um eine **neutrale Person** handeln. In einem Falle der Übertragung des Bestimmungsrechtes auf den Arbeitgeberverband wurde die Schiedsgutachtereigenschaft verneint.[265]

3. Verfahren. Der Schiedsgutachter kann sein Verfahren grundsätzlich **frei** gestalten. Ein Ablehnungsrecht besteht nicht. Allerdings steht es den Parteien frei, ein **Ablehnungsrecht** vertraglich zu begründen. Die Ablehnung ist dann nicht in einem förmlichen Verfahren, sondern nur im Rahmen eines Streites um die Wirksamkeit der Leistungsbestimmung geltend zu machen.[266] Die Besorgnis der Befangenheit bei Verletzung der Neutralitätspflicht des Gutachters berechtigt jede Vertragspartei zur **fristlosen Kündigung** des Vertrages mit dem Gutachter aus wichtigem Grund.[267]

4. Schiedsgutachtervertrag. Zwischen Arbeitgeber und Arbeitnehmer einerseits, dem Gutachter andererseits kommt ein Vertrag zustande, der dem Gutachter auch den Anspruch auf eine **angemessene Vergütung** entstehen läßt. Es empfiehlt sich, mit dem Gutachter die Vergütung zu vereinbaren und die Kosten des Schiedsgutachtens unter den Parteien des Schiedsgutachtenvertrages (Arbeitnehmer und Arbeitgeber) hälftig zu teilen. Der **Schiedsgutachter haftet** nur bei groben Verstößen gegen die einschlägigen fachlichen Regeln, soweit diese dazu geführt haben, daß das Gutachten wegen offenbarer Unrichtigkeit unverbindlich ist.[268]

5. Anfechtung des Gutachtens. Die Entscheidung des Schiedsgutachters kann wegen Irrtums, Drohung oder arglistiger Täuschung angefochten werden. Die Anfechtung ist allein zwischen Arbeitgeber und Arbeitnehmer zu erklären. Sie muß **unverzüglich** erfolgen, nachdem der Anfechtungsberechtigte vom Anfechtungsgrund Kenntnis erlangt hat. Dies gilt auch für die Anfechtung wegen Täuschung und Drohung.

Der hier angebotene Text sieht die **verbindliche** Leistungsbestimmung durch den Schiedsgutachter vor. Der Schiedsgutachter hat nicht nach billigem Ermessen zu entscheiden, sondern die **objektiv richtige** Leistungsbestimmung zu treffen. Es kann auch vereinbart werden, daß der Schiedsgutachter die Leistung nach **billigem Ermessen** zu bestimmen hat. In einem solchen Falle ist die Entscheidung des Gutachters nicht verbindlich, wenn sie offenbar unbillig ist. Das Ergebnis allein entscheidet darüber, ob das Schiedsgutachten offenbar unrichtig oder offenbar unbillig ist. Auf **Verfahrensmängel** wie etwa Befangenheit des Gutachters oder Unterlassung rechtlichen Gehörs kommt es nicht an. Nur bei schwerwiegenden Mängeln in der Begründung kann ein Gutachten auch wegen Verfahrensmängeln offenbar unrichtig sein.[269]

Weiterführende Hinweise
zu Literatur und Rechtsprechung

1. In den neuen Ländern ist Bundesrecht zwar grundsätzlich in Kraft getreten. Zahlreiche Abweichungen und Ergänzungen ergeben sich aber aus Sachgebiet A Arbeitsrechtsordnung des Kapitels VIII der Anl. I z. EVertr., Kapitel XIX der Anl. I und Kapitel VIII der Anl. II z. EVertr., von Besonderheiten des Sozialrechts ganz abgesehen. Die einschlägigen Texte sind leicht zugänglich, z. B. in Band dtv 5564. Die Problematik der Verfassungswidrigkeit dürfte sich bei den Sonderregelungen in erhöhtem Maße stellen (vgl. z. B. BVerfG v. 10. 3. 1992-1 BvR 454/91-BB 1992, 708).

2. Einstellungsbeschluß des Gemeinsamen Senates vom 16. 12. 1993 auf den Beschluß des BGH vom 21. 9. 1993 (NZA 1994, 270 = Betr 1994, 428) hin; hierzu insbesondere Richardi, Abschied von der gefahrgeneigten Arbeit als Voraussetzung für die Beschränkung der Arbeitnehmerhaftung, NZA 1994, 241; BAG GS B. v. 27. 9. 1994 NZA 1994, 1083.

3. Der Status eines Mitarbeiters richtet sich nicht nach den Wünschen und Vorstellungen der Vertragspartner sondern danach, wie die Vertragsbeziehungen nach ihrem Geschäftsinhalt objektiv einzuordnen sind. Die praktische Handhabung läßt Rückschlüsse auf den wirklichen Parteiwillen zu. Literatur: v. Einem, „abhängige Selbständigkeit" BB 1994, 60; Krummel/Küttner, Dienst- und Werkverträge mit Aufsichtsratsmitgliedern nach § 114 AktG Betr 1996, 193; Rumpenhorst, Personalunion zwischen Arbeitnehmer und Selbständigem im gleichen Unternehmen?, NZA 1993, 1067; Staab, Der Arbeitnehmer-Gesellschafter der GmbH im Spannungsfeld zwischen Arbeitnehmerschutz und gesellschaftsrechtlichem Gläubigerschutz, NZA 1995, 608; Elsner, Franchising – Scheinselbständigkeit – Sozialdumping, NZA 1996, 519 (Bericht); Einzelfälle aus der Rechtsprechung: Arbeitsverhältnis und GmbH-Geschäftsführung BAG NZA 1994, 212, BAG NZA 1995, 1070 und BAG BB 1996, 116, 1774; zu Verfahrensfragen bei der Abgrenzung BAG NZA 1994, 234, BAG Betr 1994, 283 und Betr 1996, 1578 (teilweise abweichend LAG Köln NZA 1996, 557), Vereinsmitglied als Arbeitnehmer? BAG Betr 1995, 2612, BAG Betr 1996, 484 = NZA 1996, 143 und BAG Betr 1996, 584, Rundfunksprecher BAG Betr 1995, 1767, Fernsehmitarbeiter BAG NZA 1994, 169, Mitarbeiter in Anwaltskanzlei BAG Betr 1993, 1622, HessLAG NZA-RR 1996, 64 = Betr 1996, 100, OLG Köln BB 1994, 145, Agent für Lesezirkel LAG Hamm BB 1993, 1737, beruflicher Rehabilitand, BAG Betr 1993, 1244 und BAG Betr 1994, 1371, Ehegattenarbeitsverhältnis (sozialversicherungsrechtlich) BSG BB 1994, 146, VHS-Dozenten BAG NZA 1993, 174 und BAG Betr 1996, 381; Gesamtprokurist einer KG und Geschäftsführer der Komplementär-GmbH BAG NZA 1995, 1070 = Betr 1995, 2271; Schloßführer als Arbeiter oder Angestellter BAG NZA 1994, 39 = Betr 1994, 788 = BB 1993, 2530.

4. Das BGB unterscheidet rechtlich nicht mehr zwischen Arbeitern und Angestellten. § 6 Abs. 2 BetrVG definiert Angestellte als Arbeitnehmer, die eine durch das Sechste Buch SGB als Angestelltentätigkeit bezeichnete Beschäftigung ausüben, auch wenn sie nicht versicherungspflichtig sind, ferner Auszubildende zu einem Angestelltenberuf und in Heimarbeit Beschäftigte, die in der Hauptsache für den Betrieb Angestelltentätigkeit verrichten. Zur Unterscheidung Arbeiter/Angestellter i. S. von § 133 SGB VI und von § 1 I BAT BAG NZA 1994, 39. Neuere Literatur: Hromadka, Arbeiter und Angestellte im Arbeits- und Sozialversicherungsrecht, NZS 1992, 7; ders., Arbeiter und Angestellte – eine überholte Unterscheidung, ZfA 1994, 251.

5. In Entscheidungen vom 18.9. 1973 (Betr 1974, 143 = NJW 1974, 333) und vom 28.5. 1974 (Betr 1974, 1917 = BB 1974, 1163) geht das BAG davon aus, daß der außertarifliche Angestellte vollständig außerhalb tariflicher Regelungen steht und damit keinerlei Tarifbindung unterliegt, seine Arbeitsbedingungen vielmehr „regelmäßig auf einem echten Einzelarbeitsvertrag" beruhen. Das dürfte zumindest heute in rechtstatsächlicher Hinsicht kaum noch zutreffen (kritisch schon Richardi in II 3 einer die o. g. Entscheidungen betreffenden Anmerkung nach AP 4 zu § 80 BetrVG 1972). Es gibt Tarifverträge, die nur leitende Angestellte von ihrem persönlichen Geltungsbereich ausnehmen, etwa der Manteltarifvertrag Einzelhandel in Baden-Württemberg (vgl. auch die Beispiele in Spiegelhalter/Hunold Arbeitsrechtslexikon: Außertariflicher Angestellter). In Fragen des Einsichtsrechtes des Betriebsrates nach § 80 BetrVG mag es entscheidend darauf ankommen, ob ein Angestellter vom Geltungsbereich räumlich und fachlich einschlägiger Tarifverträge völlig ausgenommen ist. Nach allgemeinem Sprachgebrauch wird als außertariflicher Angestellter heute aber wohl auch ein Angestellter bezeichnet, dessen Arbeitsverhältnis zwar nicht völlig frei von tariflichen Bindungen ist, dessen Arbeitsbedingungen aber deutlich günstiger sind als die tariflichen, der also nach der Unterscheidung des BAG aaO. nur „übertariflicher" Angestellter ist.

6. Ein Organmitglied kann im Innenverhältnis starken Einschränkungen seiner nach außen bestehenden Vertretungsbefugnisse unterworfen und hinsichtlich seiner Tätigkeit weisungsabhängig sein, so daß materiell ein Arbeitsverhältnis besteht, was allerdings an der Zuständigkeit der ordentlichen Gerichte nichts ändert (vgl. den instruktiven Fall ArbG Mainz, Betr 1984, 940). Wird ein (abhängiger) Angestellter einer GmbH zu deren Geschäftsführer berufen, so kann sein Arbeitsverhältnis unter Umständen als lediglich suspendiert angesehen werden mit der Folge, daß es nach der Abberufung von der Geschäftsführung wieder auflebt (BAG NZA 1986, 792 und 794 = Betr 1986, 2132 = BB 1986, 2270; NZA 1987, 845 = Betr 1987, 2659 = BB 1988, 208; BAG NZA 1994, 905 = Betr 1994, 1828 = BB 1994, 1224); Beendigung des Arbeitsverhältnisses mit Abschluß des Geschäftsführervertrages: BAG NZA 1994, 212 = Betr 1994, 428 = BB 1994, 287; vgl. auch oben Hinweis Nr. 3.

7. In jüngerer Zeit hat sich Dietmar Franke in seiner Monographie Der außertarifliche Angestellte (Verlag Beck, München 1991) ausführlich mit den rechtlich kennzeichnenden Merkmalen des außertariflichen Angestellten befaßt und dabei die Rechtsprechung des BAG kritisiert. Franke sieht im leitenden Angestellten den „geborenen" at-Angestellten. Ausführlich zum Begriff des leitenden Angestellten insbesondere Richardi, AuR 1991, 33.

8. Es ist streitig, ob diese Verbände Gewerkschaften sind. Einige Verbände haben bereits Tarifverträge abgeschlossen. Für einen dieser Verbände, den „Verband der Oberen Angestellten der Eisen- und Stahlindustrie e. V." gibt es eine BAG-Entscheidung, in der Tariffähigkeit und Gewerkschaftseigenschaft anerkannt wurden (BAG Betr 1982, 2518 = BB 1982, 2047). Daß der Verband der angestellten und beamteten Ärzte (Marburger Bund) eine Gewerkschaft ist, hatte das BAG (BB 1976, 602 = Betr 1977, 249) schon zuvor entschieden.

9. Die Vereinbarung einer Probezeit ändert nichts am Status des leitenden Angestellten. Werden aber die vertraglich vorgesehenen Befugnisse nicht eingeräumt, ist der Angestellte (noch) nicht leitender (BAG Betr 1977, 1852 = BB 1977, 1351).

10. In der Rechtsprechung zu § 5 Abs. 3 BetrVG 1972 sind als leitende Angestellte z. B. angesehen worden: Für Fachgebiete zuständige **Direktoren** eines Industrieunternehmens (BAG BB 1974, 553, 653 = Betr 1974, 826, 1239); **Leiter des betrieblichen Sicherheitsdienstes** in einem Bergwerksunternehmen mit rd. 4000 Arbeitnehmern (LAG Hamm, Betr 1974, 2012); **Grubenfahrsteiger** im Steinkohlebergbau (BAG BB 1975, 326 = Betr 1975, 406); **Wirtschaftsprüfer** als angestellte Prüfungsleiter von Wirtschaftsprüfungsgesellschaften (BAG BB 1975, 743 = Betr 1975,

1034); **Leiter einer Betriebsabteilung** nur dann, wenn Aufgaben und Weisungsbefugnisse zu einem direkten Gegnerbezug zur Arbeitnehmerschaft und zum Betriebsrat führen (BAG BB 1975, 604 = Betr 1975, 887); **eigenverantwortlicher Planer** (BAG BB 1975, 788 = Betr 1975, 1032); **Leiter der Abteilung** „Energietechnik und Umweltschutz" des TÜV Mannheim (BAG BB 1980, 1525 = Betr 1980, 1946); **Betriebsführer und Fahrsteiger** einer kohlefördernden Schachtanlage (BAG NZA 1986, 484 = Betr 1986, 1131 sowie NZA 1986, 487 = Betr 1986, 83); **nicht dagegen: Hauptabteilungsleiter** eines Großunternehmens (Verkaufsgeschäft) bei Fehlen eines im Regelfall erheblichen eigenen Entscheidungsspielraumes (BAG BB 1975, 279 = Betr 1975, 405); **Leiter eines Verbrauchermarktes** mit 45 Arbeitnehmern ohne nennenswerten eigenen Entscheidungsspielraum in personellen oder kaufmännischen Angelegenheiten oder bei Verhandlungen mit dem Betriebsrat (BAG BB 1975, 1483 = Betr 1975, 2138). Im Einzelfall sorgfältig zu prüfen ist, ob die im Außenverhältnis bestehende Befugnis, Einstellungen und Entlassungen vorzunehmen, auch im Innenverhältnis gegenüber dem Arbeitgeber eigenverantwortlich besteht (BAG Betr 1982, 1990 = BB 1982, 1792; Zum maßgeblichen Umfang unternehmerischer Teilaufgaben BAG Betr 1986, 1131; beim **Prokuristen** sind sorgfältig etwaige Beschränkungen im **Innenverhältnis** zu prüfen: BAG NZA 1988, 809 = Betr 1988, 2003 = BB 1988, 2030, vgl. auch LAG Düsseldorf, Betr 1987, 1256.

Durch die vorübergehende Wahrnehmung der Vertretung eines leitenden Angestellten wird ein Arbeitnehmer nicht zum leitenden Angestellten i.S.v. § 5 Abs.3 Nr.3 BetrVG (BAG NZA 1986, 484 = Betr 1986, 1131).

11. Mit der Neufassung des § 5 Abs.3 BetrVG, vor allem mit der Regelung des § 5 Abs.4 BetrVG haben sich kritisch und ausführlich auseinandergesetzt insbesondere Martens (Die Neuabgrenzung der leitenden Angestellten und die begrenzte Leistungsfähigkeit moderner Gesetzgebung, RdA 1989, 73) und Gerhard Müller (Kritische Bemerkungen zur neuen Bestimmung des leitenden Angestellten, Betr 1989, 824), letzterer mit erheblichen Zweifeln an der Verfassungsmäßigkeit insbesondere des § 5 Abs.4 Nr.4 BetrVG (aaO. 830). Weiter ist hinzuweisen auf: Birk, Der leitende Angestellte – Einige rechtsvergleichende Bemerkungen, RdA 1988, 211; Hromadka, Zur Präzisierung des Begriffs „Leitende Angestellte", Betr 1988, 753; ders. „Artprokuristen" entleert, Betr 1988, 2053; ders., Der Begriff des leitenden Angestellten, Zur Auslegung des § 5 Abs.3, 4 BetrVG i.d.F. vom 23.Dezember 1988, BB 1990, 57; Kappes, Heilbare Probleme? – Schwierigkeiten mit dem neuen Gesetz über Sprecherausschüsse der leitenden Angestellten, Betr 1989, 1188; Martens, Zum Fortbestand freiwilliger Sprecherausschüsse ohne Ablösung durch einen gesetzlichen Sprecherausschuß, NZA 1989, 409; Hans-Peter Müller, Zur Präzisierung der Abgrenzung der leitenden Angestellten, Betr 1988, 1697; Richardi, Die Neuabgrenzung der leitenden Angestellten, NZA 1990, Beil.1 zu Heft 3, 2; Tenckhoff, Leitende Angestellte: Neue Entscheidung des 6.Senats des BAG, NZA 1986, 458; Weng, Der leitende Angestellte nach Änderung des Betriebsverfassungsgesetzes und Einführung von Sprecherausschüssen, Betr 1989, 628. Zur Neufassung des § 5 Abs.3 BetrVG vgl. BAG NZA 1995, 747 = Betr 1995, 1333 = BB 1995, 1645 (Prokuristen); LAG Berlin NZA 1990, 577 (Niederlassungsleiter), LAG BW Betr 1992, 744 (Abteilungsleiter des Finanz- und Rechnungswesens) und BAG Betr 1990, 1775 = BB 1990, 1700 (Chefpilot).

12. Soweit ein Tarifvertrag leitende Angestellte von seinem Geltungsbereich ausnimmt, gilt dies auch in Betrieben, die nicht betriebsratsfähig i.S.v. § 1 BetrVG sind (BAG NZA 1991, 857).

Bei der betrieblichen Lohngestaltung i.S.v. § 87 Abs.1 Nr.10 BetrVG (Feststellung abstrakt-genereller Grundsätze zur Lohnfindung) erstreckt sich das Mitbestimmungsrecht des Betriebsrates auch auf außertarifliche Angestellte; der Betriebsrat hat aber kein Mitbestimmungsrecht bei der Festsetzung der Höhe der Gruppengehälter und bei der Festlegung der Wertunterschiede zwischen der letzten Tarifgruppe und der ersten AT-Gruppe sowie zwischen den einzelnen AT-Gruppen (BAG NZA 1991, 434 = BB 1982, 432 = Betr 1980, 1895; BAG NZA 1994, 461 = Betr 1994, 1575 = BB 1994, 292: Mitbestimmung bei der Eingruppierung, auch zum Begriff des AT-Angestellten) und BAG B v. 31.12. 1995 – 1 ABR 5/95 BB 1995, 2376; vgl. auch LAG Düsseldorf/Köln, Betr 1978, 1182) BAG BB 1992, 2512 und Betr 1993, 46, LAG Bremen Betr 1991, 2194, LAG Hamm BB 1990, 778.

Zu den umstrittenen Fragen der Mitbestimmung des Betriebsrats bei Anrechnung übertariflicher Zulagen auf Tarifentgelterhöhungen liegt jetzt der Beschluß des Großen Senats vom 3.12. 1991 vor (Betr 1992, 1597 = BB 1992, 1418; dazu Hromadka, Der Große Senat zu den übertariflichen Zulagen, Betr 1992, 1573). Vgl. auch BAG Betr 1996, 1630= BB 1996, 1838 und unten Fn. 41.

13. Zur Abgrenzung des Betriebsleiters in leitender Stellung i.S.v. § 14 II KSchG vgl. BAG NZA 1994, 837 = Betr 1994, 1931.

Im Falle einer außerordentlichen Kündigung kann nur der Arbeitnehmer einen Auflösungsantrag stellen (§ 13 Abs.1 S.3 KSchG). Wird die außerordentliche Kündigung aber in eine ordentliche Kündigung umgedeutet, was vom Arbeitgeber darzulegen ist, kann bezüglich dieser durch Umdeutung gewonnenen ordentlichen Kündigung auch der Arbeitgeber den Auflösungsantrag (ohne Begründung) stellen. Nach h. M. ist im Zweifel davon auszugehen, daß der Arbeitgeber bei einer unberechtigten außerordentlichen Kündigung jedenfalls eine ordentliche Kündigung zum nächst zulässigen Termin gewollt hat (Schaub, Arbeitsrechtshandbuch, 8. Aufl. § 123 XI 3).

14. Gesetz über Sprecherausschüsse der leitenden Angestellten – SprAuG – vom 20.12. 1988, BGBl I, S. 2316. Erste Verordnung zur Durchführung des Sprecherausschußgesetzes (Wahlordnung zum Sprecherausschußgesetz (WOSprAuG) vom 28.9. 1989 abgedruckt in NZA 1989, 874; Beiträge von Heither, Gentz, Winterfeld und Schneider/Weber zu den Wahlen zum Betriebsrat und zum Sprecherausschuß 1990 in NZA Beilage Nr. 1/90 zu Heft 3/90; vgl. auch Borgwardt, Wahlen nach dem Sprecherausschußgesetz, Betr 1989, 2224; Dänzer-Vanotti, Rechte und Pflichten des Sprecherausschusses, Betr 1990, 41; Kramer, Probleme der Mitwirkungsrechte des Sprecherausschusses, NZA, 1993, 1024; ders., Vereinbarungen des Arbeitgebers mit dem Sprecherausschuß, Betr 1996, 1082; Ramme, Leitende Angestellte im Europäischen Betriebsrat – Information und Konsultation für alle Arbeitnehmer, Betr 1995, 2066; zu Problemen der Zuordnung zur Wählerliste für den Sprecherausschuß LAG Hamm, NZA 1990, 704 = BB 1990, 1628.

Löwisch, Mitwirkungsrechte des Sprecherausschusses beim Ausscheiden leitender Angestellter aufgrund von Aufhebungsverträgen, BB 1990, 1412; ders., Regelung der betrieblichen Altersversorgung in Richtlinien nach § 28 SprAuG, BB 1990, 1631; Nebel, Ablösung allgemeiner Arbeitsbedingungen leitender Angestellter durch Richtlinien nach dem Sprecherausschußgesetz, Betr 1990, 1512; Oetker, Grundprobleme bei der Anwendung des Sprecherausschußgesetzes, ZfA 1990, 43.

15. Ehrenamtliche Richter: §§ 22 Abs.2 Nr.2, 37 Abs.2, 43 Abs.3 ArbGG; § 16 Abs.4 Nr.4 SGG, jeweils mit eigener Umschreibung des Begriffes (zur Begriffsbestimmung im ArbGG LAG Hamm, Betr 1991, 240; zur Entbindung vom ehrenamtlichen Richteramt LAG Hamm, NZA 1991, 821; zur Amtsenthebung LAG Hamm NZA 1993, 479 und LAG Hamm NZA 1993, 476 = BB 1993, 296; LAG Schleswig-Holstein NZA 1996, 504 und NZA 1996, 672.

16. Vgl. insbesondere BVerfG NJW 1994, 647, 1203 = BB 1994, 502, BAG NZA 1994, 77 = Betr 1994, 429 = BB 1993, 1362 (Quotenregelung), BAG, NZA 1990, 21 = Betr 1989, 2279 = BB 1989, 2187; BAG, NZA 1990, 24 = Betr 1989, 2281 = BB 1989, 2118; zum Schadenersatzanspruch LAG Düsseldorf Betr 1992, 2249; Sowka, Mittelbare Frauendiskriminierung – Ausgewählte Probleme, Betr 1992, 2030; Wiese, Verbot der Benachteiligung wegen des Geschlechts bei der Begründung eines

Arbeitsverhältnisses, JuS 1990, 357. Zum Schadenersatz wegen Diskriminierung LAG Düsseldorf Betr 1992, 2249 und LAG München NZA 1992, 982.

17. Denkbar ist je nach den Umständen des Einzelfalles durchaus, daß die Parteien sich auf einige Punkte eines Arbeitsvertrages einigen, den Vertrag auf der Grundlage dieser Einigung auch durchführen und die Einigung über weitere Einzelheiten auf einen späteren Zeitpunkt zurückstellen. Daraus ergeben sich dann leicht Lücken, deren Schließung im Streitfalle größte Schwierigkeiten bereitet. So hat das BAG (Betr 1980, 934 = BB 1980, 580) beim Fehlen einer Kündigungsregelung die Lücke nicht einfach durch die gesetzliche Vorschrift des § 622 BGB ausgefüllt, sondern nach einer anderen, dem erkennbaren Willen beider Parteien entsprechenden Regelung gesucht. Beabsichtigten die Parteien, einen Arbeitsvertrag auf bestimmte längere Zeit zu schließen und tritt der Arbeitnehmer seinen Dienst im Einverständnis mit dem Arbeitgeber schon an, bevor eine Einigung über die Vertragsdauer erzielt worden ist, dann ist mit dem Dienstantritt ein Arbeitsvertrag zustande gekommen (BAG Betr 1967, 557 = BB 1967, 415). Zur Problematik der Schriftform bei Einbeziehung nicht unterzeichneter Urkunden: LAG Frankfurt, NZA 1990, 117 = Betr 1990, 637, vgl. auch Fn. 189.
    Allgemein zur Gestaltungsfreiheit Boemke, Privatautonomie im Arbeitsvertragsrecht, NZA 1993, 532.

18. BAG Betr 1979, 1086 = BB 1979, 1039; BAG NZA 1986, 671 = Betr 1986, 1781 = BB 1986, 1919. Vgl. auch BAG NZA 1988, 735; Caesar, Die Kündigung vor Arbeitsantritt, NZA 1989, 251; Berger-Delhey, Die Kündigung vor Dienstantritt, Betr 1989, 380; zur Vertragsstrafe: LAG Berlin, Betr 1980, 2342.

19. BAG Betr 1981, 1832 = BB 1981, 1898 (Ersatz von Aufwendungen des Arbeitgebers, wenn der Dienst nicht angetreten wird). Bengelsdorf, Schadensersatz bei Nichtantritt der Arbeit, BB 1989, 2390. Zum Annahmeverzug insbesondere nach unwirksamer Arbeitgeberkündigung vgl. insbesondere BAG Betr 1990, 2073 = NZA 1991, 228 = BB 1990, 2190; BAG NZA 1995, 263 = BB 1995, 624.

20. § 670 BGB, dazu BAG Betr 1977, 1193 = BB 1977, 846; ArbGer Berlin, Betr 1975, 1609; Gola-Hümmerich, Vertrauenshaftung des Arbeitgebers bei unterbliebener Einstellung von Bewerbern, BB 1976, 795; BAG Betr 1963, 1122, 1364 = BB 1963, 137; BAG Betr 1974, 2060 = BB 1974, 1397 (auch keine Beschränkung auf das Erfüllungsinteresse). Ein Verschulden bei Vertragsabschluß kann auch noch nach Abschluß des Arbeitsvertrages den Arbeitgeber zu Schadensersatz verpflichten, z. B. dann, wenn das Arbeitsverhältnis aus Gründen vorzeitig endet oder seinen Sinn verliert, die der Arbeitgeber dem Arbeitnehmer vor Abschluß des Vertrages unter Verletzung seiner Aufklärungspflicht schuldhaft verschwiegen hat (BAG Betr 1977, 451 = BB 1977, 246, auch zur Beweislast). Muß der Arbeitnehmer vor Antritt der Arbeit erkennen, daß der Arbeitgeber im Vertrauen auf die vertraglich zugesagte Arbeitsaufnahme erhebliche Aufwendungen macht, so muß er den Arbeitgeber unverzüglich unterrichten, wenn er die Arbeit nicht antreten kann oder will. Eine Verletzung dieser Pflicht kann den Arbeitnehmer zum Schadensersatz verpflichten (BAG NZA 1985, 25 = Betr 1984, 2701 = BB 1985, 932). Zu Vorstellungskosten: BAG NZA 1989, 468, ArbG Kempten, BB 1994, 1504, ArbG Hamburg NZA 1995, 428.

21. Zur Versetzung mit Ortswechsel vgl. BAG NZA 1986, 616 = Betr 1986, 1523 und LAG München, Betr 1988, 1553 = BB 1988, 1753, zur Mitbestimmung des Betriebsrates bei Versetzungen BAG NZA 1996, 496 = Betr 1996, 1140, zur Mitbestimmung im Falle vertraglicher Versetzungsklauseln: Gerauer BB 1995, 406, Künzl BB 1995, 823 und Corts BB 1995, 2568.

22. BAG Betr 1965, 1823 = BB 1965, 1455; LAG Düsseldorf, Betr 1973, 875; dagegen und wohl problematisch: LAG Schleswig-Holstein, BB 1965, 417. Einschränkung der vertraglich eingeräumten Versetzungsbefugnis nach billigem Ermessen: LAG München, Betr 1988, 1553. Zur Versetzung bei Entsendung an einen anderen

Arbeitsort (Versetzungsbegriff i.S.v. § 95 Abs.3 BetrVG): BAG, NZA 1990, 196 und BAG, NZA 1990, 198 = Betr 1990, 537. Bei der Zuweisung bestimmter Tätigkeiten muß der Arbeitgeber in gewissem Umfang auf einen etwaigen **Gewissenskonflikt des Arbeitnehmers** Rücksicht nehmen (BAG, NZA 1990, 144 = BB 1990, 212 = Betr 1989, 2538; zu dieser Problematik: Kohte, Gewissenskonflikte am Arbeitsplatz – zur Aktualität des Rechts der Leistungsstörungen – NZA 1989, 161 und Däubler, Wissenschaftsfreiheit im Arbeitsverhältnis – Eine erste Skizze, NZA 1989, 945). Zum Direktionsrecht auch: v. Hoyningen-Huene, Grundlagen und Auswirkungen einer Versetzung, NZA 1993, 145; Richter, Die Änderung von Arbeitsbedingungen Kraft des Direktionsrechts des Arbeitgebers unter Beachtung der Beteiligung des Betriebsrats, Betr 1989, 2378 und 2430. Allgemein zu den Grenzen des Direktionsrechts des Arbeitgebers insbesondere BAG NZA 1993, 1127 = Betr 1994, 482 = BB 1993, 2019 und Hromadka, Das Leistungsbestimmungsrecht des Arbeitgebers Betr 1995, 1609.

23. Im Falle einer Änderungskündigung kann der Angestellte das Angebot der geänderten Bedingungen unter dem Vorbehalt annehmen, daß die Änderung nicht sozial ungerechtfertigt sei. Diesen Vorbehalt muß der Angestellte dem Arbeitgeber innerhalb der Kündigungsfrist, spätestens jedoch innerhalb der drei-Wochen-Frist für die Erhebung der Kündigungsschutzklage erklären (§ 2 KSchG). Die Klage ist innerhalb von drei Wochen seit Zugang der Kündigung beim Arbeitsgericht mit dem Antrag zu erheben, daß die Änderung der Arbeitsbedingungen sozial ungerechtfertigt ist (§ 4 KSchG). Ein Auflösungsantrag (§§ 14 Abs.2, 9 KSchG) kann nur gestellt werden, wenn der Angestellte die geänderten Bedingungen nicht innerhalb der Kündigungsfrist bzw. spätestens der drei-Wochen-Frist unter Vorbehalt angenommen hatte (BAG Betr 1981, 2438; vgl. auch LAG München, Betr 1988, 866).

24. Sog. Konkretisierung vgl. LAG Baden-Württemberg, BB 1967, 1481; LAG Frankfurt, Betr 1969, 2043; LAG Rheinland-Pfalz, NZA 1988, 471; ArbG Freiburg, Betr 1988, 184.

25. BAG Betr 1962, 1704 = BB 1962, 1433 und Betr 1981, 799 = BB 1981, 1399 (Arbeitsverweigerungsrecht bei ungerechtfertigter Versetzung).

26. Für die Prokura bestimmt dies ausdrücklich § 52 Abs.2 HGB. Der Widerruf der Handlungsvollmacht richtet sich nach § 168 BGB; ob die Handlungsvollmacht unwiderruflich vereinbart werden kann, ist streitig (vgl. Baumbach/Hopt, HGB, 29. Aufl. 1995, § 54 Rn. 21).

27. Im einzelnen vgl. BAG NZA 1987, 202 = Betr 1987, 51 = BB 1987, 131 (Prokura und Arbeitsvertrag).

28. Einem Angestellten, dem Einzelprokura erteilt war, und der die Geschäfte der Firma des Arbeitgebers nahezu selbständig führte, ohne an Weisungen des Arbeitgebers gebunden und seiner Kontrolle unterworfen zu sein, hat das BAG die Berufung auf den Grundsatz, daß das wirtschaftliche Risiko zu Lasten des Arbeitgebers gehe, nur mit Einschränkungen zugebilligt und festgestellt, daß die Stellung eines solchen Angestellten nicht ohne Einfluß auf das Ausmaß der Sorgfaltspflicht, des Pflichtenkreises und damit auch seiner Haftung ist. Ein solcher Angestellter hat nach der genannten Entscheidung dafür zu sorgen, daß die Vermögenswerte der Firma ohne vermeidbare Schädigung des Arbeitgebers behandelt werden (BAG Betr 1971, 52 = BB 1971, 40). Verletzt der Angestellte seine Pflichten, wird der Arbeitgeber in der Regel Schadensersatzansprüche unter dem rechtlichen Gesichtspunkt der positiven Vertragsverletzung haben, die erst in 30 Jahren verjähren (BAG aaO.).

29. Den Begriff der Versetzung definiert für das Betriebsverfassungsrecht § 95 Abs.3 BetrVG. Der andere Arbeitsbereich i.S. dieser Bestimmung kann auch durch Umstände bestimmt werden, unter denen die Arbeit zu leisten ist (BAG NZA 1989, 438 = Betr 1988, 2158 = BB 1988, 2100). Zu der Frage, unter welchen Umständen der Betriebsrat die Zustimmung zu einer Versetzung verweigern und wann im Falle

der Verweigerung der Arbeitgeber die Versetzung als vorläufige personelle Maßnahme durchführen oder aufrecht erhalten kann, ausführlich BAG NZA 1988, 101 = BB 1988, 482 und BAG NZA 1996, 496 = Betr 1996, 1140. Zur Versetzung auf einen besetzten Arbeitsplatz: BAG Betr 1988, 235 = BB 1988, 348.

30. LAG Frankfurt, BB 1986, 2199 (Versetzung eines Betriebsrates).

31. Das zu Mitbestimmungsfragen ergangene Urteil des BAG Betr 1983, 1926 = BB 1983, 1724 geht offensichtlich von der arbeitsvertraglichen Zulässigkeit der Anordnung von Überstunden aus. Zur pauschalen Vergütung der Mehrarbeit vgl. ArbG Berlin, BB 1989, 428. Mehrarbeit ohne besondere Vergütung: BAG Betr 1978, 1131 = BB 1978, 1311 und BAG NJW 1982, 2139; Abfeiern von Überstunden eines Arbeitnehmers in Leitungsposition: BAG NZA 1994, 1035 = Betr 1994, 2398 = BB 1994, 2203; zur Beweislast: BAG NZA 1994, 837; Betr 1994, 1931. Zur Auswirkung tariflicher Arbeitszeitverkürzung; zur Arbeitszeit im Ausland BAG Betr 1991, 865 = NZA 1991, 386. BAG, NZA 1988, 289 = BB 1988, 629; zur auch nachwirkenden Pflicht der Interessenwahrung LAG Nürnberg Betr 1990, 2330 = BB 1990, 2196 und BAG NZA 1988, 502 = Betr 1988, 1020; zur Mitteilungspflicht LAG Berlin BB 1989, 630; zur Mitteilung eines neuen Dienstverhältnisses OLG Frankfurt Betr 1987, 543; Auskunftsanspruch aus der Treuepflicht BAG Betr 1977, 307 = BB 1977, 296; Offenbarung verwandtschaftlicher Beziehungen zu einem Geschäftspartner LAG Nürnberg Betr 1990, 2330 = BB 1990, 2196; vgl. auch Kempff, „Treuepflicht" und Kündigungsschutz, Betr 1979, 790 und Denck, Arbeitsschutz und Anzeigerecht des Arbeitnehmers, Betr 1980, 2132.

32. In einer alten Entscheidung (vom 3.6. 1958, Betr 1958, 804 = BB 1958, 738) hatte das BAG entschieden, daß der Gewinn des gesamten Geschäftsjahres auch dann maßgebend ist, wenn der Angestellte bereits im Laufe des Geschäftsjahres ausscheidet. Mangels eindeutiger gegenteiliger Bestimmungen im Vertrage sei Abrechnungsgrundlage die für das ganze Geschäftsjahr zu erstellende Jahresbilanz; eine Zwischenbilanz zum Tage des Ausscheidens müsse nicht aufgestellt werden. Der Anspruch auf den Gewinnanteil mindert sich nach dieser Entscheidung beim Ausscheiden eines Angestellten im Laufe des Geschäftsjahres im Verhältnis der Zeit seiner Beschäftigung zum ganzen Geschäftsjahr; BAG NZA 1993, 131 = BB 1992, 2218; zur Quotierung bei tariflichen Sonderzahlungen; tarifliche Regelung über den Einfluß von Zeiten ohne Arbeitsleistung: BAG NZA 1994, 747 = Betr 1994, 2035 = BB 1994, 1636; Sonderzahlung bei langer Arbeitsunfähigkeit: BAG NZA 1993, 1042 = DB 1993, 2490 und BAG NZA 1993, 130, 132; tarifliche Sonderzahlung bei Erziehungsurlaub: BAG NZA 1994, 1043 = Betr 1993, 2489 = BB 1994, 503, BAG NZA 1993, 801 und BAG NZA 1996, 31 = Betr 1993, 1090 = BB 1993, 1083; Jahressonderzahlung und Mutterschutzfristen: BAG NZA 1995, 1165 = BB 1995, 2273. Literatur: Gaul, Der Zweck von Sonderzahlungen, BB 1994, 494 und 565; Mölders, Arbeitsrechtliche Rahmenbedingungen für Cafeteria-Systeme Betr 1996, 213; Schiefer, Die schwierige Handhabung der Jahressonderzahlungen, NZA 1993, 1015; vgl. auch LAG München, Betr 1990, 2070.

33. Die Frage, ob eine volle Arbeitsleistung Voraussetzung für die ungekürzte Auszahlung von Sonderleistungen ist, wurde zwar durchweg in Fällen tariflicher Sondervergütungen behandelt; dennoch lesenswert auch bezüglich einzelvertraglicher Sonderleistungen BAG, NZA 1990, 497 = Betr 1990, 942 = BB 1990, 355; zu Auswirkungen des Erziehungsurlaubs BAG, NZA 1991, 317 = BB 1991, 694, BAG NZA 1991, 318 = BB 1991, 695 und die oben III 32 zitierten neueren Entscheidungen.

34. BAG Betr 1983, 1368 = BB 1983, 1791 (Widerruf und Teilkündigung).

35. Der Widerruf einer unter Widerrufsvorbehalt gewährten Leistungszulage wegen mehrfacher Erkrankung des Arbeitnehmers wurde vom BAG (Betr 1971, 392 = BB 1971, 309) für unwirksam erklärt. Das LAG Baden-Württemberg (AR-Blattei Gratifikation, Entscheidung 55) hielt den Widerruf einer unter Widerrufsvorbehalt verein-

barten Weihnachtsgratifikation (13. Gehalt) nach einer vom Arbeitnehmer zum Jahresende ausgesprochenen Kündigung für unwirksam; BAG NZA 1988, 95 = BB 1988, 138 (Widerruf von Vergütungsbestandteilen); Widerruf der Erstattung von Fortbildungskosten LAG Köln, BB 1991, 1416. Zur Jahreszahlung im „ungekündigten" Arbeitsverhältnis BAG NZA 1993, 948 = Betr 1993, 687 = BB 1993, 220; Widerruf einer Sonderzulage nach Höhergruppierung: BAG NZA 1995, 430 = Betr 1995, 1618 = BB 1995, 828; Widerruf eines Personalrabatts aufgrund Gesamtzusage BAG U. v. 14.6. 1995 5 AZR 126/94 Betr 1995, 2273; zur Zulässigkeit der Befristung einer Provisionsvereinbarung BAG NZA 94, 476 = Betr 1994, 2400 = BB 1994, 432. Literatur: Klein, Widerruf einer Zusage auf Gewährung von Jubiläumszuwendungen, Betr 1994, 2547; Leuchten, Widerrufsvorbehalt und Befristung von Arbeitsvertragsbedingungen, insbesondere Provisionsordnungen, NZA 1994, 721.

36. BAG NZA 1986, 521 = Betr 1986, 1627 (Gehaltsanpassung).

37. BAG NZA 1993, 171 = BB 1992, 2431 (Gleichbehandlung im Bereich der Vergütung); Gleichbehandlung für freiwillige Gehaltserhöhungen nur bei abstrakten Regeln: BAG NZA 1995, 939 = Betr 1995, 580 = BB 1995, 409; keine Einbeziehung übertariflicher Zulagen in das Tarifgehalt (keine Effektivklausel): BAG NZA 1994, 181 = Betr 1994, 1294 und BAG NZA 1994, 181; beschränkte Anrechnung übertariflicher Zulagen auf Tariflohnerhöhung und Gleichheitssatz: BAG NZA 1995, 894 = Betr 1995, 1769; gruppenspezifische Gewährung einer übertariflichen Vergütung BAG NZA 1996, 829 = Betr 1996, 834 Geschlechtsdiskriminierung bei übertariflicher Entlohnung: BAG NZA 1993, 891 = Betr 1993, 737 = BB 1993, 650; Altersunterschied bei gleicher Leistung: BAG NZA 1996, 549; sachliche Rechtfertigung der Unterscheidung von Befristung und betriebsbedingter Kündigung: BAG NZA 1994, 465 = Betr 1994, 539. Literatur: Schaub, Entgeltanpassung im Arbeitsverhältnis, BB 1996, 1058; Schneider, die Anrechnung von Tarifverbesserungen, insbesondere Tariflohnerhöhungen, auf übertarifliche Vergütungsbestandteile, Betr 1993, 2530.

38. BAG Betr 1973, 432 = BB 1973, 245 (Auskunftsanspruch des außertariflichen Angestellten bei Gehaltsanpassung).

39. BAG Betr 1978, 1887 = BB 1978, 1521. Zur Gleichbehandlung bei individuell unterschiedlichen und zeitlich unregelmäßigen Erhöhungen vgl. BAG NZA 1987, 156 = Betr 1986, 2602 = BB 1986, 2418 (diese Entscheidung stellt die Entwicklung der Gleichbehandlungsrechtsprechung ausführlich dar). Zur Berücksichtigung ausgeschiedener Mitarbeiter bei rückwirkender Erhöhung BAG Betr 1976, 1111 = BB 1976, 744; zur Gleichbehandlung bei Gratifikationen BAG, NZA 1991, 763.

40. BAG Betr 1958, 489 = BB 1958, 448; BAG Betr 1960, 1309 = BB 1960, 1202; LAG Frankfurt Betr 1972, 243. Umfang der Pfändung, Verhältnis zur Abtretung BAG NZA 1993, 792 = Betr 1993, 1625 = BB 1994, 721. Die Unwirksamkeit einer verbotswidrigen Abtretung kann von jedem geltend gemacht werden (BGH NJW 1988, 1211). Die Verpfändung wird erst mit dem Eingang der Verpfändungsanzeige des Arbeitnehmers (Verpfänder) beim Arbeitgeber wirksam (§ 1280 BGB). Zur Unwirksamkeit von Vollmachts- und Lohnabtretungsklauseln in AGB für Ratenkreditverträge: BGH, Betr 1989, 2265; die Fiktion einer angemessenen Vergütung gem. § 850h Abs.2 ZPO gilt nicht bei Abtretungen (LAG Frankfurt, Betr 1991, 1388); BAG NZA 1990, 938 = BB 1990, 2050 zum Problem des Abtretungsverbotes. Literatur: Pfeifer, Pfändung urlaubsrechtlicher Ansprüche, NZA 1996, 738; Scholz, aktuelle Probleme bei der Lohnabtretung als Sicherung von Verbraucherkrediten MDR 1993, 599.

41. BAG, Großer Senat, Betr 1992, 1579 = BB 1992, 1418; vgl. auch BAG NZA 1993, 570 = BB 1993, 360 = Betr 1993, 439, BAG BB 1993, 366 = Betr 1993, 382, BAG NZA 1993, 668 = Betr 1993, 380 = BB 1993, 135 (Zulagen müssen nicht gesondert ausgewiesen sein), BAG NZA 1993, 418 = BB 1993, 46 = BB 1992, 2295 (Mitbestimmung u. U. auch bei Anrechnung auf Zulagen aller Arbeitnehmer), BAG NZA

1993, 569 = Betr 1993, 384 = BB 1993, 366 (keine Mitbestimmung bei Anrechnung nur in einem Ausnahmefall), BAG NZA 1993, 566 = Betr 1993, 385 = BB 1993, 726 (Mitbestimmung bei unterschiedlicher Anrechnung aus Leistungsgründen), BAG NZA 1993, 561 = Betr 1993, 1143 = BB 1993, 1589 (keine Mitbestimmung bei Anrechnung im Einzelfall aus besonderen Gründen), BAG NZA 1995, 277 = Betr 1995, 678, Mitbestimmung bei Schaffung besonderer Gehaltsgruppen, ausgenommen jedoch Leitende Angestellte), BAG NZA 1995, 390 = Betr 1995, 832 (Mitbestimmung bei der Schaffung sog. Halbgruppen, Zuständigkeit des Gesamtbetriebsrats), BAG Betr 1995, 1411 = BB 1995, 1481 (Tariferhöhung in zwei Stufen), BAG NZA 1996, 328 = Betr 1995, 1917 = BB 1995, 2061 (Mitbestimmung bei verbleibendem Regelungsspielraum trotz voller Anrechnung), BAG Betr 1995, 1410 = BB 1995, 1482 Mitbestimmung bei Änderung in einheitlicher Konzeption), BAG Betr 1996, 736 = BB 1996, 1113 (keine Mitbestimmung bezüglich der Entgelterhöhung bei Angestellten in Leitungspositionen), BAG NZA 1996, 613 = BB 1996, 436 (versehentlich unvollständige Anrechnung), BAG NZA 1996, 890 = Betr 1996, 1142 (Mitbestimmung bei Eingruppierung auch oberhalb der höchsten Tarifgruppe), LAG Köln BB 1995, 1356 (Umfang der Unwirksamkeit der Anrechnungen). Literatur: Hromadka, Der Große Senat zu den übertariflichen Zulagen, Betr 1992, 1573; Oetker, Das Arbeitsentgelt der leitenden Angestellten zwischen Individualautonomie und kollektiver Interessenvertretung, BB 1990, 2181; Spiegelhalter, Die betriebliche Entgeltpolitik in den Fesseln der Rechtsprechung, ZfA 1993, 203; Stege/Schneider, Die Mitbestimmung des Betriebsrats bei der Anrechnung von Tariflohnerhöhungen auf übertarifliche Zulagen Betr 1992, 2342; Weyand, Die normativen Rahmenbedingungen der betrieblichen Lohngestaltung nach der Entscheidung des Großen Senats vom 3. 12. 1991, AuR 1993, 1; Wohlgemuth, AT-Angestellte und Betriebsverfassung – am Beispiel von Entgeltregelungen, BB 1993, 286.

42. Hat der Angestellte die freiwillige Versicherung in einer gesetzlichen Krankenversicherung gewählt (automatische Fortsetzung als freiwillige Mitgliedschaft nach § 190 Abs. 3 SGB V – hierzu BB 1989, 1487), zahlt der Arbeitgeber die Hälfte des von dieser Kasse erhobenen Beitrages. Es kommt nicht (mehr) darauf an, in welcher Kasse der Angestellte bei bestehender gesetzlicher Versicherungspflicht krankenversichert wäre. Wählt der Angestellte die private Krankenversicherung, muß der Arbeitgeber die Hälfte des Beitrages der bei Bestehen der Versichungspflicht zuständigen gesetzlichen Krankenkasse zahlen, höchstens aber die Hälfte des in der privaten Krankenversicherung tatsächlich bezahlten Beitrages; im einzelnen: Töns, Der Beitragszuschuß an privat krankenversicherte Arbeitnehmer, BB 1989, 140; Hamacher, Arbeitgeberzuschuß zum Krankenversicherungsbeitrag, in Beilage 32 zu BB Nr. 26/1990.

43. In einer 1965 ergangenen Entscheidung (Betr 1965, 1292 = BB 1965, 587) hat das BAG aus § 179 Abs. 2 und 3 i. V. m. § 75 VVG geschlossen, daß materiell die Rechte aus einem Unfallversicherungsvertrag der versicherten Person zustehen, auch wenn deren schriftliche Zustimmung zum Abschluß des Versicherungsvertrages nicht vorliegt. In einer späteren Entscheidung (BAG Betr 1971, 924 = BB 1971, 873 zuletzt bestätigt NZA 1990, 701 = Betr 1990, 1975 = BB 1990, 1136) wurde diese Argumentation dahin ergänzt, daß aus der arbeitsvertraglichen Verbindung zwischen Versicherungsnehmer (Arbeitgeber) und versicherter Person (Arbeitnehmer) auch die Verpflichtung des Arbeitgebers folge, die erhaltene Versicherungssumme dem Angestellten (ggf. seinen Erben) auszukehren; zur Aufklärungspflicht des Arbeitgebers bei einer Gruppen-Unfallversicherung LAG Hamm, AuR 1992, 92 = Betr 1991, 2346. In der Beilage Nr. 15 zu Heft 46 Betr 1989 (vom 17. November 1989) finden sich zahlreiche Beiträge zum Thema Versicherungsschutz des Unternehmens und seiner Mitarbeiter, darunter Hamacher, Krankenversicherungsschutz im Ausland, S. 8 und Metz, Persönliche Risiken der Führungskräfte, S. 6.

44. Zur Besteuerung des Personalrabatts in der Automobilindustrie (und zum Ausschluß der Lohnsteuerhaftung des Arbeitgebers) BFH BB 1993, 1570.

45. BAG Betr 1964, 37, 375 = BB 1964, 39, 307 und BAG Betr 1974, 778 = BB 1974, 464; LAG Baden-Württemberg, Betr 1961, 342 = BB 1961, 1008. Die Formulierung, eine bestimmte Leistung werde „steuerfrei" gewährt, bedeutet in der Regel nicht, daß der Arbeitgeber die Steuern tragen wolle, wenn sich die Annahme über die Steuerfreiheit als unzutreffend erweist. Die Beweislast dafür, daß eine Nettolohnvereinbarung gewollt sei, trifft den Arbeitnehmer. Zur Nettolohnvereinbarung in einem Tarifvertrag vgl. BAG Betr 1974, 1436 = BB 1974, 1639, einzelvertraglich: LAG Düsseldorf Betr 1990, 844 zur steuerrechtlichen Handhabung BFH BStBl 1972, Teil II, S. 816 und 1979, Teil II, S. 771. Die steuerrechtliche Behandlung von Personalrabatten ist nunmehr in § 8 Abs. 3 EStG geregelt, vgl. im einzelnen Beck'sches Personalhandbuch, Band II, Kap. IV StW Annehmlichkeiten, Einzelfälle und StW Sachbezüge. Ferner: Benner/Bals, Arbeitsentgelt im Sinne der Sozialversicherung und Arbeitslohn im Sinne des Lohnsteuerrechts, Alphabetische Übersicht nach dem Stand vom 1. Januar 1990, Beilage 17 zu BB Heft 34/1989; zur Behandlung von unentgeltlichen oder verbilligten Mahlzeiten im Betrieb: Schreiben des BdF vom 20.12. 1989, BB 1990, 262; zur Anwendung des Fünften Vermögensbildungsgesetzes ab 1990, Schreiben des BdF vom 22.12. 1989, BB 1990, 262; zur Beitragsbemessungsgrundlage bei Hinterziehung von Steuern und Sozialversicherungsbeiträgen vgl. BB 1991, 350.

46. Grundsätzlich zu Rückforderungsklauseln BAG Betr 1962, 1309 = BB 1962, 1121 und BAG NZA 1993, 935 = Betr 1993, 2135 = BB 1993, 1809 (Rückzahlung der Weihnachtsgratifikation, BAG NZA 1994, 835 = Betr 1994, 1040 (Rückzahlung von Ausbildungskosten). Die zu Rückforderungsklauseln bei Gratifikationen entwickelten Grundsätze können herangezogen werden, BAG Betr 1963, 589 = BB 1963, 187, 473; vgl. aber auch LAG Düsseldorf, Betr 1972, 979 und 1587. Rückforderung von Ausbildungskosten: BAG NZA 1986, 741 = Betr 1986, 2135; LAG Frankfurt NZA 1986, 753 = BB 1986, 2128; LAG Frankfurt, BB 1989, 558. Keine Rückzahlungsklausel für Jahresumsatzprämie: BAG Betr 1982, 2406 = BB 1983, 1347; Umwandlung einer vereinbarten Rückzahlung von Ausbildungskosten in Darlehen BAG NZA 1995, 305 = Betr 1995, 632 = BB 1995, 568; tarifliche Rückzahlungsklauseln BAG U. v. 6.9. 1995 5 AZR 172/94 Betr 1995, 1866; Rückzahlung der Kosten eines Sprachaufenthaltes BAG NZA 1995, 727 = Betr 1995, 1283 = BB 1995, 1191; Rückzahlungsklausel und Aufhebungs vertrag LAG Köln BB 1993, 223; Rückzahlungsklausel durch Bezugnahme auf Betriebsordnung, LAG Nürnberg BB 1992, 2292. Einen Fall der Rückabwicklung bei Überlassung eines Grundstücks unter dem Verkehrswert behandelt LAG Schleswig-Holstein, Betr 1989, 1975; zur Rückzahlung bei Gratifikationen LAG Frankfurt, BB 1990, 2339; zur Rückzahlung eines Werksangehörigenrabatts LAG Bremen, Betr 1987, 2387; Rückzahlungsvereinbarung bei Ausbildungskosten BAG, NZA 1992, 405 = Betr 1992, 893; Rückzahlung von Prüfungskosten LAG Düsseldorf Betr 1991, 708; Becker–Schaffner, Die Rechtsprechung zur Rückerstattung von Ausbildungskosten, Betr 1991, 1016. Siehe auch III 204.

47. So jedenfalls für freiwillige Sonderzahlungen neuerdings BAG NZA 1991, 795 = Betr 1991, 1574 und BAG NZA 1993, 353 = Betr 1993, 688 = BB 1993, 653. Tarifvertraglichen Rückzahlungsregelungen räumt das BAG in ständiger Rechtsprechung einen weitergehenden Regelungsspielraum ein (BAG NZA 1993, 936 = Betr 1993, 2135). Zur Rückforderung im Falle eines Aufhebungsvertrages siehe LAG Düsseldorf, BB 1975, 652.

48. BAG Betr 1975, 1082; LAG Düsseldorf, Betr 1972, 979 und 1587; zur Anwendung des AGB-Gesetzes BAG NZA 1993, 936 = BB 1993, 1438 = Betr 1993, 436; BAG NZA 1993, 1029 = Betr 1993, 1779 = BB 1993, 1659; LAG Hamm BB 1993, 1517,

LAG Hamm NZA 1994, 559 = DB 1994, 1243, LAG Niedersachsen ArbuR 1993, 156; überraschende Klausel und § 3 AGBG BAG NZA 1996, 702. Zu Fragen der Gleichbehandlung siehe BAG NZA 1994, 1130 = Betr 1994, 2348 = BB 1994, 2279 (Benachteiligungsverbot § 2 I BeschFG) und LAG Hamm, Betr 1980, 1552.

49. LAG Düsseldorf, Betr 1972, 97; LAG Berlin, Betr 1972, 444; LAG Düsseldorf, Betr 1972, 979 und 1587; LAG Schleswig-Holstein, BB 1973, 383.

50. BAG Betr 1983, 1210 = BB 1983, 1665; LAG Frankfurt, NZA 1986, 753. Das LAG Düsseldorf hat (Betr 1989, 1295 = BB 1989, 701) eine Bindung auf drei Jahre bei zweimonatiger Ausbildung und ca. DM 10000,– Kosten jedenfalls bei zeitanteiliger Kürzung des Rückzahlungsbetrages zugelassen und gleichzeitig ausgesprochen, daß die vom Arbeitgeber für die Ausbildungszeit als Arbeitgeberanteil gezahlten Sozialversicherungsbeiträge in den Rückforderungsbeitrag nicht einbezogen werden dürfen. Einzubeziehen sind dagegen sonstige vertragliche Leistungen wie etwa Gratifikationen und vom Arbeitgeber aufgewandte Beiträge zu Zusatzversorgungskassen.

51. BAG Betr 1962, 1309 = BB 1962, 1121 und BAG Betr 1963, 589 = BB 1963, 187, 473; BAG Betr 1976, 2260 = BB 1976, 1514. In einer neueren Entscheidung hat das LAG Frankfurt (Betr 1989, 887) entschieden, daß ein dreiwöchiges Seminar zur Auffrischung bereits erworbener Kenntnisse keine angemessene Gegenleistung darstelle, so daß die Rückzahlungsverpflichtung unwirksam sei.

52. Zu den Voraussetzungen einer ergänzenden Vertragsauslegung BAG U. v. 14. 6. 1995 10 AZR 25/94 Betr 1995, 2273. Einzelfälle: Ingenieur- und Fachlehrerausbildung BAG NJW 1974, 2151 und BAG Betr 1980, 1704; Verkürzung auf drei Jahre jedoch LAG Hamm, Betr 1967, 1268. Zur Amortisierung um jeweils $^1/_3$ für jedes Jahr der Betriebszugehörigkeit BAG NZA 1986, 741 = Betr 1986, 2135 und BGH NJW 1985, 44 = Betr 1984, 2456. Auch insoweit gibt es einen größeren Regelungsspielraum für tarifliche Regelungen (BAG NZA 1993, 936 = Betr 1993, 2135).

53. Zum geldwerten Vorteil, auch beitragsrechtlich, vgl. BB 1989, 1412; zur Entgelteigenschaft von Losgewinnen für Arbeitnehmer BFH, Betr 1978, 1317 und BSG, Betr 1989, 1825.

54. Zum Direktionsrecht beim Führen eines Dienstwagens vgl. BAG NZA 1992, 67 = Betr 1992, 147.

55. Einem Berufskraftfahrer, der auf einer Dienstfahrt unverschuldet einen Verkehrsunfall erleidet, muß der Arbeitgeber „erforderliche" Verteidigerkosten ersetzen; der Arbeitnehmer ist zum Abschluß einer Rechtsschutzversicherung nicht verpflichtet (BAG NZA 1995, 836 = Betr 1995, 1770). Daß bei privater Nutzung keine Haftungserleichterung eingreift, entspricht allgemeiner Auffassung, vgl. LAG Köln NZA 1995, 1163; ArbG München, Betr 1989, 783 m. w. N. Daß die von der Rechtsprechung entwickelten Grundsätze der Haftungserleichterung auch für den leitenden Angestellten gelten, hat das BAG für einen Bauingenieur entschieden, der als Betriebsleiter eine Baustelle zu überwachen hatte (BAG AP Nr. 80 zu § 611 BGB Haftung des Arbeitnehmers = BB 1977, 245, 1000). Zur Abgrenzung des dienstlichen vom privaten Bereich LAG München, NZA 1989, 218. Zu sozialversicherungsrechtlichen Fragen Krasney, Der Verkehrsunfall als Arbeitsunfall, Neue Zeitschrift für Verkehrsrecht (NZV) 1989, 369. S. auch unten Nr. 117.
Zur Herausgabepflicht: ArbG Wetzlar, NZA 1987, 163; vgl. auch Anhang A Anm. 9.

56. BFH StBl 1963, Teil III, S. 387; Schreiben des BMF vom 23. 11. 1982 in Betr 1982, 2379 mit Änderungen für 1989 in Betr 1989, 20; zu Einzelfragen Macher, Blick ins Steuerrecht NZA 1995, 304; zur sozialversicherungsrechtlichen Behandlung, zuletzt im Zusammenhang mit Fragen des Konkursausfallgeldes BSG NZA 1992, 329.

57. Zur Umrechnung von Werktagen in Arbeitstage BAG NZA 1987, 462 = Betr 1987, 340, 1151 = BB 1987, 335, 1672; zur Umrechnung auf die Woche bei unregelmäßiger Arbeitszeit BAG NZA 1995, 477 = BB 1995, 311.

118 Weiterführende Hinweise

58. Ständige Rechtsprechung, vgl. z.B. BAG NZA 1986, 25 = Betr 1985, 2153 = BB 1985, 2175 und BAG NZA 1987, 675 – Betr 1987, 1693 = BB 1987, 1955.
59. BAG Betr 1971, 295 = BB 1971, 220 (Erteilung nach billigem Ermessen); auch bei tariflichem Anspruch auf Bildungsurlaub kein Selbstbeurlaubungsrecht: BAG NZA 1994, 454 = Betr 1994, 51 = BB 1993, 2531; eigenmächtiger Urlaubsantritt kann eine fristlose Kündigung rechtfertigen: BAG Betr 1994, 1042 = BB 1994, 868; zur (vorbehaltenen) Kürzung zusätzlichen Treueurlaubs: BAG NZA 1993, 67 = Betr 1993, 642 = BB 1992, 2008. Das BAG hat den Urlaubsanspruch als einen Neben-anspruch auf Freistellung von der Dienstpflicht bezeichnet, dem der Arbeitgeber nur ein Leistungsverweigerungsrecht entgegen setzen könne (Betr 1982, 1065 und 1823 = BB 1982, 862 und 1983, 1036) und eine Leistungsklage auf Erteilung des Urlaubes für einen bestimmten Zeitraum zugelassen (NZA 1987, 379, 380 = Betr 1987, 1362). Der Arbeitgeber muß sein Bestimmungsrecht eindeutig ausüben; ein Verrechnungsvorbehalt ist unwirksam (BAG NZA 1992, 1078 = Betr 1992, 1992).
60. BAG Betr 1974, 783 = BB 1974, 509 (kein Vorgriff auf das nächste Jahr). Zur Bestim-mungspflicht des Arbeitgebers bei der Urlaubsgewährung BAG NZA 1992, 1078.
61. LAG Hamm, Betr 1979, 507; BAG Betr 1974, 1023; LAG Düsseldorf, Betr 1973, 191; BAG NZA 1987, 633 = Betr 1987, 1259 = BB 1987, 1390 und BAG NZA 1993, 407 = Betr 1993, 891 = BB 1993, 76 (Urlaub in Kündigungsfrist).
62. BAG Betr 1984, 1883 = BB 1984, 1618 (Urlaub und Krankheit); zuletzt BAG, NZA 1990, 139 = Betr 1990, 279.
63. BAG NZA 1986, 392 = Betr 1986, 973 = BB 1986, 735 und BAG Betr 1996, 1087 = BB 1996, 804 (Schadensersatz für Urlaub).
64. BAG Betr 1979, 1138 = BB 1979, 992 (nachträgliche Anrechnung).
65. BAG Betr 1976, 2167 = BB 1976, 1419 (unbezahlter Urlaub statt Betriebsferien).
66. Keine Anrechnung auf den Urlaub: LAG Baden-Württemberg, Betr 1970, 2328.
67. LAG Hamm, BB 1961, 789 (Rückruf aus dem Urlaub).
68. BAG Betr 1960, 848 = BB 1960, 779, 782 (Anfechtung der Erteilung).
69. BAG BB 1970, 80 = NJW 1969, 1981 (Übertragung); neuere Literatur: Widera, Zu den Möglichkeiten und Grenzen der Urlaubsübertragung, Betr 1988, 756; daß die Übertragung zum 31.3. des Folgejahres befristet ist und der Urlaubsanspruch so-dann verfällt steht EG-Recht nicht entgegen: BAG NZA 1991, 423 = BB 1991, 764, a. A. LAG Düsseldorf, BB 1992, 143 = Betr 1992, 224; während des Erziehungsurlau-bes kann Urlaub nicht verfallen: BAG NZA 1990, 499 = BB 1990, 1279 = Betr 1990, 991.
70. BAG Betr 1982, 1115 (Verfall des Urlaubs); BAG NZA 1993, 472 = Betr 1993, 1423 = BB 1993, 654 (tarifliche Ausschlußfrist); BAG NZA 1995, 531 = Betr 1995, 1287 = BB 1995, 1485 (Urlaubsabgeltung und Kündigungsschutzprozeß); BAG U.v. 23.4. 1996 – 9 AZR 195/95 BB 1996, 1068 (Urlaubsabgeltung nach Beendigung von Arbeitsverhältnis und Erziehungsurlaub).
71. Zum Verbot für den Arbeitnehmer nachteiliger Regelungen BAG Betr 1984, 1885, 1939 und BAG NZA 1986, 25 = Betr 1985, 2153 = BB 1985, 2175; zum Erlöschen des Urlaubsanspruchs trotz Fortschreibung in der Lohnabrechnung BAG NZA 1987, 557 = Betr 1987, 1694 = BB 1987, 1814; zur Reichweite ergänzender tariflicher Urlaubsregelungen BAG Betr 1990, 2429 = BB 1990, 2120; zum Urlaub und Urlaub-sabgeltungsanspruch bei aufeinanderfolgenden Arbeitsverhältnissen BAG NZA 1991, 944 = BB 1991, 1788. Im Gegensatz zum Schadenersatzanspruch wegen Nichterfüllung des Urlaubsanspruches ist der Urlaubsanspruch nicht vererblich (BAG Betr 1992, 2092); vererblicher Abgeltungsanspruch als Schadenersatz BAG v. 22.10. 1991 9 AZR 433/90, NZA 1993, 28. Der Urlaubsabgeltungsanspruch unter-liegt der Pfändung und Aufrechnung (LAG Köln BB 1990, 1981). Keine Urlaubsab-geltung nach dem Tod des Arbeitnehmers BAG NZA 1992, 1088 = Betr 1992,

2404. Zulässigkeit über das Gesetz hinausgehender Abgeltungsansprüche BAG v. 26.5. 1992 9 AZR 172/91, NZA 1993, 29. Literatur: Schäfer, Urlaubsabgeltung bei fortbestehender Arbeitsunfähigkeit, NZA 1993, 204.

72. BAG Betr 1981, 2621 = BB 1981, 1397 und 1982, 616 (Urlaub und BetrVG).

73. Zur Verletzung der Meldepflicht, evtl. außerordentliche Kündigung: BAG Betr 1976, 1067 = BB 1976, 696.

74. BAG Betr 1976, 1067 = BB 1976, 696 und BAG NZA 1987, 93 = Betr 1986, 2443 (Kündigung wegen Verletzung der Meldepflicht).

75. BAG Betr 1977, 119 und BAG Betr 1979, 653 = BB 1979, 577; zum Beweiswert der ärztlichen Arbeitsunfähigkeitsbescheinigung werden in der Rechtsprechung unterschiedliche Auffassungen vertreten: das LAG Hamm, Betr 1989, 1473 spricht der Arbeitsunfähigkeitsbescheinigung einen hohen Beweiswert zu, während das LAG München – zwei Entscheidungen in NZA 1989, 597 und BB 1989, 844 – zurückhaltender ist; zur Darlegungslast des Arbeitgebers bei Zweifeln an der Richtigkeit einer Arbeitsunfähigkeitsbescheinigung vergl. BAG Betr 1985, 2694 = BB 1986, 136. Das LAG Rheinland-Pfalz (Betr 1988, 2368) hielt im Kündigungsschutzprozeß den Arbeitnehmer für arbeitsfähig, der trotz amtsärztlichen Attestes tatsächlich arbeitete. Das BAG hält am hohen Beweiswert der ärztlichen Arbeitsunfähigkeitsbescheinigung fest (NZA 1993, 23 = BB 1992, 2222 = Betr 1992, 2633. Literatur: Lambeck, Zum Beweiswert ärztlicher Arbeitsunfähigkeitsbescheinigungen im Entgeltfortzahlungsprozeß, NZA 1990, 88; Olderog, Rechtsfragen bei Krankheit im Arbeitsverhältnis, BB 1989, 1684; siehe auch die Hinweise unten Nr. 77.

76. BAG Betr 1979, 653 = BB 1979, 577 und BAG Betr 1967, 1162 (Verweigerung der Untersuchung). Lepke, Detektivkosten als Schadensersatz im Arbeitsrecht, Betr 1985, 1231.

77. Zur ausländischen Arbeitsunfähigkeitsbescheinigung: EuGH NZA 1992, 735 = BB 1992, 1721 = Betr 1992, 1577; BSG Betr 1992, 1780 (keine Bindung der Sozialversicherer); BAG NZA 1985, 737 = Betr 1985, 2618 = BB 1985, 2178; LAG Köln und München, NZA 1989, 599; BAG NZA 1996, 635 = BB 1996, 1116.

78. Auch bei lang dauernder Krankheit tritt keine Suspendierung der beiderseitigen Pflichten ein, so daß z. B. Ansprüche des Arbeitnehmers auf Sonderzahlungen bestehen bleiben können (BAG NZA 1991, 69 = BB 1990, 2338); BAG NZA 1993, 464 = Betr 1993, 1577 = BB 1993, 791 (tarifliches 13. Gehalt).

79. Betr 1978, 1651 = BB 1978, 1214 (Pflege eines kranken Kindes); BAG NZA 1993, 115 = Betr 1992, 24/46 (Interessenabwägung bei unverschuldeter Notlage), BAG NZA 1994, 854 = Betr 1994, 2034 (Zeitaufwand für öffentliches Ehrenamt).

80. BAG Betr 1974, 1168 = BB 1974, 740 (Entscheidung zum Annahmeverzug bei fehlender Berufsausübungserlaubnis); BAG Betr 1983, 395 = BB 1983, 314, BAG Betr 1983, 397 = BB 1983, 901 und LAG Hamm, Betr 1980, 311 zur Verhinderung durch Glatteis, starken Schneefall.

81. BGH Betr 1979, 1367. Erwägungen zur Arbeitsverhinderung wegen eines Beschäftigungsverbotes nach BSeuchG im Rahmen eines Entschädigungsprozesses; BAG NZA 1995, 837 = BB 1995, 1356 (Beschäftigungsverbot und Arbeitsunfähigkeit im Mutterschutz).

82. Krankes Kind: BAG Betr 1979, 1946 = BB 1979, 1401; Abdingbarkeit: BAG NZA 1984, 33 = Betr 1984, 1687 = BB 1984, 1164; Bedenken hinsichtlich der Abdingbarkeit in einzelvertraglichen Regelungen: BAG Betr 1979, 1946 = BB 1979, 1401; zur Dauer der fortzahlungspflichtigen Verhinderung („verhältnismäßig nicht erhebliche Zeit"): BAG Betr 1970, 211.

83. Keine Unterbrechung des Urlaubes: BAG Betr 1966, 427 = BB 1966, 369.

84. Arztbesuch: BAG Betr 1963, 1541; Geburt (tarifliche Ausgestaltung): BAG Betr 1975, 1179; Zum Arztbesuch vgl. auch Brill, Arztbesuche während der Arbeitszeit, NZA 1984, 281; zuletzt BAG, NZA 1986, 524 = Betr 1986, 1631 = BB 1986, 1296.

85. Termin in eigener Sache: BAG NZA 1986, 784 = Betr 1986, 1980; nach LAG Hamm, BB 1972, 177 liegt eine fortzahlungspflichtige Verhinderung auch in der Wahrnehmung eines Gerichtstermins in eigener Sache, wenn das Gericht das persönliche Erscheinen angeordnet hat.
86. Vorführung des eigenen Kraftfahrzeuges zur technischen Überprüfung: BAG Betr 1961, 242.
87. Umzug: LAG Baden-Württemberg, Betr 1958, 140.
88. Teilnahme an gewerkschaftlicher Schulung für ehrenamtliche Richter keine fortzahlungspflichtige Verhinderung: BAG Betr 1983, 183 = BB 1982, 1612.
89. Krankes Kind: BAG Betr 1979, 1946 = BB 1979, 1401; Literatur: Sowka, Freistellungspflichten des Arbeitgebers zur Ermöglichung der Pflege eines kranken Kindes, RdA 1993, 34.
90. Goldene Hochzeit: BAG Betr 1974, 343 = BB 1974, 186, 557.
91. Glatteis: BAG Betr 1983, 395 und 397; zum Problem Arbeitsverhinderung/Betriebsrisiko bei Arbeitsausfall wegen Smog-Alarm: Ehmann, Das Lohnrisiko bei Smog-Alarm, NJW 1987, 401 und Richardi, Lohn oder Kurzarbeitergeld bei Smog-Alarm, NJW 1987, 1231; Dossow, Das Smog-Alarm-Risiko, BB 1988, 2455.
92. Zur Beweislast: BAG Betr 1972, 394 = BB 1972, 221 und BAG Betr 1979, 1994 = BB 1979, 1452.
93. Ähnlich vor Inkrafttreten des EFG: BAG Betr 1961, 1032 = BB 1961, 826 (Kur bei Privatversicherung).
94. Zur Rechtslage vor dem EFG: BGH 23.5. 1989, NJW 1989, 2062 (keine analoge Anwendung von § 4 I LohnFG); OLG Koblenz Betr 1994, 493 (Rechtsübergang und Mitverschulden des Arbeitnehmers); BSG Betr 1993, 1036 (Einfluß eines Abfindungsvergleiches des Arbeitnehmers).
95. LAG Berlin und LAG Frankfurt/Main, beide in BB 1970, 710 (unlauterer Wettbewerb); vgl. auch BGH Betr 1980, 634 und Betr 1960, 606.
96. BAG NZA 1988, 607 = BB 1988, 2246 (Arbeit im Urlaub).
97. BAG Betr 1958, 932 = BB 1958, 877 (Art.12 GG); Anspruch auf Genehmigung der Nebentätigkeit im öffentlichen Dienst: BAG AP Nr.1 zu § 7 BAT = RdA 1975, 205.
98. BAG Betr 1971, 581 = BB 1971, 397 und Betr 1977, 544 = BB 1977, 144; vgl. auch LAG Baden-Württemberg, BB 1970, 710, eine Entscheidung, in der ein wichtiger Kündigungsgrund zur sofortigen Auflösung des Arbeitsverhältnisses in der Nebentätigkeit eines Handlungsreisenden gesehen wurde.
99. BAG Betr 1977, 544 = BB 1977, 144 (Nebentätigkeit); zu Regelungen im öffentlichen Dienst LAG Hamm NZA 1996, 723; Literatur: Kempen/Kreuter, Nebentätigkeit und arbeitsrechtliches Wettbewerbsverbot bei verkürzter Arbeitszeit ArbuR 1994, 214.
100. BAG Betr 1982, 1729 = BB 1982, 1424 (Gehaltsfortzahlung).
101. BAG Betr 1973, 481 = BB 1973, 1396 (fristlose Kündigung wegen der Annahme von Schmiergeldern).
102. LAG Düsseldorf, BB 1963, 859 (Bestechung).
103. BAG Betr 1961, 982 = BB 1961, 826, 1127; BAG BB 1970, 883 und BAG Betr 1971, 1162 = BB 1971, 913 (Herausgabe von Schmiergeldern).
104. BAG Betr 1971, 1162 = BB 1971, 913. Zur Konkurrenz des Verfalles nach §§ 73, 73a StGB mit dem Herausgabeanspruch des Arbeitgebers vgl. Mayer, Kein Verfall von Schmiergeldern, NJW 1983, 1300; zum betriebsinternen „Schweigegeld" vgl. BAG Betr 1968, 1276 = BB 1968, 708.
105. LAG Berlin, BB 1970, 710 und LAG Frankfurt, BB 1967, 1168 (strafbare Handlungen des Arbeitgebers); BGH NJW 1981, 1089 = Betr 1981, 788 („Aufmacher"). Zum Begriff des Betriebsgeheimnisses BAG Betr 1982, 2247 = BB 1982, 1792, vgl. auch BAG NZA 1988, 63 = Betr 1987, 2526 = BB 1987, 2448; Personalangelegenheiten als Betriebsgeheimnis: BAG Betr 1988, 2589, LAG Hamburg Betr 1989, 1295; jedoch: VGH Baden-Württemberg BB 1994, 940.

106. LAG Köln, Betr 1983, 124 (Programmierer).
107. BAG NZA 1988, 502 = Betr 1988, 1020 = BB 1988, 980; BGH Betr 1983, 1761; vgl.
auch LAG Frankfurt, Betr 1970, 885 = BB 1970, 710 (keine nachvertragliche Geheimhaltungspflicht); Molkenbur, Pflicht zur Geheimniswahrung nach Ende des Arbeitsverhältnisses?, BB 1990, 1196.
108. BGH Betr 1983, 1761 (Kenntnisse durch Vertragsbruch).
109. BGH BB 1963, 248 „Industrieböden" und BGH GRUR 1964, 215 „Milchfahrer".
110. LAG Frankfurt, BB 1967, 1168; BGH NJW 1981, 1089 = Betr 1981, 788 („Aufmacher").
111. BAG Betr 1982, 2247 = BB 1982, 1792 (Betriebsgeheimnisse); LAG Hamm, Betr
1989, 783 f. (Schweigepflicht auch gegenüber dem Anwalt ist übermäßig).
112. BAG Betr 1959, 710 = BB 1959, 633 (Kundenanschriften).
113. BAG NZA 1988, 63 (§ 79 BetrVG); im einzelnen vgl. Wochner, Die Geheimhaltungspflicht nach § 79 BetrVG und ihr Verhältnis zum Privatrecht, insbesondere Arbeits-
vertragsrecht BB 1975, 1541.
114. LAG Bremen, BB 1977, 648; im einzelnen: Kilian, Verwendung und Weitergabe ar-
beitsmedizinischer Informationen im Großunternehmen, BB 1981, 985; Däubler,
Die Schweigepflicht des Betriebsarztes – ein Stück wirksamer Datenschutz?, BB
1989, 282.
115. Die Zulässigkeit einer Vertragsstrafeklausel bejahte das BAG z. B. in NZA 1984, 255
= Betr 1984, 2143 = BB 1984, 2268 und BAG NZA 1992, 215 = Betr 1992, 383; vgl.
auch LAG Berlin BB 1991, 1867 = Betr 1992, 744, LAG Baden-Württemberg, BB
1985, 1793. Zur Unwirksamkeit des § 124 b GewO: BAG NZA 1984, 228 = BB
1984, 1940. Zur Festsetzung durch das Gericht: BAG Betr 1981, 533 = BB 1981,
302; LAG Berlin, Betr 1980, 2342; zur Betriebsvereinbarung über Vertragsstrafen
vgl. BAG NZA 1992, 177 = BB 1992, 427; Vertragsstrafe in Formulararbeitsverträgen
LAG Köln Betr 1989, 2619; Vertragsstrafe und Unangreifbarkeit der fristlosen Kündigung LAG München BB 1991, 765; Vertragsstrafe bei nicht fristgerechtem Wechsel
des Arbeitsplatzes LAG Schleswig-Holstein Betr 1991, 975 und LAG Frankfurt BB
1991, 1196; zur Auslegung der Klausel „bei Vertragsbruch" BAG NZA 1992, 215
und ArbG Rheine BB 1991, 1125; kritische Literatur: Langheid, Vertragsstrafenver-
einbarung in Arbeitsverträgen, Betr 1980, 1219; Popp, Schadensersatz und Vertragsstrafe bei Arbeitsvertragsbruch, NZA 1988, 455; Stein, Arbeitsvertragsbruch
und formularmäßige Vertragsstrafe, BB 1985, 1402.
116. BAG GS NZA 1994, 1083 = Betr 1994, 2237 = BB 1994, 2205. Zur strafrechtlichen
Verantwortung leitender Angestellter BGH NStZ 1990, 588. Aus der umfangreichen
Literatur: Baumann, Die Haftung des Arbeitnehmers gegenüber Dritten, BB 1990,
1833; Denck, Zur betrieblichen Tätigkeit als Voraussetzung für die privilegierte Arbeitnehmerhaftung, Betr 1986, 590; Schaub, Die Haftung des Arbeitnehmers in
den beigetretenen Ländern, BB 1990, Beilage 38 zu Heft 32 S. 21; Wacke, Ursprung
der eingeschränkten Arbeitnehmerhaftung, RdA 1987, 321. Lipperheide, Arbeitnehmerhaftung zwischen Fortschritt und Rückschritt, BB 1993, 720; Altemann, Vor-
schlag für Neuregelungen zur Arbeitnehmerhaftung, AuA 1995, 269; Walker/Loh-
kemper, Die vorgeschlagene EG-Richtlinie über die Haftung bei Dienstleistungen
und ihre Bedeutung für Haftungsfragen im Arbeitsrecht RdA 1994, 105; zur Gesamt-
schuld bei Arbeitnehmerhaftung BAG NZA 1991, 13 = BB 1990, 1747; zur Berücksichtigung einer Betriebshaftpflichtversicherung bei der Schadensquotierung LAG
Köln, Betr 1992, 2093.
117. Zur Sonderstellung von Mitarbeitern in höheren Positionen vgl. z. B. BGH VersR
1985, 693; BGH VersR 1969, 474; BGH BB 1996, 1067 (Geschäftsführer im Anstellungsvertrag; BGH Betr 1994, 634 (keine Haftungserleichterung zu Lasten eines
außerhalb des Arbeitsverhältnisses stehenden Dritten); zum Problem der Haftungserleichterung für Leitende Angestellte Peifer, ZfA 1996, 77. Die deutschen Vermö-

gensschadens-Haftpflichtversicherer bieten keine Versicherungsverträge für das Risiko der Inanspruchnahme aus Fehlleistungen im privaten Arbeitsverhältnis an. Die vom Unternehmen abgeschlossene Betriebshaftpflicht versicherung erstreckt sich gem. § 151 Abs. 1 VVG auch dann, wenn nicht der Unternehmer als Versicherungsnehmer selbst nach §§ 278, 831 BGB, 7 StVG usw. für schadenstiftendes Verhalten eines Angestellten haftbar gemacht wird, sondern auch dann, wenn der Geschädigte seine Ansprüche direkt gegen den Angestellten richtet, auch auf den Angestellten. Die Betriebshaftpflichtversicherung kommt allen zugute, die im Rahmen betrieblichen Handelns schadensersatzpflichtig werden können. Die Versicherer sind in aller Regel bereit, den Versicherungsschutz über den im Gesetz genannten, wenn auch nicht abgegrenzten Kreis der „Vertreter" und „zur Leitung oder Beaufsichtigung des Betriebes oder eines Teiles des Betriebes" Angestellten hinaus zu erstrecken. Der Versicherungsschutz bezieht sich ohne besondere Vereinbarung nur auf Personen- und Sachschaden. Er kann aber durch besondere Vereinbarung auf die gesetzliche Haftpflicht wegen Vermögensschäden, die weder durch Personenschaden noch durch Sachschaden entstanden sind, erstreckt werden (§ 1 AHB).

118. LAG München, AnwBl 1988, 63 (Berufsanfänger).

119. BAG Betr 1970, 2226 = BB 1970, 1481 (Minderung der Vergütung); zur Haftung mehrerer Arbeitnehmer und zur Darlegungs- und Beweislast LAG Berlin, Betr 1990, 487: Aus neuerer Literatur: Kraft, Sanktionen im Arbeitsverhältnis, NZA 1989, 777.

120. BAG Betr 1971, 52 = BB 1971, 40; Benz, Die Haftung des betrieblichen Vorgesetzten im Bereich der Arbeitssicherheit und des Umweltschutzes, BB 1989, 2237; zur Verlustbeteiligung BAG NZA 1991, 264 = Betr 1991, 659; vgl. aber auch die in III 117 zitierte Rspr. des BGH.

121. Entscheidungen des 7. Senats vom 23. 3. 1983, Betr 1983, 1207 = BB 1983, 1603 (Haftung nur bei Vorsatz und grober Fahrlässigkeit). Einen Fall grober Fahrlässigkeit (Bauleiter) behandelt BAG Betr 1989, 1727; Übersicht über den Stand der Rechtsprechung im Vorlagebeschluß des Großen Senats des BAG vom 12. 6. 1992 NZA 1993, 547 = Betr 1993, 939 = BB 1993, 1009.

122. BGH BB 1991, 626 = Betr 1991, 1179 = NJW 1991, 1683; Entscheidungen des 8. Senats vom 24. 11. 1987, NZA 1988, 579 ff., 584 = Betr 1988, 1603, 1606. Vorlagebeschlüsse vom 12. 10. 1989 NZA 1990, 95 und 97 = Betr 1990, 47 und 48 = BB 1990, 64. Beschluß des 6. Zivilsenats des BGH vom 21. 9. 1993 mit modifizierter Zustimmung zum Vorlagebeschluß des Großen Senats des BAG in NZA 1994, 270; BAG GS B. v. 27. 9. 1994 NZA 1994, 1083. Entscheidungen nach dem Beschluß des GS: BAG NZA 1995, 565 = Betr 1995, 1179 = BB 1995, 1193, BAG U. v. 16. 2. 1995 BB 1995, 1193; BGH BB 1996, 1067 (Abwägung im Einzelfall). Literatur zur neueren Rechtsprechung: Ahrens, Arbeitnehmerhaftung bei betrieblich veranlaßter Tätigkeit Betr 1996, 934; Peifer, Neueste Entwicklung zu Fragen der Arbeitnehmerhaftung im Betrieb ZfA 1996, 69.

123. §§ 636, 637 RVO; hierzu zuletzt BAG NZA 1985, 789 = BB 1985, 2243 = Betr 1985, 2697; zum Umfang des Haftungsausschlusses BAG, Betr 1989, 2540 = NZA 1989, 795; BGH NJW 1990, 1361 = Betr 1990, 1185; LAG Hamm Betr 1990, 1572; BAG NZA 1993, 451 = Betr. 1993, 2136 (Betriebsbegriff i. S. v. § 637 RVO; LAG Köln NZA 1995, 470 (Haftungsprivileg § 636 RVO und Richtlinie 89/391 EWG, 89/655 EWG); OLG Köln BB 1995, 829 (Tätigwerden für Fremdfirma). Literatur: Boudon, Arbeitsunfall und sozialversicherungsrechtliche Haftungsbefreiung BB 1993, 2446.

124. BAG Betr 1989, 280 = BB 1989, 147; zum Freistellungsanspruch auch BAG Betr 1988, 1756 und BAG NZA 1989, 54 = BB 1989, 148; keine Haftungserleichterung zulasten außerhalb des Arbeitsverhältnisses stehender Dritter: BGH, NZA 1990, 100 = Betr 1989, 2215 = BB 1989, 2252; Literatur: Arens, Haftung des Arbeitnehmers, Bestandsaufnahme der Rechtsprechung des BAG nach der Entscheidung des 8. Se-

nats vom 24.11. 1987, BB 1988, 1596; Denck, Außenhaftung des Arbeitnehmers und Kaskoversicherungsschutz, BB 1986, 1568, ders., Enthaftung zu Lasten des Arbeitnehmers bei gestörtem Gesamtschuldnerausgleich, NZA 1988, 265; ders. Leasing und Arbeitnehmerhaftung, JZ 1990, 175; v. Hoyningen-Huene, Die Haftungseinschränkung des Arbeitnehmers, BB 1989 1889.

125. BAG BB 1989, 1410 = NZA 1989, 796 (keine Verpflichtung zum Abschluß einer Betriebshaftpflichtversicherung); a.A. LAG Köln NZA 1992, 1032; vgl. auch Sommer, NZA 1990, 837; Gärtner, Wechselwirkungen zwischen Haftung und Versicherung bei Kraftfahrzeugschäden BB 1993, 1454; Sieg, Versicherungsfragen zur Haftung von Arbeitnehmern und Organwaltern gegenüber den Geschäftspartnern ihres Unternehmens, BB 1996, 71.

126. Vgl. die Übersicht bei Mayer-Maly, Die Risikohaftung des Arbeitgebers für Eigenschäden des Arbeitnehmers, NZA Beilage Nr. 3/1991; zur Haftung für Vorgesetzte als Erfüllungsgehilfen LAG Frankfurt, BB 1991, 349.

127. BGH NJW 1971, 1409 = AP 1 zu § 4 ArNErfG (Dauer des rechtlichen Bestandes des Arbeitsverhältnisses); BGH Betr 1981, 577 = NJW 1981, 345 (Erfindung nach dem Ende des Arbeitsverhältnisses).

128. BAG Betr 1981, 1882 = BB 1982, 861 (Mitbestimmung bei Verbesserungsvorschlägen). Übersicht über die praktischen Probleme: Gaul, Die steuerliche und arbeitsrechtliche Behandlung von Erfindungen und Verbesserungsvorschlägen, BB 1988, 2098; zu speziellen Fragen: Sturm, Zur Angemessenheit von Arbeitnehmererfindungsvergütungen, Betr 1989, 1869; Zeller, Erstellung von Computerprogrammen durch den angestellten Urheber, BB 1989, 1545.

129. Eine vollständige Versorgungsregelung findet sich bei Kallmann in Münchner Vertragshandbuch, Band 4, erster Halbband, 3. Aufl. Ziff. IV 23. Aus der neueren Literatur: Höfer/Küpper, Betriebliche Altersversorgung bei Umwandlung von Tätigkeitsvergütungen, BB 1990, 849; Grabner/Bode, betriebliche Altersversorgung als flexibler Bestandteil der Gesamtvergütung Betr 1995, 1862; Groeger, Nochmals: Gehaltsumwandlungsversicherungen als betriebliche oder private Altersversorgung?, Betr 1992, 2086; Laux, Altersgrenzen im Arbeitsrecht, NZA 1991, 967; Simmich, Gehaltsumwandlungsversicherungen als betriebliche oder private Altersversorgung?, Betr 1992, 991; Steinmeyer, Die Gehaltsumwandlungsversicherung als betriebliche Altersversorgung, BB 1992, 1553; siehe auch unten Nr. 138 und Kemper/Kisters-Kölkes, Betriebliche Altersversorgung, Beck'sche Musterverträge Band 12, 1992. Zur Auslegung des Begriffes des ruhegeldfähigen Einkommens in einer Versorgungsordnung (Nichtberücksichtigung der Überlassung eines Pkw): BAG NZA 1991, 104 = Betr 1991, 343 = BB 1991, 278; zur Wirksamkeit einer Getrenntlebensklausel für die Witwenversorgung BAG NZA 1995, 1032 = Betr 1995, 1666. Zur Nichtanrechnung von Leistungen aus einer befreienden Lebensversicherung auf das Vorruhestandsgeld vgl. BAG Betr 1992, 1687 = BB 1992, 1565. Zur Anwendung des Fünften Vermögensbildungsgesetzes ab 1990 Schreiben des BDF vom 22.12. 1989, BB 1990, 262.

130. BAG Betr 1975, 1563 = BB 1975, 1113 und BAG Betr 1979, 304 = BB 1979, 273 (Gesamtzusage), BAG NZA 1994, 757 = Betr 1994, 539 (Zusage eines „Überbrückungsgeldes"), BAG NZA 1993, 991 (Gleichbehandlung geringfügig Beschäftigter), BAG NZA 1994, 125 (Außendienstmitarbeiter), BAG NZA 1994, 315 (Gruppenbildung bei Direktversicherung); BAG Betr 1987, 1877 und 994 (Gleichbehandlung); BAG Betr 1974, 1822 = BB 1974, 1165 (zulässige Differenzierung).

131. Die Verweisung ist im Zweifel als dynamische Verweisung auf die jeweils für die Arbeitnehmer des Betriebes geltende Betriebsvereinbarung (Versorgungsordnung) zu verstehen: BAG NZA 1992, 1052 = Betr 1992, 1051.

132. BAG Betr 1970, 1393 = BB 1970, 1097 (keine stillschweigende Änderungszustimmung), BAG NZA 1994, 757 (keine nachträgliche Anrechnung anderweitiger Versor-

gungsleistungen), BAG NZA 1994, 807 (Änderung einer tariflichen Versorgungsordnung).

133. Zu den Modalitäten der „ablösenden" Betriebsvereinbarung vgl. BAG (Großer Senat) NZA 1987, 186 = Betr 1987, 383.

134. BAG Betr 1978, 545 = BB 1978, 450 (mildestes Mittel); im übrigen vgl. BVerfG Betr 1987, 638 zu den Voraussetzungen eines Widerrufs; LAG Frankfurt, Betr 1989, 432 (Widerruf bei Treuebruch); LAG Hamm, Betr 1989, 787 (Widerruf bei nachvertraglicher Konkurrenztätigkeit) und 931 (Teilwiderruf); BAG NZA 1987, 199 = Betr 1987, 53 = BB 1987, 199 (Eingriffe durch Sozialplan); BAG NZA 1987, 200 = Betr 1987, 691 (zeitanteilige Kürzung bei flexibler Altersgrenze und fehlender individueller Regelung); Leistungsfreiheit des Unterstützungsvereins bei Beendigung von Ansprüchen gegen Trägerunternehmen LAG Frankfurt, NZA 1989, 638; Widerruf von Zusagen einer Unterstützungskasse BAG Betr 1989, 1876 = NZA 1989, 845; Widerruf des Bezugsrechtes aus einem Lebensversicherungsvertrag – Schadenersatz BAG, NZA 1988, 159 = Betr 1988, 507; widerrufliches Bezugsrecht eines Lebensversicherungsvertrages im Konkurs des Arbeitgebers BAG NZA 1996, 36; Widerruf wegen wirtschaftlicher Notlage BAG NZA 1993, 941/942 = Betr 1993, 1927 = BB 1993, 2090. Literatur: Dieterich, Die jüngste Rechtsprechung des BAG zur Anpassung und Kürzung von Betriebsrenten, NZA 1986, 41; Rose, Der Schutz Leitender Angestellter und der Organmitglieder juristischer Personen nach dem Betriebsrentengesetz (Treuwidrigkeitsmaßstab) Betr 1993, 1286; Willemsen, Aufhebung und Änderung von Versorgungszusagen aus Anlaß eines Betriebsübergangs, RdA 1987, 327. Zum Widerruf einer Vorruhestandsvereinbarung vgl. LAG München, BB 1989, 293.

135. BAG NZA 1986, 519 = BB 1986, 531 (Abfindung einer Anwartschaft); BAG NZA 1986, 95 = Betr 1985, 1949 = BB 1985, 1603 (Abfindung im gerichtlichen Vergleich); BAG Betr 1988, 656 = BB 1988, 831 (Abfindung); LAG Köln, NZA 1986, 718 (Verzicht bei Ausscheiden); BAG Betr 1986, 1779 = BB 1986, 1644 (Verzicht bei Betriebsübergang, § 613 a BGB); zur Haftung des Betriebsnachfolgers für alle Formen der betrieblichen Altersversorgung zuletzt BAG Betr 1989, 1526 = NZA 1989, 679; Nägele, Die Wettbewerbsabrede beim Betriebsinhaberwechsel, BB 1989, 1480.

136. Befreiende Lebensversicherung und Vorruhestand BAG NZA 1993, 185 = Betr 1993, 543; Tatbestandsvoraussetzungen der Direktversicherung i. S. v. § 1 Abs. 2 S. 1 BetrAVG BAG Betr 1993, 490 = NZA 1993, 25; BAG NZA 1994, 507 = Betr 1993, 2538 = BB 1994, 73 (Unverfallbarkeit bei Direktversicherung nach Gehaltsumwandlung; BAG NZA 1994, 315 = Betr 1994, 739 = BB 1994, 222 (Gruppenbildung bei Direktversicherung). Literatur: Blomeyer, Direktversicherung durch Gehaltsumwandlung Betr 1994, 882.

137. BAG BB 1988, 837 (zwei Entscheidungen) = Betr 1988, 654 und 655; LAG München, BB 1988, 837; BAG NZA 1991, 144 und AP 14 zu § 1 BetrAVG Lebensversicherung: Auch die Versicherung durch Gehaltsumwandlung ist insolvenzgeschützt; BAG NZA 1993, 843 = Betr 1994, 325 = BB 1993, 943: kein Insolvenzschutz für Nachteile aus unterlassener Beitragszahlung; BAG NZA 1993, 316 = BB 1993, 866: Haftung für Versorgungsansprüche im Konzern; BAG NZA 1993, 455 = Betr. 1993, 987 = BB 1993, 368: Konkurs des Arbeitgebers bei Altersversorgung über eine Unterstützungskasse; BAG NZA 1996, 36 = BB 1995, 2663, BAG Betr 1996, 1240 = BB 1996, 1176: kein Insolvenzschutz bei widerruflichem Bezugsrecht, Bestätigung der bisherigen Rspr.; BAG NZA 1996, 880 = Betr 1996, 1240: Insolvenzschutz bei unwiderruflichem Bezugsrecht mit Beleihungsvorbehalt; zur Haftung für Versorgungsansprüche im Konzern BAG NZA 1993, 316 = BB 1993, 866 und 2383 (zur Haftung im Konzern schon BAG BB 1978, 1118 = AP 2 zu § 13 GmbHG); Literatur: Berenz, Gleichbehandlung und Altersgrenze in der betrieblichen Altersversorgung, BB 1996, 530; Gareis, Zum Verbot der Kündigung einer widerruflichen Direktversicherung durch den Konkursverwalter, BB 1987, 2157; Kemper, Liquidation und betrieb-

liche Altersversorgung, Betr 1995, 373; Langohr-Plato, Die Direktversicherung in der aktuellen Entwicklung des Insolvenzrechts, Betr 1994, 325.

138. Anhebung der Beiträge zur Direktversicherung ab 1996 BMF Schreiben vom 12.12. 1995 NZA 1996, 246; zum Begriff der Jahresprämie i.S.v. § 4d Abs.1 Nr.1c EStG vgl. Langohr-Plato, Betr 1992, 504; zur Krankenversicherungsbeitragspflicht aus Versorgungsbezügen BB 1992, 2082. Literatur: Heubeck, Reform der gesetzlichen Rentenversicherung – Eine Herausforderung für die betriebliche Altersversorgung, BB 1989, 709; Hill/Klein, Verwirklichung der Gleichberechtigung in der betrieblichen Hinterbliebenenversorgung, BB 1989, 837; Giloy, Barlohnumwandlung zur Vermögensbildung und Zukunftssicherung aus lohnsteuerlicher Sicht, Finanz-Rundschau 1985, 365; König/Labsch, Betriebliche Altersversorgung für mitarbeitende Ehegatten, Betr Beilage Nr.15/1989, S.3; Rhiel, Finanzielle Auswirkungen der neuen Regelungen über den Versorgungsausgleich in der betrieblichen Altersversorgung, NZA 1988, 347; Schließmann, Geschlechtsspezifische Differenzierung der Altersgrenzen bei der betrieblichen Altersversorgung, BB 1990, 413; Weiher, Flexible fondsgebundene Lebensversicherung, Betr Beilage Nr.15/1989, S.10; Marburger, Der Vorruhestand und seine Auswirkungen auf die Sozialversicherung, BB 1996, 586; Worzalla; Arbeitsrechtliche Aspekte des Übergangs in die Teilrente, NZA 1993, 588; Diller, Das neue Altersteilzeitgesetz, NZA 1996, 847.

139. LAG Hamm, Betr 1974, 1532, vgl. aber BAG NZA 1985, 429 = Betr 1985, 709 = BB 1985, 1134 (fest verbundene Anlage zum Vertrag); LAG Nürnberg NZA 1995, 532 (Aushändigung der Urkunde). Literatur: Bengelsdorf, Der Anspruch auf Karenzentschädigung – Entstehung, Verjährung, Verfall – Betr 1985, 1585; ders., Das örtlich zuständige Gericht bei Streitigkeiten aus einem nachvertraglichen Wettbewerbsverbot, Betr 1992, 1340; Gaul, die Kennzeichnung des unerlaubten Wettbewerbs bei arbeitsrechtlichen Wettbewerbsbeschränkungen, BB 1984, 356; ders., Neues zum nachvertraglichen Wettbewerbsverbot, Betr 1995, 874; Grunsky, Voraussetzungen einer Entschädigungszusage nach § 74 II HGB, NZA 1988, 713.

140. Das Arbeitslosengeld wird zwar auf die Karenzentschädigung angerechnet, aber nur im Rahmen der Anrechnungsgrenzen (Anm.5); § 128a AFG gilt nur für Wettbewerbsvereinbarungen, die nach dem 31.12. 1981 getroffen wurden und nicht für nach Beendigung des Arbeitsverhältnisses vereinbarte Wettbewerbsverbote (SG Würzburg NZA 1987, 327). Literatur: Beise, Die Pflicht des Arbeitgebers zur Erstattung von Arbeitslosengeld bei nachvertraglicher Wettbewerbsabrede, Betr 1987, 1251.

141. BAG Betr 1968, 985 = BB 1968, 504; BAG NZA 1988, 502 = Betr 1988, 1020 = BB 1988, 980 (kein Konkurrenzverbot aus nachwirkender Treuepflicht); BAG NZA 1987, 813 = Betr 1987, 2417 = BB 1987, 2023 (Wirkung der Wettbewerbsabrede bei Nichtantritt des Arbeitsverhältnisses). Zur nachvertraglichen Schweigepflicht: LAG Hamm Betr 1986, 2087; BAG NZA 1988, 502 = Betr 1988, 1020 = BB 1988, 980; BAG NZA 1994, 502 = Betr 1994, 887 = BB 1984, 1078.

142. LAG Frankfurt BB 1967, 1168. Zum Schutz des früheren Arbeitgebers durch gesetzliche Bestimmungen vgl. BGH BB 1963, 248 („Industrieböden") und BGH GRUR 1964, 215 („Milchfahrer").

143. BAG Betr 1970, 257 = BB 1970, 395. Analoge Anwendung auch auf Organvertreter: OLG Frankfurt Betr 1973, 139; LAG Hamburg BB 1969, 362 mit Hinweis auf BAG Betr 1961, 103 = BB 1961, 47 (Karenzentschädigung auch für Hochbesoldete im Sinne von § 75b HGB). Zur Geltung eines Wettbewerbsverbotes bei Vertragsbruch vor Arbeitsaufnahme BAG NZA 1987, 813 = Betr 1987, 2417 = BB 1987, 2023 (ähnlich in anderem Zusammenhang BAG Betr 1984, 298 = BB 1984, 533 Leitsatz 3 und B I 2 d.Gr.); im Zweifel keine Gültigkeit bei Kündigung vor Arbeitsaufnahme BAG Betr 1992, 2300 = NZA 1992, 976.

144. BAG Betr 1968, 577 = BB 1968, 379 und BAG Betr 1977, 260: Der Grund unterlassener Konkurrenztätigkeit oder geringeren Verdienstes ist irrelevant, Ausnahme

Böswilligkeit und Verbüßung einer Freiheitsstrafe; zum Anspruch auf Karenzentschädigung bei Aufnahme eines Studiums zuletzt BAG NZA 1996, 1039 = Betr 1996, 1527. Kein Wegfall des Anspruchs auf Karenzentschädigung bei Zurruhesetzung BAG NZA 1991, 308 = BB 1991, 770. Es kann aber wohl vereinbart werden, daß das Wettbewerbsverbot mit dem Ruhestand des Angestellten außer Kraft tritt (BAG NZA 1985, 429 = Betr 1985, 709 = BB 1985, 1134).

145. Eindeutige Formulierung der Verpflichtung zur Zahlung der Karenzentschädigung erforderlich: BAG NZA 1996, 700 = BB 1996, 962; Abfindung ist keine Karenzentschädigung: BAG NZA 1995, 72 = Betr 1995, 50 = BB 1994, 2282; Berechnung der Höhe der Karenzentschädigung: BAG Betr 1966, 1813 = BB 1966, 1310 (außertarifliche Zulage); BAG Betr 1967, 1415 = BB 1967, 959 (noch nicht fällige Ansprüche, stark modifiziert durch BAG NZA 1990, 519 = Betr 1990, 941 = BB 1990, 927, 1135 Tantieme); BAG Betr 1972, 830 = BB 1972, 1094 (Sondervergütung unter Ausschluß eines Rechtsanspruchs); BAG Betr 1974, 484 = BB 1974, 277 (für die Berechnung der Karenzentschädigung sind dieselben Bestandteile maßgeblich wie für die Anrechnung nach § 74 c HGB, hier Gratifikationen); BAG Betr 1977, 260 (13. Gehalt, Gratifikation); BAG Betr 1982, 1227 = BB 1982, 2252 (keine Einbeziehung freiwilliger Krankenkassenbeiträge und Beiträge zu ersetzenden Lebensversicherungen); nach LAG Baden-Württemberg U. v. 17. 1. 1991, 11 Sa 61/90, ist der Wert der Privatnutzung eines Dienstwagens in Höhe der dem Arbeitgeber entstehenden Kosten zu berücksichtigen (vgl. aber LAG Rheinland-Pfalz, LAGE § 249 BGB Nr. 4 zum Schadenersatz); Bengelsdorf, Berücksichtigung von Vergütungen für Arbeitnehmererfindungen und Verbesserungsvorschläge bei der Karenzentschädigung gem. § 74 Abs. 2 HGB?, Betr 1989, 1024.

146. BAG Betr 1982, 1471 = BB 1982, 1301; BAG NZA 1986, 329 = Betr 1986, 334 = BB 1986, 198; BAG NZA 1989, 142 = Betr 1988, 1959 (Anrechnungsgrenze 125 % bei Wohnsitzwechsel); BAG NZA 1995, 631 (zur Ursächlichkeit des Wettbewerbsverbotes für den Ortswechsel). S. im übrigen Fn. 145.

147. Kein böswilliges Unterlassen: BAG Betr 1976, 439 = BB 1976, 288 und BAG NZA 1988, 130 = Betr 1988, 238 = BB 1988, 140 (selbständige Tätigkeit mit geringem Anfangseinkommen); BAG Betr 1996, 1527 = NZA 1996, 1039 (Studium); Bengelsdorf, Karenzentschädigung und Studium, BB 1983, 905; BAG Betr 1977, 260 = NJW 1977, 775 und BAG NZA 1991, 308 = BB 1991, 770 (Ablehnung eines Weiterbeschäftigungsangebotes des bisherigen Arbeitgebers).

148. BAG NZA 1985, 429 = Betr 1985, 709 = BB 1985, 1134 (gesetzliche Renten); LAG Düsseldorf, NZA 1989, 473 = Betr 1989, 987 = BB 1989, 986 (Arbeitslosengeld); BAG NZA 1986, 194 = Betr 1986, 127 = BB 1986, 134 (Arbeitslosengeld); BAG NZA 1985, 809 = Betr 1985, 2053 = BB 1985, 1467 (die Vereinbarung der Anrechnung von Karenzentschädigung auf eine Betriebsrente ist zulässig; ob eine Betriebsrente nach § 74 c HGB auf die Karenzentschädigung anzurechnen ist, erscheint zweifelhaft, BAG NZA 1990, 397 = Betr 1990, 889 = BB 1990, 854 (Übergangsgeld nach AVG); s. im übrigen Fn. 145 und 146.

149. Neuere Entscheidungen zur Unverbindlichkeit: BAG Betr 1986, 1476 = BB 1986, 1156 (Abhängigkeit von der Zustimmung des Arbeitgebers); BAG NZA 1989, 467 = BB 1989, 984 und LAG München, NZA 1987, 600 (Vorbehalt des Arbeitgebers zur Genehmigung einer Konkurrenztätigkeit bei Weiterzahlung der Karenzentschädigung führt nicht zur Unverbindlichkeit); BAG NZA 1986, 568 = Betr 1986, 1829 = BB 1986, 1920 (teilweise Unverbindlichkeit eines Wettbewerbsverbotes nur für bestimmte Kündigungsfälle); LAG Frankfurt Betr 1991, 709 (Unverbindlichkeit bei Bezugnahme auf die Monatsvergütung statt auf die Jahresvergütung); BAG BB 1991, 625.

Berufung auf die Unverbindlichkeit: BAG NZA 1987, 592 = Betr 1987, 2047 = BB 1987, 2166 (Erklärung zu Beginn, vorläufige Maßnahmen bei Unklarheit über die Beendigung des Arbeitsverhältnisses); BAG NZA 1986, 828 = Betr 1986, 2288 = BB 1986, 1920 (Erklärung zu Beginn auch im Falle der Unverbindlichkeit durch Vorbehalt der Auferlegung eines Wettbewerbsverbotes; BAG Betr 1982, 2406 = BB 1983, 1347 (es ist zulässig, die Wettbewerbsabrede davon abhängig zu machen, daß in der Probezeit nicht gekündigt wird).

150. BAG Betr 1968, 1138 = BB 1968, 504 (Zurückführung auf das zulässige Maß); BAG NZA 1996, 310 = Betr 1996, 481 = BB 1996, 379 (Unverbindlichkeit wegen fehlendem berechtigten geschäftlichen Interesse). Literatur: Bauer/Diller, Karenzentschädigung und bedingte Wettbewerbsverbote bei Organmitgliedern, BB 1995, 1134.

151. BAG NZA 1989, 797 = BB 1989, 1124 (mündliche Änderung trotz Schriftformabrede); BAG Betr 1982, 907 = BB 1982, 861 (Ausgleichsquittung enthält im Zweifel keinen Verzicht auf Rechte aus einer nachvertraglichen Wettbewerbsabrede); LAG Baden-Württemberg NZA-RR 1996, 163 = Betr 1996, 434 (einvernehmliche Aufhebung des Arbeitsvertrages beinhaltet nicht ohne weiteres auch die Aufhebung eines Wettbewerbsverbotes).

152. BAG Betr 1965, 1822 = BB 1965, 1455 und BAG NZA 1987, 453 = Betr 1987, 1444 = BB 1987, 1390 (entscheidend, ob ein wichtiger Grund zur außerordentlichen Kündigung tatsächlich vorliegt); BAG Betr 1977, 1143 = BB 1977, 847 (Ersatz des verfassungswidrigen § 75 Abs. 3 HGB durch entsprechende Anwendung von § 75 Abs. 1 HGB auf beide Partner); LAG Hamm Betr 1995, 1871 (Lösung des Arbeitnehmers nach § 326 BGB bei Verzug des Arbeitgebers).

153. BAG Betr 1973, 1130 = BB 1973, 659, 801 (für einen Zeitraum Vertragsstrafe, für einen weiteren Zeitraum Erfüllung); BAG Betr 1971, 1673 = BB 1971, 1103 (Frage der Vertragsauslegung, ob die Vertragsstrafe auch bei nur zeitweisem Verstoß gefordert werden kann). Zur Frage der Vereinbarung von Vertragsstrafen durch Betriebsvereinbarung BAG NZA 1992, 177 = AuR 1991, 314. Literatur: Heinze, Konventionalstrafe und andere Sanktionsmöglichkeiten im arbeitsrechtlichen Praxis, NZA 1994, 244; Bauer/Diller, Indirekte Wettbewerbsverbote, Betr 1995, 426.

154. BAG Betr 1963, 1232 = BB 1963, 938 und BB 1963, 1018, BAG NZA 1996, 29 = Betr 1996, 97 (Kündigung entbehrlich bei Wegfall der Geschäftsgrundlage).

155. Im konkreten Fall wird dann allerdings zu prüfen sein, ob es sich überhaupt um ein Arbeitsverhältnis und nicht um einen freien Dienstvertrag oder einen Werkvertrag handelt. Über den Rechtsstatus und die Wirksamkeit einer Befristung kann gleichzeitig prozessiert werden (BAG NZA 1986, 820 = Betr 1986, 2444).

156. BAG Betr 1980, 2246 = BB 1980, 1692 (auflösende Bedingung; in einer Entscheidung vom 9. 7. 1981, Betr 1983, 121 = BB 1982, 368 teilt der 2. Senat im Leitsatz Nr. 3 mit, es werde erwogen, die Wirksamkeit auflösender Bedingungen künftig nicht mehr nach den für Befristungen geltenden Grundsätzen zu bestimmen, sondern grundsätzlich für unzulässig zu erachten, sofern sie nicht vornehmlich den Interessen des Arbeitnehmers dienen oder ihr Eintritt allein vom Willen des Arbeitnehmers abhängt). Der 7. Senat läßt eine auflösende Bedingung grundsätzlich zu, jedoch mit den Einschränkungen wie bei der Befristung (BAG NZA 1992, 838 = Betr 1992, 948); zum Vorbehalt gesundheitlicher Eignung LAG Berlin Betr 1990, 2223 und Hess. LAG Betr 1995, 1617; BAG Betr 1996, 891 = BB 1996, 1441 (Beendigung durch auflösende Bedingung); BAG NZA 1996, 642 (Befristungskontrolle bei Arbeitsbeschaffungsmaßnahme trotz dauernden Bedarfs); siehe auch die Hinweise 157 und 158. Über den Rücktrittsvorbehalt mußte, soweit ersichtlich bisher nicht entschieden werden. Er wird in der Literatur allenfalls insoweit zugelassen, als der Rücktritt vor tatsächlichem Beginn des Arbeitsverhältnisses erklärt wird. Bauschke, Die Beendigung des Arbeitsverhältnisses durch auflösende Bedingung oder Zweckbefristung, BB 1993, 2523; vgl. auch Anm. 2 Befristung.

157. BAG Betr 1979, 1991 = BB 1979, 1557 (leitender Angestellter i. S. v. § 14 Abs. 2 KSchG, Befristung bei Abfindungsregelung, keine Dreiwochenfrist).

158. Kündigung im befristeten Arbeitsverhältnis BAG, Betr 1980, 2246 = BB 1980, 1692. Beispiele befristeter Arbeitsverhältnisse aus neuerer Rechtsprechung: LAG Frankfurt Betr 1988, 816 (Erprobung); BAG NZA 1988, 279 = Betr 1988, 1024 = BB 1988, 630 (öffentlicher Dienst, kw-Vermerk); BAG NZA 1988, 280 = Betr 1987, 2210 (wissenschaftlicher Mitarbeiter, Drittmittelfinanzierung); BAG NZA 1988, 283 (Wahrnehmung von Daueraufgaben); LAG Hamm NZA 1983 (mehrere hintereinander geschaltete Befristungen); BAG NZA 1988, 392 = BB 1988, 1122 (Weiterbildung); LAG Mainz Betr 1988, 1122 (Teilbefristung). Zur Beweislast hinsichtlich der Befristung LAG Köln Betr 1988, 1607; zur Wirksamkeit einer ABM-Befristung ArbG Wetzlar Betr 1990, 1288; Inaussichtstellen einer Vertragsverlängerung LAG Köln Betr 1990, 1288; zur Befristungskontrolle bei Änderung eines bereits laufenden befristeten Arbeitsvertrages BAG NZA 1990, 744 = BB 1990, 1416; Literatur: Koch, Die Rechtsprechung des Bundesarbeitsgerichts zur Zulässigkeit befristeter Arbeitsverhältnisse, NZA 1985, 345; Salje, Der unbefristet befristete Arbeitsvertrag, Betr 1993, 1469; Zuck, Können Chefarztverträge befristet werden? NZA 1994, 961.
Zur Verwirkung der Klagebefugnis BAG Betr 1980, 1498.
BAG Betr 1989, 1728 = BB 1989, 1823 und LAG Hamm BB 1991, 1865: Verpflichtung des Arbeitgebers, einen befristeten Arbeitsvertrag auf unbestimmte Zeit fortzusetzen.

159. LAG Hamm Betr 1989, 1191 (einseitige Kündigungsausschlußklausel).

160. Wirkungsbereich einer Vertragsstrafe für den Fall des Vertragsbruchs BAG NZA 1992, 215 = BB 1992, 144; LAG Berlin Betr 1980, 2342 (Vertragsstrafe); BAG, Betr 1984, 2143 = BB 1984, 268 und ArbG Oldenburg BB 1991, 415 (Vertragsstrafe bei Kündigung vor Dienstantritt); LAG Baden-Württemberg, BB 1985, 1793 (Arbeitsvertragsbruch und formularmäßige Vertragsstrafe); LAG Köln, Betr 1989, 2619 (keine Rückführung der Vertragsstrafe auf billigenswerte Höhe); Stein, Arbeitsvertragsbruch und formularmäßige Vertragsstrafe, BB 1985, 1402.

161. Zu Formnichtigkeit und Anfechtung der Kündigung: Bock, Die Unwirksamkeit der Arbeitnehmerkündigung ArbuR 1994, 262. Zum Fragerecht des Arbeitgebers und zur Offenbarungspflicht des Arbeitnehmers: Moritz, NZA 1987, 329, Wohlgemuth, AuR 1992, 46; Sowka, Die Frage nach der Schwangerschaft NZA 1994, 967; Zeller, BB 1991, 1124, LAG Berlin Betr 1990, 2223, LAG Düsseldorf NZA 1991, 674 = BB 1991, 1197, BAG NZA 1991, 719 = Betr 1991, 1934 = BB 1991, 2014. BAG Betr 1980, 739 = BB 1980, 834 (unverzügliche Anfechtung wegen Irrtums); BAG Betr 1984, 298 = BB 1984, 533 (Anfechtung nach § 123 BGB); LAG Frankfurt BB 1984, 1555 (Fristbeginn).

162. BAG Betr 1970, 1788, 1789 = BB 1970, 1134 (Teilanfechtung); Unzulässigkeit der Frage nach einer Schwangerschaft BAG Betr 1993, 435 = NZA 1993, 257; Zulässigkeit der Frage nach der Schwangerschaft jedoch: BAG NZA 1993, 933 = Betr 1993, 1978 = BB 1993, 2085: Anfechtung wegen verschwiegener Schwerbehinderteneigenschaft: BAG NZA 1996, 371 = Betr 1996, 580; Anfechtung wegen verschwiegener Teilnahme an Entziehungstherapie: LAG Köln Betr 1996, 892; Auskunftspflicht des Arbeitnehmers auch nach der Einstellung: BAG ArbuR 1996, 112.

163. LAG Frankfurt Betr 1981, 752 (rückwirkende Anfechtung); BAG NZA 1985, 58 = Betr 1985, 2099 = BB 1985, 197 (Rückwirkung bei Außerfunktionsetzung); BAG Betr 1983, 2780 (grundsätzlich Wirkung erst ab Zugang).

164. BAG Betr 1980, 1450 = BB 1980, 1213, BAG Betr 1983, 1602 = BB 1983, 1727 und LAG Frankfurt, BB 1984, 1555 (Anfechtung der eigenen Kündigung wegen Drohung); BAG Betr 1983, 1602 = BB 1983, 1727 (Anfechtung der eigenen Kündigung wegen Drohung und Täuschung); LAG München Betr 1988, 1607 (Anfechtung einer erzwungenen Arbeitnehmerkündigung); Anfechtung eines Aufhebungsvertrages wegen Drohung: BAG NZA 1987, 91.
Beispiele aus der neueren Rechtsprechung: BAG NZA 1988, 734 = Betr 1988, 1704 = BB 1988, 1823 (Irrtumsanfechtung eines Anschlußvertrages); BAG NZA 1989,

178 = Betr 1989, 585 = BB 1989, 556; BAG NZA 1986, 739 = Betr 1986, 2413 = BB 1986, 1852 (Täuschungsanfechtung, Pflicht zur Offenbarung einer Schwangerschaft); ArbG Münster Betr 1988, 2209 (Verschweigen von Vorstrafen) BAG NZA 1986, 635 = Betr 1986, 2238 = BB 1986, 1643 (Verschweigen einer Schwerbehinderung oder Gleichstellung). Vgl. auch die Hinweise oben III 162 und 163.

Die Anfechtung des Arbeitsvertrages wegen arglistiger Täuschung kann gegen Treu und Glauben verstoßen und daher nach § 242 BGB unwirksam sein, wenn der Anfechtungsgrund im Zeitpunkt der Anfechtungserklärung seine Bedeutung für die weitere Durchführung des Arbeitsverhältnisses bereits verloren hatte (BAG NZA 1988, 731 = Betr 1988, 815 = BB 1988, 632).

165. BAG Betr 1971, 1922 = BB 1971, 1282 (Probearbeitsverhältnis bedeutet Mindestkündigungsfrist).

166. BAG NZA 1989, 852 = Betr 1989, 1575; BAG Betr 1979, 314 = BB 1979, 322, BAG Betr 1979, 313 = BB 1979, 323 und BAG Betr 1979, 1135, 1136 = BB 1979, 1094 (Anhörung des Betriebsrates bei Kündigung in der Probezeit); BAG Betr 1977, 1852 = BB 1977, 1351 (Mitteilungspflicht nach § 105 BetrVG bei leitenden Angestellten). Zu prüfen ist aber, ob der Angestellte in der Probezeit tatsächlich schon die Befugnisse hat, die ihn zum leitenden machen. Zur Mitwirkung des Sprecherausschusses bei leitenden Angestellten Bauer, BB 1991, 274.

167. BAG Betr 1971, 54 = BB 1971, 40; BAG NZA 1992, 543 = Betr 1992, 949 (Fünfjahresvertrag mit Verlängerungsklausel).

168. BAG NZA 1986, 229 = Betr 1985, 2255 = BB 1985, 2047 (Wirkung der Kündigung zum nächstzulässigen Termin). Zur Neufassung des § 622 BGB Preis, Das neue Kündigungsfristengesetz, Betr 1993, 2125.

169. BAG NZA 1993, 307 = Betr 1993, 541 = BB 1993, 222 (Kündigung durch den Leiter der Personalabteilung); BAG Betr 1970, 1134 = BB 1970, 755 (keine Anwendung von § 193 BGB bei Kündigungen von Arbeitsverhältnissen).

170. BAG Betr 1976, 1018 = BB 1976, 96 (Zugang an Vermieter); BAG Betr 1977, 546 = BB 1977, 298 (Zugang an qualifizierten Angestellten); vgl. aber LAG Frankfurt BB 1981, 1469; BAG Betr 1962, 1542 = BB 1962, 1331 und 1963, 142 (Unterlassen des Abholens eines Einschreibebriefes kann zum Einwand des Rechtsmißbrauches führen); BAG Betr 1984, 1202 = BB 1984, 855 (Zugang per Einwurf in den Briefkasten); BAG NZA 1986, 640 = BB 1986, 2336 (Unterlassene Abholung eines Einschreibens – Treu und Glauben); LAG Bremen, NZA 1988, 548 = Betr 1988, 814 (Zugang an Lebensgefährtin); BAG NZA 1989, 635 = Betr 1989, 2619 und LAG München, Betr 1988, 1609 = BB 1988, 1464 (Zugang bei Haft); LAG Düsseldorf Betr 1978, 752 (Postzustellungsurkunde §§ 132 Abs. 1 BGB, 167, 169–173, 180, 181, 193–195 ZPO); BAG Betr 1977, 639 = BB 1977, 396 (Vereinbarung „Datum der Aufgabe"); BAG NZA 1988, 875 = Betr 1988, 2415 = BB 1989, 150 (Zugang im Urlaub); vgl. aber LAG Hamm Betr 1988, 1123. Hierzu neuere Literatur: Popp, Zugang der Kündigung des Arbeitsverhältnisses bei Urlaub des Gekündigten, Betr 1989, 1133; Annahmeverweigerung durch Empfangsboten BAG BB 1993, 1290 = Betr 1993, 487 = NZA 1993, 259 und 1094 (Herbert).

171. BAG Betr 1986, 1588 = BB 1988, 1042 (Potestativbedingung).

172. Ruhendes und wiederauflebendes Arbeitsverhältnis des Geschäftsführers: BAG NZA 1986, 792 = Betr 1986, 1474 = BB 1986, 1579 (Kündigung nach Abberufung); BAG NZA 1987, 845 = Betr 1987, 2659 = BB 1988, 208 (Kündigung gleichzeitig mit der Abberufung); neuere Literatur: Schwab, Das Dienstverhältnis des GmbH-Geschäftsführers insbesondere unter arbeitsrechtlichen Aspekten, NZA 1987, 839; Schaub, Personalabbau im Betrieb und neueste Rspr. zum Kündigungsschutzrecht, insbes. zur betriebsbedingten Kündigung BB 1993, 1089; Bauer, Aktuelle Probleme des Personalabbaus im Rahmen von Betriebsänderungen Betr 1994, 217 und 274; ders., Taktische Erwägungen und Möglichkeiten im Zusammenhang mit § 12

KSchG, BB 1993, 2444; Holthöwer, Die Beendigung des Arbeitsverhältnisses mit älteren Arbeitnehmern, Betr 1995, 1074.

173. Zum leitenden Angestellten i. S. v. § 14 Abs. 2 KSchG vgl. oben I, S. 3; zur Mitwirkung des Betriebsrates oben I, S. 5, neuere Literatur: Oetker, Die Anhörung des Betriebsrates vor Kündigungen und die Darlegungs- und Beweislast im Kündigungsschutzprozeß, BB 1989, 417; Reinecke, Beweisfragen im Kündigungsschutzprozeß, NZA 1989, 577; zur Kündigungsbeschränkung durch eine „Abfindungsklausel": BAG NZA 1990, 147 = Betr 1990, 434; zu Verfahrensfragen bei beiderseitigem Auflösungsantrag im Prozeß: BAG NZA 1994, 264 = Betr 1993, 2539.

174. BAG NZA 1989, 633 = BB 1989, 1438 (In der Abmahnung liegt der Verzicht auf eine Kündigung); BAG NZA 1989, 272 = Betr 1989, 284 (Abmahnung nach Kündigungsschutzprozeß); LAG Frankfurt, NZA 1989, 513 und ArbG Passau = BB 1988, 630 (Rücknahme der Abmahnung und Entfernung aus der Personalakte); neuere Literatur: Falkenberg, Die Abmahnung, NZA 1988, 489; Heinze, Zur Abgrenzung von Betriebsbuße und Abmahnung, NZA 1990, 169; Tschöpe, Formelle und prozessuale Probleme der Abmahnung, NZA 1990 Beilage Nr. 2 zu Heft 18 S. 10; Becker-Schaffner, Die Abmahnung in der Praxis BB 1995, 2526; Kania, Die betriebsverfassungsrechtliche Abmahnung, Betr 1996, 374; zur Warnfunktion der Abmahnung BAG NZA 1992, 1028 = Betr 1992, 2143.

175. BAG NZA 1985, 455 = Betr 1985, 1186 = BB 1985, 1130 (Vorrang der Änderungskündigung vor Beendigungskündigung); BAG NZA 1987, 94 = BB 1986, 2604 = BB 1986, 2418 (unverzügliche Erklärung des Vorbehaltes bei außerordentlicher Kündigung; in Weiterarbeit liegt unter Umständen Verzicht auf Vorbehalt); BAG Betr 1988, 1068 = BB 1988, 913 (in Weiterarbeit liegt kein Verzicht, so lange noch das Recht zur Erklärung des Vorbehaltes besteht); LAG Hamm Betr 1989, 436 (Erklärung des Vorbehaltes in der Klageschrift genügt auch bei Zustellung nach Ablauf der Dreiwochenfrist – zweifelhaft!); BAG NZA 1994, 476 = Betr 1994, 2400 = BB 1994, 432 (Befristung einer wirtschaftlich nicht bedeutenden Provisionsregelung ist keine Umgehung des Änderungskündigungsschutzes); Literatur: Löwisch, Die Änderung von Arbeitsbedingungen auf individualrechtlichem Wege, insbesondere durch Änderungskündigung, NZA 1988, 633.

176. BAG Betr 1974, 878, 879 = BB 1974, 463 (keine Erweiterung des wichtigen Grundes); BAG Betr 1975, 890 = BB 1975, 651 (keine automatische Beendigung bei verspäteter Rückkehr aus dem Urlaub); BGH Betr 1981, 1661 = BB 1981, 1232 (Zweiwochenfrist des § 626 Abs. 2 BGB ist nicht abdingbar).

177. BAG NZA 1985, 62 = Betr 1985, 446 (bei Unkündbarkeitsregelungen sind Ausnahmen zulässig). Literatur: Kania/Kramer, Unkündbarkeitsvereinbarungen in Arbeitsverträgen, Betriebsvereinbarungen und Tarifverträgen, RdA 1995, 287.

178. BAG Betr 1976, 1066 (wichtiger Grund in betrieblichen Verhältnissen, Ausschlußfrist); LAG BW BB 1989, 181 (Verzicht auf außerordentliche Kündigung durch Erklärung einer ordentlichen); BAG, Betr 1990, 433 = BB 1990, 425 = NZA 1990, 106: zwei-Wochen-Frist bei Schadenersatz wegen Auflösungsverschuldens; BAG Betr 1988, 451 = BB 1988, 487 (Beweislast).

179. BAG Betr 1976, 634 = BB 1976, 465 und LAG Hamm BB 1982, 2109 (Umdeutung der außerordentlichen in eine ordentliche Kündigung); BAG NZA 1985, 286 = Betr 1985, 655 (die Umdeutung ist zulässig, wenn sie dem mutmaßlichen Willen des Arbeitgebers entspricht und dieser Wille dem Arbeitnehmer erkennbar geworden ist); zu prozessualen Fragen: BAG Betr 1980, 312 = BB 1979, 1715; Umdeutung in ein Angebot zur Vertragsauflösung: BAG Betr 1972, 1784 = BB 1972, 1094 und LAG Berlin, Betr 1989, 1826; keine Umdeutung einer ordentlichen in eine außerordentliche Kündigung: BAG Betr 1975, 214 und LAG Köln Betr 1994, 2632; Literatur: Hager, Die Umdeutung der außerordentlichen in eine ordentliche Kündigung, BB 1989, 693.

180. Nur in AP Nr. 18 zu § 620 BGB befristeter Arbeitsvertrag, AuR 1962, 56 und RdA 1961, 416 (tarifliche Altersgrenze).

181. BAG NZA 1986, 325 = Betr 1986, 281 (tarifliche Regelung – Flugkapitän). Bei einer vertraglichen Abrede über eine Altersgrenze kann durch eine nachfolgende Betriebsvereinbarung keine niedrigere Altersgrenze festgelegt werden (BAG Betr 1990, 1715, 1724 = BB 1990, 1840).

182. BAG NZA 1988, 617. Gleichzeitig wurde entschieden, daß auch eine durch Betriebsvereinbarung eingeführte Altersgrenze für das auf unbestimmte Zeit eingegangene Arbeitsverhältnis gilt, sofern der Arbeitsvertrag „betriebsvereinbarungsoffen" ausgestattet ist, wie hier in § 17 Abs. 2 (hierzu auch BAG NZA 1989, 643 und BAG GS BB 1990, 1840.

183. Literatur: Baeck/Diller, Altersgrenzen – Und sie gelten doch, NZA 1995, 360; Boekken, Das SGB VI ÄndG und die Wirksamkeit von „alten" Altersgrenzenvereinbarungen, NZA 1995, 145; Boerner, Der neue (alte) § 41 Abs. 4 S. 3 SGB VI, ZfA 1995, 537; Hanau, Zur Wirksamkeit vertraglicher Altersgrenzen zwischen dem 1. 1. 1992 und dem 31. 7. 1994, Betr 1994, 2394; Kappes, Die Wirksamkeit tarifvertraglicher Altersgrenzenregelungen, BB 1993, 1359; Ehrich, Die Neuregelung des § 41 Abs. 4 S. 3 SGB VI – nun doch wieder mit 65 Jahren in Rente? BB 1994, 1633; Simitis, Die Altersgrenzen – ein spät entdecktes Problem, RdA 1994, Heft 5; Waltermann, wieder Altersgrenze 65? NZA 1994, 822. Zur Übergangsregelung BVerfG Betr 1994, 2501 m. Anm. Hanau; Zur Unwirksamkeit tariflicher Altersgrenzenregelungen BAG NZA 1994, 128 = Betr 1994, 46 = BB 1994, 66 (m. Anm. Reiserer) und LAG Düsseldorf NZA-RR 1996, 15.

184. BAG Betr 1979, 1991 = BB 1979, 1557 (Befristung mit Abfindung). Beim Tod des Angestellten vor Fälligkeit des Abfindungsanspruches geht dieser auf die Erben über (BAG NZA 1988, 466 = Betr 1988, 864).

185. BAG Betr 1979, 1039 = BB 1979, 833 und NZA 1985, 713 = Betr 1985, 2207 = BB 1985, 2112 (Sozialplan und leitende Angestellte); BAG NZA 1986, 258 = Betr 1985, 2357 = BB 1985, 530 (Anrechnungsklausel im Sozialplan); LAG Rheinland-Pfalz Betr 1993, 2240 (kein Ausschluß von Sozialplanleistungen bei Eigenkündigung); LAG Berlin NZA 1995, 792 = Betr 1994, 2632 (Abfindungsvereinbarung im Zweifel brutto); BAG NZA 1994, 788 = Betr 1994, 1089 = BB 1994, 652 (Gleichbehandlung bei Abfindungen nach Betriebsschließung); BAG NZA 1994, 716 = Betr 1994, 1043 = BB 1994, 723 (unterschiedliche Abfindungen im Sozialplan); Literatur: Spinti, Leitende Angestellte und Sozialplan – neu entschieden, Betr 1986, 1571.

186. Entspricht die Höhe dem Vergütungsausfall, ist dies nicht steuerschädlich (BFH Betr 1987, 515); wird die Abfindung auf zwei Veranlagungszeiträume verteilt, ist dies nur in Ausnahmefällen nicht steuerschädlich (BFH U. v. 18. 9. 1991 – XI R 9/90); zur Sozialversicherung beitragsfreie Abfindung: BAG NZA 1989, 270 = Betr 1989, 327 = BB 1989, 482 und BSG, BB 1990, 1423, vgl. auch die Hinweise Betr 1992, 840; zur Inanspruchnahme der Abfindung durch die Bundesanstalt für Arbeit, BAG Betr 1992, 1891 = BB 1992, 1794; zur Problematik der brutto = netto-Klausel vgl. z. B. LAG Frankfurt BB 1989, 1273 und LAG Bremen, NZA 1988, 433 = BB 1988, 408, LAG Köln und LAG Frankfurt, NZA 1989, 850 = Betr 1989, 2080; zur Fälligkeit der Abfindung LAG Düsseldorf, NZA 1989, 850; neuere Literatur: Bauer, Steuerliche Optimierung von Abfindungen, NZA 1991, 617; Gerauer, Die Fälligkeit der Abfindung vor Beendigung des Arbeitsverhältnisses, BB 1988, 1817; Offerhaus, Zu den Voraussetzungen für „Zusammenballung" von Arbeitgeberentschädigungsleistungen Betr 1993, 651; Spiolek, Abfindung und Sperrzeit (§§ 110, 117, 117a, 119 AFG BB 1993, 1144.

187. BAG NZA 1990, 935 = Betr 1991, 392 (Freistellung und Urlaub); LAG Hamm, Betr 1991, 1577 und LAG Köln, NZA 1992, 123, 124 (Nichtanrechnung von Zwischenverdienst).

188. Beschluß des Großen Senats vom 27.2. 1985 zur Beschäftigungspflicht in NZA 1985, 702 = Betr 1985, 2197 = BB 1985, 1978; BAG Betr 1976, 2308 = BB 1976, 1561 (Suspendierung nur bei schutzwürdigem Interesse des Arbeitgebers); LAG Hamm Betr 1989, 1577 (Beschäftigungsanspruch bei unberechtigter Befristung des Arbeitsverhältnisses). Literatur: Künzl, Der Beschäftigungsanspruch des Arbeitnehmers ArbuR 1993, 389.

189. LAG Hamm Betr 1975, 1131 (Suspendierung und Vergütung); zum Annahmeverzug des Arbeitgebers nach unzulässiger Suspendierung: LAG Hamm Betr 1988, 1501.

190. BAG Betr 1972, 1878 = BB 1972, 1191 (außerordentliche Kündigung des Arbeitnehmers bei unberechtigter Suspendierung); BAG NZA 1993, 550 = Betr 1993, 1627 = BB 1993, 1084 (Beendigung des Annahmeverzugs). Literatur: Luckey, Suspendierung und Schmerzensgeldanspruch des Arbeitnehmers, NZA 1992, 873.

191. Bauer, Rechtliche und taktische Probleme bei der Beendigung von Vorstandsverhältnissen, Betr 1992, 1413; ders., Grundregeln erfolgreicher Verhandlungsführung (einvernehmliche Beendigung) NZA 1994, 578; ders., Steuerliche Tücken bei Aufhebungsverträgen, NZA 1996, 729; Bauer/Diller, Zur Inhaltskontrolle von Aufhebungsverträgen Betr 1995, 1810; Bauer/Haußmann, Der Rücktritt vom Aufhebungsvertrag BB 1996, 901; Becker-Schaffner, Umfang und Grenzen der arbeitgeberseitigen Hinweis- und Belehrungspflichten BB 1993, 1281; Bengelsdorf, Aufhebungsvertrag und Abfindungsvereinbarungen, Beck'sche Musterverträge Band 9, 2. Auflage 1994; Gagel, Sicherung des sozialen Schutzes durch „richtige" Wahl des Zeitpunktes für die Auflösung des Arbeitsverhältnisses und den Antrag auf Sozialleistung, AuR 1992, 225; Hümmerich, Letztmals: Abschied vom arbeitsrechtlichen Aufhebungsvertrag, NZA 1994, 833; Holly/Friedhofen, Keine Erstattung von Arbeitslosengeld gem. § 128 AFG trotz Abfindungszahlung nach sozial gerechtfertigter Kündigung, Betr 1995, 474; Löwisch, Mitwirkungsrechte des Sprecherausschusses beim Ausscheiden leitender Angestellter aufgrund von Aufhebungsverträgen, BB 1990, 1412; Reß, Der neue § 128 AFG, NZA 1992, 913; Stindt, Sozial gerechtfertigte Kündigung älterer Arbeitnehmer? (Zu § 128 Abs. 1 S. 2 Nr. 4 AFG), Betr 1993, 1361; Weber/Ehrich, Prozessuale Folgen der Unwirksamkeit von Aufhebungsvereinbarungen bei Kündigungsschutzklagen, Betr 1995, 2369; Wisskirchen/Worzalla, Aktuelle Fragen zu arbeitsrechtlichen Aufhebungsverträgen Betr 1994, 577; Zwanziger, Arbeitsrechtliche Aufhebungsverträge und Vertragsfreiheit, Betr 1994, 982; ders. Aufhebungsverträge und Vertragsfreiheit BB 1996, 903. Wichtige neue Entscheidungen zur steuerrechtlichen Behandlung der Abfindung: BFH Betr 1992, 2602 und Betr 1993, 73; zum nach § 34 EStG ermäßigten Steuersatz bei Kapitalisierung einer Karenzentschädigung: BFH DStR 1996, 1357; zum Widerruf eines Aufhebungsvertrages BAG NZA 1994, 209 = Betr 1994, 982 = BB 1994, 785; Rücktritt vom Aufhebungsvertrag LAG Köln BB 1996, 907 und 1440 (v. Puttkamer).

192. Entscheidungen zum bedingten Aufhebungsvertrag: BAG Betr 1975, 890 = BB 1975, 651 und BAG NZA 1988, 167 = Betr 1987, 2468; LAG München BB 1988, 348; zulässig ist eine unbedingte Aufhebung mit bedingter Abfindung: BAG NZA 1988, 15 = Betr 1988, 450 = BB 1988, 564; Aufhebungsvertrag und bedingte Wiedereinstellungszusage: BAG NZA 1988, 391 = Betr 1988, 1024; zum Verzicht auf das Klagerecht LAG Düsseldorf BB 1993, 296.

193. Zur Rückwirkung bei der Aufhebung: BAG Betr 1961, 747 = BB 1961, 642; LAG Düsseldorf BB 1961, 253; LAG Hamm, BB 1988, 1186 (kein Abfindungsvergleich nach Forderungsübergang auf die Bundesanstalt für Arbeit).

194. LAG Hamm NZA 1988, 773 (Rückwirkung und Sozialversicherung); LAG Baden-Württemberg, Betr 1992, 280 (Rückdatierung und Nichtigkeit); Abfindung und § 117 Abs. 2 AFG: BAG NZA 1992, 1081. Zu § 128 AFG neu: Hanau, Die Wiederbelebung des § 128 AFG, Betr 1992, 2695; Ratayczak, 10. Novelle des AFG und die Kostenerstattungspflicht der Arbeitgeber, AuR 1993, 12.

195. BAG Betr 1988, 2006 und BB 1990, 211 (Belehrungspflicht des Arbeitgebers), BAG Betr 1990, 2431 = BB 1991, 142 (Belehrungspflicht nur ausnahmsweise); BAG NZA 1992, 973 = BB 1992, 2081 (Aufklärungspflicht bei Eingehung eines Arbeitsverhältnisses); Nägele, Aufklärungs- und Hinweispflichten des Arbeitgebers bei Abschluß eines Aufhebungsvertrages, BB 1992, 1274.

196. Der Arbeitnehmer riskiert unter Umständen eine teilweise Inanspruchnahme der Abfindung durch das Arbeitsamt und die Verhängung einer Sperrzeit (§§ 117, 117 a, 119 AFG), bei Dienstbefreiung auch den Wegfall der gesetzlichen Krankenversicherung. Reß, Der neue § 128 AFG, NZA 1992, 913.

197. Bauer, Beseitigung von Aufhebungsverträgen, NZA 1992, 1015; Ehrich, Recht des Arbeitnehmers zum Widerruf eines Aufhebungsvertrags wegen „Überrumpelung" durch den Arbeitgeber?, Betr 1992, 2239; vgl. auch die Literaturhinweise oben III 191 und 195; BAG NZA 1994, 209 = Betr 1994, 279, zur Frage der Zubilligung einer Bedenkzeit oder eines Widerrufsrechtes; hierzu kontovers auch LAG Hamburg NZA 1992, 309 und LAG Düsseldorf NZA 1993, 702; BAG NZA 1992, 1023 (Anfechtung wegen Drohung mit ordentlicher Kündigung).

198. Zum Problem gibt es, soweit ersichtlich, kaum eine Rechtsprechung. Zitiert wird die Entscheidung ArbG Marburg Betr 1969, 2041 linke Spalte, auf die sich die Literatur anschließt (vgl. Schaub, Arbeitsrechtshandbuch 8. Aufl. § 151 Nr. 1 und 2). Schadensersatzanspruch des Arbeitgebers bei verspäteter Schlüsselherausgabe: LAG Berlin Betr 1987, 542. Zur Beweislastverteilung bei Rückgabe von Arbeitsgeräten ArbG Hamburg Betr 1995, 930.

199. LAG Hamm Betr 1976, 923; LAG Düsseldorf Betr 1972, 1926; ArbG Wetzlar Betr 1989, 1428 = BB 1989, 1203; Becker-Schaffner, Die Rechtsprechung zum Recht der Arbeitspapiere, Betr 1983, 1304; zum Rechtsweg für Klagen auf Erteilung einer Arbeitsbescheinigung nach § 133 AFG: BAG NZA 1992, 996 = Betr 1992, 2199 = BB 1992, 1360.

200. LAG Frankfurt BB 1983, 2186; Faecks, Die einstweilige Verfügung im Arbeitsrecht, Beilage Nr. 3 zu NZA 1985 Heft 21 (S. 6).

201. LAG Schleswig-Holstein Betr 1987, 896 und LAG Frankfurt BB 1983, 2187: Unzuständigkeit der Arbeitsgerichte; SG Köln NZA 1985, 36: Zuständigkeit der Arbeitsgerichte für Streit um Höhe des Arbeitsentgeltes in Arbeitsbescheinigung (vgl. auch ArbG Iserlohn NZA 1985, 251). BAG NZA 1989, 321 und LAG Berlin, Betr 1987, 2662: Für Klagen auf Berichtigung der Bescheinigung nach § 133 AFG sind die Arbeitsgerichte nicht zuständig, jedoch für Klagen auf Erteilung (vgl. oben Fn. 199, aber auch LAG Schleswig-Holstein, Betr 1987, 896); neuere Literatur: W. Möhr, Die Zuständigkeit der Gerichte für Arbeitssachen, Beilage Nr. 5/1985 zu Heft 10 Betr 1985; Schickedanz, Klage auf Erteilung einer Arbeitsbescheinigung?, Betr 1981, 1850; Thoma, Rechtsbehelfe gegen Eintragungen auf der Lohnsteuerkarte, Deutsches Steuerblatt 1986, 710.

202. LAG Düsseldorf Betr 1975, 2040 (kein Zurückbehaltungsrecht des Arbeitnehmers an Betriebsgegenständen, Aufrechnungsfragen); BAG NZA 1985, 355 = Betr 1985, 763 = BB 1985, 2178 (Zurückhaltung der Arbeitskraft wegen Gehaltsrückständen); die Arbeitspapiere kann der Arbeitgeber auch bei fristloser Kündigung nicht zurückhalten (ArbG Wetzlar, AuR 1990, 27).

203. BAG NZA 1988, 53 = Betr 1987, 2571 (Personalakten, Persönlichkeitsschutz); zum Anspruch auf Entfernung eines Schriftstückes aus der Personalakte BAG NZA 1988, 654 = Betr 1988, 1703; LAG Frankfurt NZA 1989, 513; zum Einsichtsrecht des Arbeitnehmers in Personalakten BAG Betr 1970, 886 = BB 1970, 619; zum Einsichtsrecht Dritter BAG NZA 1990, 933 = Betr 1990, 1522 = BB 1990, 1490; neuere Literatur: Conze, Die aktuelle Rechtsprechung des BAG zur Entfernung von Vorgängen aus Personalakten, Betr 1989, 778.

204. BAG Betr 1966, 787 = BB 1965, 1027 und LAG Berlin BB 1971, 1413 (Beweislast bei Provisionsvorschüssen). Zur Rückzahlung von Provisionsvorschüssen: BAG, NZA

1989, 843 = BB 1989, 2333; Rückzahlung von Provisionsvorschüssen bei Scheinge-
schäft: BAG NZA 1993, 837 = Betr 1993, 1623 = BB 1993, 2016; Zum Entreiche-
rungseinwand BAG NZA 1996, 27 = Betr 1995, 1567; BB 1995, 2215 und BAG
NZA 1994, 658 = Betr 1994, 1039 (beide insbesondere auch zur Darlegungs- und
Beweislast); Zurückzahlung des Bruttobetrages LAG Köln NZA-RR 1996, 161;
Rückgewähr überzahlten tariflichen Vorruhestandsgeldes BAG NZA 1993, 277 =
Betr 1993, 99 = BB 1992, 2512; einen besonderen Fall einer Rückabwicklung bei er-
wartungswidrig kurzer Dauer des Arbeitsverhältnisses behandelt LAG Schleswig-
Holstein, Betr 1989, 1975; zur Problematik von Verrechnungsvereinbarungen: BAG
BB 1976, 1028; zum Aufrechnungsvertrag: LAG Hamm, Betr 1973, 1080; zur Rückzahlung nach Kündigung durch den Arbeitnehmer BAG v. 23.1. 1992, NZA 1992,
1086; Rückforderung und Ausschlußfrist BAG NZA 1996, 135 = Betr 1995, 2317
und LAG Baden-Württemberg Betr 1986, 2677; zur Behandlung von Lohnüberzahlungen, Vorschüssen, Darlehen und Abschlagszahlungen: Schaub, Arbeitsrechtshandbuch, 8.Aufl., § 70 III 3 bis 5 und § 74; Problem Aufrechnung gegen Brutto
oder Netto: Schaub, Arbeitsrechtshandbuch, 8.Aufl., § 87 II 2; LAG Frankfurt, Betr
1972, 243 und ArbG Hannover, BB 1966, 942; Aufrechnung nur innerhalb der Pfän-
dungsfreigrenzen LAG Frankfurt, NZA 1992, 840.
　　Arbeitgeberdarlehen und AGB: BAG NZA 1993, 936 = Betr 1993, 436 und LAG
Saarland, NZA 1988, 164 = BB 1987, 1887; Arbeitgeberdarlehen und Betriebsbin-
dung: BAG Betr 1964, 664, 702 = BB 1964, 554, 557 und BAG Betr 1964, 737 =
BB 1964, 640; kein nachgeholter Abzug von Beiträgen zur Sozialversicherung
(§ 28g S.3 SGB IV) BAG NZA 1994, 620 = Betr 1994, 889 = BB 1994, 889 = BB
1994, 1640. Literatur: Mößbauer, Die Haftung des Arbeitgebers für die Lohnsteuer
BB 1995, 2194; Schwab, Verwirkung des Anspruchs des Arbeitgebers auf Rückerstattung von Lohnüberzahlungen, BB 1995, 2212.
205. LAG Sachsen-Anhalt NZA 1995, 791 (Kündigung ist keine Vertragsänderung);
　　　BAG NZA 1989, 797 = Betr 1989, 1628 = BB 1989, 1124 (mündliche Aufhebung
　　　der Schriftformklausel bei übereinstimmendem Willen der Partner); BAG, NZA
　　　1987, 778 = Betr 1987, 1996 = BB 1987, 1885 (Aufhebung der Schriftformklausel
　　　durch betriebliche Übung); Kliemt, Wirksamkeit einer trotz Schriftformerfordernis
　　　mündlich erklärten Kündigung bei widerspruchsloser Entgegennahme? Betr
　　　1993, 1874.
206. BAG Betr 1970, 2225 = BB 1970, 1435 (betriebliche Übung hinsichtlich zusätzlicher
　　　freier Tage); BAG Betr 1983, 1368 = BB 1983, 1032 (betriebliche Übung und Schrift-
　　　formklausel); BAG NZA 1986, 401 = Betr 1986, 596 (Anspruch aus betrieblicher
　　　Übung nur beim Fehlen einer anderen Anspruchsgrundlage); BAG NZA 1989, 57 (er-
　　　faßter Personenkreis); BAG NZA 1994, 694 = Betr 1994, 2034 (Voraussetzungen der
　　　betrieblichen Übung); BAG NZA 1993, 749 = Betr 1993, 1882 (Betriebliche Übung
　　　im öffentlichen Dienst); BAG NZA 1994, 88 = Betr 1993, 2601 (Betriebliche Übung
　　　im kirchlichen Dienst).
207. BAG Betr 1983, 1368 = BB 1983, 1032 (Trennungsentschädigung bei betrieblicher
　　　Übung); BAG NZA 1986, 521 = Betr 1986, 1627 = BB 1986, 1465 (kein Gehaltserhö-
　　　hungsanspruch außertariflicher Angestellter aus betrieblicher Übung), anders aber
　　　BAG NZA 1986, 605 und LAG Hamm BB 1990, 778. Bei einzelvertraglicher Inbezug-
　　　nahme eines Tarifvertrages ist deren Umfang nach den Grundsätzen der Vertrags-
　　　auslegung zu bestimmen (BAG Betr 1991, 1124 = NZA 1991, 394).
208. BAG NZA 1988, 425 = BB 1988, 1749 (Widerrufsvorbehalt bei der betrieblichen
　　　Übung).
209. Neuere Literatur: Hromadka, Zur betrieblichen Übung, NZA 1984, 241; ders., Ände-
　　　rung und Ablösung von Einheitsarbeitsbedingungen – zum Beschluß des Großen
　　　Senats des BAG über die ablösende Betriebsvereinbarung, Beilage Nr.3 zu NZA
　　　1987 Heft 2; weit. Nachweise bei Schaub, Arbeitsrechtshandbuch, § 111.

210. BAG GS NZA 1987, 168 = Betr 1987, 383 = BB 1987, 265 (kollektives Günstigkeitsprinzip); BAG NZA 1987, 842 und 855 = Betr 1987, 1639 und 2362 = BB 1987, 2231 und 1673 (Beispiele ablösender Betriebsvereinbarungen bei Betriebsrenten und Jubiläumsprämien).

211. Band 16 der vorliegenden Reihe: Gnann, Arbeitsvertrag bei Auslandsentsendung; zum sozialversicherungsrechtlichen Problem bei der Entsendung von Arbeitnehmern ins Ausland vgl. Louven, NZA 1992, 9.

212. LAG Rheinland-Pfalz, NZA 1985, 540 (Erfüllungsort am Betriebssitz); BAG Betr 1987, 1742 (Gerichtsstand des Erfüllungsortes nach Art. 5 Nr. 1 EGÜbk); LAG Rheinland-Pfalz NZA-RR 1996, 184 und ArbG Augsburg NZA-RR 1996, 185 (Gerichtsstand bei Außendienstmitarbeitern); ArbG Hanau NZA-RR 1996, 186 (Gerichtsstand für Vorstellungskosten); Literatur: Krasshöfer – Pidde/Molkenbur, Zur örtlichen Zuständigkeit der Gerichte für Arbeitssachen, NZA 1988, 236; Rewolle, Der Gerichtsstand des Erfüllungsortes in arbeitsrechtlichen Streitigkeiten, insbesondere bei wechselnden Beschäftigungsorten, BB 1979, 170.

213. BAG Betr 1979, 1465 = BB 1979, 1197 (Textunklarheiten bei Ausgleichsquittung); BAG Betr 1975, 1417 = BB 1975, 883 (Beispiel zur Teilunwirksamkeit); BAG NZA 1993, 592 = Betr 1993, 1038 = BB 1993, 584 (Vertragsanpassung eines Chefarztvertrages; zu letzterem insbes. Band 23 der vorliegenden Reihe: Münzel, Chefarzt- und Belegarztvertrag).

214. BAG NZA 1989, 101 = Betr 1989, 182 = BB 1989, 223 (einzelvertragliche Verfallklausel); zur Reichweite vertraglicher Ausschlußfristen LAG Köln, BB 1995, 1295; Unwirksamkeit einer versteckten Verfallklausel BAG U. v. 29. 11. 1995 – 5 AZR 447/94 Betr 1996, 989, Gehaltsüberzahlung und Verfallklausel BAG NZA 1993, 1091 = Betr 1993, 1930 = BB 1993, 1736 und BAG NZA 1996, 135 = Betr 1995, 2317; Wirksamkeit einer Verfallklausel durch Bezugnahme auf Tarifvertrag LAG Hamm BB 1993, 1217; Umfang und Wirkung einer zweistufigen tariflichen Ausschlußklausel BAG Betr 1995, 1667 = BB 1995, 1910; Darlegungslast bei Berufung auf tarifliche Ausschlußfrist BAG NZA 1994, 274 = Betr 1993, 2604.

215. BAG NZA 1992, 67 = Betr 1992, 147. Literatur: Becker/Schaffner, Die Nutzung von Firmenfahrzeugen bei Beendigung des Arbeitsverhältnisses, Betr 1993, 2078; Gärtner, Wechselwirkungen zwischen Haftung und Versicherung bei Kraftfahrzeugschäden BB 1993, 1454; Gruss, nochmals: Rechtsfragen zum Dienstfahrzeug, BB 1994, 71; Macher, Blick ins Steuerrecht NZA 1995, 304 und 1030; Nägele/Schmidt, Das Dienstfahrzeug, BB 1993, 1797; Schroeder, Die Nutzungsentschädigung des Arbeitnehmers wegen Entzugs des Firmenwagens nach unwirksamer Kündigung, NZA 1994, 342.

216. Betr 1960, 1043 = BB 1960, 939, 940, allerdings für den angestellten Kraftfahrer.

217. Zu Problemen des schriftlichen Anerkenntnisses vgl. etwa BAG Betr 1976, 1532; BGH NJW 1963, 2317.

218. LAG Hamm NJW 1991, 861 = BB 1990, 2267 (für den Ausnahmefall vgl. BGH NJW 1957, 586 m. w. N.); die Frage wird zum Teil kontrovers diskutiert, vgl. Holly/Friedhofen, Die Abwälzung von Geldstrafen und Geldbußen auf den Arbeitgeber, NZA 1992, 145; Kapp, Dürfen Unternehmen ihren (geschäftsleitenden) Mitarbeitern Geldstrafen bzw. -bußen erstatten?, NJW 1992, 2796; BAG NZA 1995, 836 = Betr 1995, 1770 (Erstattung von Verteidigerkosten bei unverschuldetem schwerem Verkehrsunfall). Vgl. auch oben § 6 Variante B mit Erläuterungen.

219. BFH BStBl 1963, Teil III, S. 387, Schreiben des BMF vom 23. 11. 1982 in Betr 1982, 2379 mit Änderungen für 1989 in Betr 1989, 20. Nutzung des Dienstfahrzeuges für Privatfahrten steuerrechtlich: Beck'sches Personalhandbuch Band II, Kap. IV 1.5 und StW Kraftfahrzeugnutzung, Fahrkostenzuschüsse; Giloy, Zum erweiterten Reisekostenbegriff nach dem Entwurf der Lohnsteuer-Richtlinien 1990, Betr 1989, 1793. Zur Ermittlung des geldwerten Vorteils i. S. d. Sozialversicherung vgl. die Mit-

teilungen in NZA 1984, 222 und BB 1984, 2136. Zum Einfluß der privaten Nutzung eines Dienstwagens auf das ruhegeldfähige Einkommen vgl. BAG NZA 1991, 104. Der BFH hat mit Urteil vom 26.7. 1991 (Betr 1991, 2633) entschieden, daß die Nutzungsdauer eines Pkw mehr als vier Jahre betrage; zu den Auswirkungen vgl. Graf von Westphalen, Zivilrechtliche Auswirkungen des BFH-Urteils vom 26.7. 1991 auf das private Pkw-Leasing, Betr 1992, 2379. Insbesondere im Falle, daß neben dem Firmenwagen noch ein Fahrer zur Verfügung gestellt wird, ist das Schreiben des Bundesfinanzministers vom 21.Januar 1991 (Betr 1991, 417) zu beachten; vgl. auch die Literaturhinweise oben III 215. Auch der Verzicht des Arbeitgebers auf Schadensersatz wegen schuldhafter Beschädigung des Firmenwagens ist ein geldwerter Vorteil (BFH NZA 1993, 654 = NJW 1993, 615).

220. BAG NZA 1988, 579 und 584 = Betr 1988, 1603 und 1606 = BB 1987, 2370. Daß die von der Rechtsprechung entwickelten Grundsätze der Haftungserleichterung auch für den leitenden Angestellten gelten, hat das BAG für einen Bauingenieur entschieden, der als Betriebsleiter eine Baustelle zu überwachen hatte (BAG AP Nr.80 zu § 611 BGB Haftung des Arbeitnehmers = BB 1977, 245, 1000); zur neuesten Rechtsprechung siehe die Hinweise oben III 121–124; hat ein Dritter den Dienstwagen gesteuert, gilt für diesen keine Haftungserleichterung (LAG Köln, Betr 1990, 51 für den Fall der unbefugten Überlassung). Für Schadensfälle bei Fahrten zwischen Wohnung und Arbeitsplatz (Wegeunfall) hat das LAG Köln die Haftungserleichterung abgelehnt (NZA 1995, 1163).

221. LAG Frankfurt, Betr 1970, 888; LAG Düsseldorf, BB 1966, 80.

222. Die Beweislastregel des § 282 BGB ist im Bereich der gefahrengeneigten Arbeiten nicht zu Lasten des auf Schadensersatz in Anspruch genommenen Arbeitnehmers anzuwenden (BAG Betr 1968, 1227 = BB 1968, 912). Zum Rückgriff des Sozialversicherungsträgers BGH BB 1992, 280; zum Unfallversicherungsschutz auf Dienstreisen BSG NZA 1991, 159; zum Rechtsübergang auf den Kaskoversicherer LAG Nürnberg NZA 1990, 850 und Sommer, Arbeitnehmerhaftung und Kaskoversicherung, NZA 1990, 837; zum Übergang nach § 67 VVG auf den Kfz-Haftpflichtversicherer BGH NZA 1992, 688.

223. BAG Betr 1966, 1276, 1611 = BB 1966, 1187: Haftpflichtversicherung im Rahmen der gesetzlichen Höchstbeträge ist ausreichend; man wird bezweifeln dürfen, ob dies heute noch so entschieden würde. Zur Vollkaskoversicherung BAG Betr 1968, 621 = BB 1968, 832; zur Frage der Vollkaskoversicherung vgl. auch OLG Stuttgart NJW 1980, 1169, LAG Bremen Betr 1979, 1235 (beim angestellten Lkw-Fahrer), LAG Niedersachsen Betr 1982, 2628 und LAG Rheinland-Pfalz Betr 1981, 223. Nach einer wenig überzeugenden, in BB 1985, 868 veröffentlichten Entscheidung des ArbG Karlsruhe soll der Arbeitgeber noch nicht einmal verpflichtet sein, eine tatsächlich bestehende Rechtsschutzversicherung zugunsten seines Arbeitnehmers in Anspruch zu nehmen.

224. LAG Hamm, Betr 1973, 2306 und LAG Düsseldorf, Betr 1975, 1849 (Besitzrecht des Arbeitnehmers); a.A. wohl ArbG Wetzlar, Betr 1987, 1899.

225. LAG Hamburg U.v. 17.2. 1992, 4 Sa 7/92: Sanden/Danner; LAG Hamm U.v. 13.7. 1992, 17 Sa 1824/91 (Pkw-Kostentabelle des ADAC); LAG Rheinland-Pfalz Betr 1991, 814 = BB 1990, 1202 (ADAC-Tabelle); LAG Hamm BB 1992, 2434. Das BAG hat inzwischen entschieden, daß der Arbeitnehmer unter Beachtung seiner Schadensminderungspflicht mindestens den Geldbetrag verlangen kann, der aufzuwenden ist, um einen entsprechenden Pkw privat nutzen zu können (BAG NZA 1994, 1128 = Betr 1994, 2239 = BB 1994, 2276); für den Fall der tatsächlichen Nutzung seines eigenen gleichwertigen Pkw hat das BAG dem Arbeitnehmer eine Nutzungsausfallentschädigung nach der Tabelle Sanden/Danner/Küppersbusch ausdrücklich versagt (BAG NZA 1996, 415 = BB 1996, 432).

226. BAG NZA 1984, 353 = Betr 1984, 2256 = BB 1984, 1809 (Verjährung).

227. BAG Betr 1982, 960 = BB 1982, 186, 989 (Dienstreiseordnung und BetrVG).
228. Kostenerstattung für Unfallschäden: BAG Betr 1981, 115 = BB 1981, 183; LAG Bremen, BB 1985, 2325. Zu zivilrechtlichen Auswirkungen der BFH-Urteile vom 26.7. 1991 (Betr 1991, 2633 und 2636 -km-Pauschsatz bei hoher Fahrleistung, AfA-Ansatz bei langer Nutzungsdauer) auf das private Pkw-Leasing Graf von Westphalen, Betr 1992, 2379. Tabellen zu den Reisekosten und Reisekostenvergütungen bei Geschäftsreisen und Dienstreisen privater Arbeitnehmer ab 1992 Betr Beilage Nr. 2/ 1992 zu Heft 5 vom 31.1. 1992.
BFH BB 1982, 662: Aufwendungen für die Kosten von Unfällen auf Dienstfahrten werden steuerrechtlich als Betriebsausgaben bzw. Werbungskosten anerkannt, BFH GS BB 1978, 339; BFH BB 1978, 1199; zum Arbeitgeber-Ersatz der Kaskoprämie BFH Betr 1992, 509; neuere Literatur: Klimke, Haftungsrechtliche Probleme in Verbindung mit dem Arbeitsvertrag unter besonderer Berücksichtigung der Ersatzpflicht aus Anlaß von Kfz-Unfällen, Betr 1986, 114; Schmidt, Dienstreisen mit privatem Pkw bei verlängerter Nutzungsdauer, Betr 1992, 502.
229. Grundlegend BAG GS Betr 1961, 1522 und 1962, 169 = BB 1961, 1336 und 1962, 178; ferner BAG Betr 1979, 1423 = BB 1979, 1091 mit wichtiger Präzisierung in BAG Betr 1981, 115 = BB 1981, 183 (Abgrenzung des persönlichen Lebensbereiches vom arbeitsvertraglichen Betätigungsbereich, Einfluß des Verschuldens des Arbeitnehmers wie bei gefahrengeneigter Arbeit; vgl. auch LAG Frankfurt, Betr 1981, 1470. Die Ersatzpflicht des Arbeitgebers kommt auch in Betracht, wenn der Arbeitnehmer bei einer Fahrt für den Betriebsrat verunglückt (BAG Betr 1983, 1366 = BB 1983, 1922). Zu den Kosten eines Strafverfahrens, das sich der Arbeitnehmer auf einer dienstlichen Fahrt zuzieht: BAG NZA 1989, 54 = BB 1989, 148 = Betr 1988, 2516; Ersatz des Aufwandes bei Unfallschäden, wenn das Fahrzeug mit Billigung des Arbeitgebers in dessen Betätigungsbereich eingesetzt wurde, Begriff des Betätigungsbereiches: BAG Betr 1996, 630 = BB 1996, 433; Ersatz der Kosten der Rückstufung in der Haftpflichtversicherung nur bei ausdrücklicher Vereinbarung, sofern Kilometerpauschalen vereinbart sind: BAG NZA 1993, 262 = Betr 1992, 2555 = BB 1992, 2363; Zahlung einer Nutzungsausfallentschädigung durch den Arbeitgeber bei Schadensersatzregelung in Betriebsvereinbarung: BAG NZA 1996, 32 = Betr 1995, 2481 = BB 1995, 2429; Ersatz von Schäden auf Parkplatz: LAG Düsseldorf VersR 1995, 1079 und LAG Rheinland-Pfalz NZA 1995, 842. Neuere Literatur: Frieges, Der Anspruch des Arbeitnehmers auf Ersatz selbst verschuldeter Eigen-Sachschäden, NZA 1995, 403; Schiefer, Ausschluß und Grenzen der Arbeitgeberhaftung für unfallbedingte Schäden des Arbeitnehmers bei Dienstfahrten mit Privat-Pkw, NJW 1993, 966.
230. Zur Rückstufung in der Haftpflichtversicherung BAG Betr 1992, 2555 = BB 1992, 2363; zur Vereinbarung eines Haftungsausschlusses LAG Baden-Württemberg NZA 1992, 458 = BB 1992, 568.
231. BGH Betr 1967, 2229 = BB 1967, 1482; nach BGH Betr 1971, 777 umfaßt betriebliche Tätigkeit i. S. v. § 637 Abs. 1 RVO auch, was ohne ausdrückliche Anweisung des Dienstherrn in dessen wohlverstandenem Interesse geschieht (Mitnahme eines Arbeitskollegen auf einer Dienstfahrt). Zur Bindung der Arbeitsgerichte und der ordentlichen Gerichte an den Bescheid des Sozialversicherers: BAG Betr 1975, 507 = BB 1975, 283 und BGH NJW 1972, 1990. Zur Ersatzpflicht in Fahrgemeinschaften: BGH NJW 1981, 1842, BGH NJW 1992, 572 und BGH BB 1992, 494; zur Reichweite des Unfallversicherungsschutzes auf Dienstreisen BSG NZA 1990, 70 und NZA 1991, 159, BSG Betr 1990, 1465.
232. BAG NZA 1993, 698 = Betr 1993, 644 = BB 1993, 729 (Zurückdatierung eines verspätet ausgestellten Zeugnisses); LAG Köln NZA 1995, 685 (unterzeichnender Vertreter muß ranghöher sein); BAG NZA 1993, 697 = Betr 1993, 1624 = BB 1993, 1439 und LAG Köln NZA 1992, 841 = Betr 1992, 1484 = BB 1992, 1490 und LAG

Hamburg NZA 1994, 890 (Firmenbogen, ungefaltet); LAG Hamm BB 1995, 154 (Briefkopf der Fachabteilung).

233. LAG Düsseldorf, BB 1988, 1463 (wahr aber wohlwollend); neuere Literatur: Becker-Schaffner, Die Rechtsprechung zum Zeugnisrecht, BB 1989, 2105; Göldner, Die Problematik der Zeugniserteilung im Arbeitsrecht, ZfA 1991, 225; Köllsch, Die Haftung des Arbeitgebers bei nicht ordnungsgemäßer Zeugniserteilung, NZA 1985, 382; Liedtke, Der Anspruch auf ein qualifiziertes Arbeitszeugnis, NZA 1988, 270; Nasemann, Arbeitszeugnisse durchschauen und interpretieren, 1993; Schmidt, Zum Zeugnisanspruch des Arbeitnehmers im Konkurs einer Handelsgesellschaft, Betr 1991, 1930; Schmid, Aussagen über Führungsleistungen in Arbeitszeugnissen und ihre rechtliche Problematik, Betr 1986, 1334; Schweres, Zwischen Wahrheit und Wohlwollen, zum Eiertanz codierter Zeugniserteilung, BB 1986, 1572; Weuster, Zeugnisgestaltung und Zeugnissprache zwischen Informationsfunktion und Werbefunktion, BB 1992, 58; ders., Praxis vor Logik: Die unvermeidliche „vollste Zufriedenheit" BB 1992, 638. Zum Zeugnisanspruch gegen den Konkursverwalter BAG NZA 1991, 599 = BB 1991, 1626; zur Zeugniserteilung nach dem Tod des Arbeitgebers ArbG Münster BB 1990, 2266.

234. BAG Betr 1976, 2211 = BB 1976, 1516 (Beschreibung der Tätigkeit); Erwähnung der Prokura LAG Baden-Württemberg NZA 1993, 127 und LAG Baden-Württemberg Betr 1993, 1040; Keine Erwähnung von Personalrats- bzw. Betriebsratstätigkeit in dienstlicher Regelbeurteilung BAG NZA 1993, 222 = Betr 1993, 1525 = BB 1992, 2512.

235. LAG Frankfurt, Betr 1969, 887 = BB 1968, 1040 (gemischte Tätigkeit).

236. BAG NZA 1987, 628 = Betr 1987, 1845 = BB 1987, 1816 (Fälligkeit); Rückdatierung eines Arbeitszeugnisses; BAG NZA 1995, 671 = Betr 1995, 1518 = BB 1995, 1355 (grundsätzlich Holschuld).

237. BAG NZA 1987, 384 = Betr 1986, 1340 (dienstliche Führung).

238. BAG BB 1977, 297 (Strafverfahren Heimerzieher).

239. LAG Düsseldorf, NZA 1988, 399 = Betr 1988, 1463; ArbGer Düsseldorf, Betr 1988, 508 (Beendigungsgrund).

240. ArbG Ludwigshafen, Betr 1987, 1364 = BB 1987, 1464 (Gewerkschaftstätigkeit); LAG Hamm Betr 1991, 1527 (Tätigkeit in Betriebsvertretung).

241. LAG Frankfurt, Betr 1988, 1071 („zu unserer Zufriedenheit"), vgl. auch LAG Frankfurt, BB 1987, 2370 und BAG Betr 1976, 2211 = BB 1976, 1516.

242. BAG Betr 1977, 1369 = BB 177, 997 („großer Fleiß und Interesse").

243. NZA 1985, 503 = Betr 1985, 2692; LAG Köln NZA-RR 1996, 41 („zu unserer vollen Zufriedenheit"); LAG Düsseldorf, Betr 1980, 546 („stets zu unserer vollen Zufriedenheit", „zur vollsten Zufriedenheit"); zur Verwendung des Wortes „stets" ArbG Solingen AuR 1991, 152; bei sehr guter Leistung: „zur vollsten Zufriedenheit" BAG v. 23.9. 1992 5 AZR 573/91, AuR 1993, 87.

244. LAG Düsseldorf, Betr 1980, 546 („im großen und ganzen zu unserer Zufriedenheit").

245. BAG Betr 1972, 931 = BB 1972, 618 (Bindung des Arbeitgebers).

246. BAG Betr 1975, 155 = BB 1975, 136 (Verzicht).

247. BAG Betr 1971, 1923 = BB 1971, 1280 (Formulierung durch den Arbeitgeber); BAG NZA 1993, 698 = BB 1993, 729 und LAG Bremen, NZA 1989, 848 = BB 1989, 1825 (Ausstellungsdatum, Ergänzung); LAG Hamm, MDR 1989, 937 (Streichung einer dem Arbeitnehmer abträglichen Passage).

248. BAG Betr 1988, 1071 = BB 1988, 978 (in I 1 der Gründe: Erfüllungsanspruch); zu Zwangsvollstreckungsfragen LAG Frankfurt, NZA 1990, 192 = Betr 1989, 1979 und LAG Berlin BB 1993, 365.

249. BAG U. v. 16.11. 1995 – 8 AZR 983/94 ArbuR 1996, 195 (Schadenersatzanspruch des Arbeitnehmers); Zum Recht des Arbeitgebers, das Zeugnis zu widerrufen und herauszuverlangen ArbG Passau BB 1991, 350, Schaub, Arbeitsrechtshandbuch, 7. Aufl. § 146 V.

250. BAG Betr 1977, 1369 = BB 1977, 997; LAG Düsseldorf Betr 1985, 2692 und LAG Hamm, BB 1989, 1486 m. w. N. (Beweislast).

251. BGH Betr 1979, 2378 = BB 1980, 779 (Schadensersatzpflicht des Arbeitgebers; vgl. auch BGH Betr 1964, 75, 517 und Betr 1970, 2224 = BB 1970, 1395).

252. BAG Betr 1988, 1071 = BB 1988, 978 (Verwirkung; vgl. auch BAG Betr 1987, 1845 = BB 1987, 1816, BAG Betr 1973, 238, 239 = BB 1973, 195 und LAG Düsseldorf Betr 1995, 1135).

253. BAG Betr 1983, 2043 = BB 1983, 1859 (Ausschlußfrist); zur Wirkung einer allgemein gehaltenen Ausgleichsklausel LAG Düsseldorf NZA-RR 1996, 42.

254. BAG NZA 1987, 628 = Betr 1987, 1845 = BB 1987, 1816 (Zwischenzeugnis); zur tariflichen Regelung des § 61 Abs. 2 BAT BAG NZA 1993, 1031 = Betr 1993, 2134 = BB 1993, 2309.

255. LAG München NZA 1991, 821.

256. BAG, NZA 1990, 191 = Betr 1990, 740 (keine Teilkündigung bei vereinbarter Benutzung der Werkdienstwohnung); BAG Betr 1974, 1965 = BB 1974, 1121 (Aufrechnung Miete gegen Gehalt).

257. Zur Mitbestimmung bei der Vergabe von Werkmietwohnungen BAG v. 28. 7. 1992 1 ABR 22/92, BB 1993, 75 = NZA 1993, 272. Zum Umfang des Mitbestimmungsrechtes vgl. auch BAG Betr 1978, 2418 = BB 1978, 1668 und BAG Betr 1986, 704 = BB 1986, 1640.

258. Schmidt, EStG, 15. Aufl. 1996, § 8 Rn. 32 und § 19 Rn. 50 Stichwort Dienstwohnung.

259. BAG Betr 1964, 37, 375 = BB 1964, 39, 307 (Steuerlast des Arbeitnehmers).

260. Baumbach/Lauterbach/Albers/Hartmann, ZPO, 54. Aufl., § 29 a Rn. 4 – Arbeitsverhältnis – Zuständigkeit des Amtsgerichts auch bei der Werkmietwohnung; ebenso Grunsky, ArbGG, 7. Aufl., § 2 Rn. 89; Entscheidungen zur alten Fassung von § 29 a Abs. 1 ZPO: LAG Frankfurt, NJW 1967, 800 = AP Nr. 2 zu § 565 b BGB: bei Hausmeisterwohnung Arbeitsgericht; LAG Düsseldorf, BB 1967, 250 = AP Nr. 1 zu § 565 b BGB: Zuständigkeit des Amtsgerichts; differenzierend LG Kiel, BB 1966, 127 = AP Nr. 2 zu § 565 e BGB.

261. BAG NZA 1990, 539 = BB 1990, 712 = Betr 1991, 1839; vgl. auch ArbG Hannover Betr 1991, 1838.

262. BAG Betr 1958, 111 = BB 1958, 119 = NJW 1958, 315 (vgl. auch BGH NJW 1971, 1455): grundsätzliche Zulässigkeit des Schiedsgutachtenvertrages im Arbeitsrecht; zulässig ist auch die Übertragung der Subsumtion von Tatsachen und der Rechtsbegriffe. LAG Bremen, AP 21 zu § 611 BGB Akkordlohn = Betr 1969, 1849: Feststellung der Schlechtleistung durch Schiedsgutachter. BAG, Betr 1982, 179 = BB 1982, 435: Ungültigkeit einer tariflichen Klausel, nach der für die Beurteilung des Kündigungsschutzes relevante medizinische Feststellungen durch den Betriebsarzt getroffen werden.

263. Zur Abgrenzung vom tariflichen Regelungsausschuß: BAG AP 1 zu § 4 TVG Regelungsausschuß; BAG Betr 1979, 947: die Feststellung der Dienstunfähigkeit durch den Bahnarzt ist Schiedsgutachten im Sinne von § 317 BGB; LAG Baden-Württemberg, AP 1 zu § 317 BGB: Stellung einer tariflichen Fachkommission als Schiedsgutachter.

264. BGH NJW 1975, 1556 (Schiedsgutachtervertrag formlos). BAG BB 1963, 1425 = NJW 1964, 268: § 101 ArbGG ist verfassungsgemäß. BAG Betr 1975, 63 = BB 1974, 1640: § 101 ArbGG in Arbeitsverhältnissen mit Auslandsberührung; zum Schiedsgutachter im Arbeitsverhältnis: BAG Betr 1982, 179. Zur Kompetenz von Schiedsrichtern und Schiedsgutachtern Kurth, NJW 1990, 2038; vgl. ferner: Germelmann, Bühnenschiedsgerichte und Arbeitsgerichtsbarkeit, NZA 1994, 12; Raeschke-Kessler, Die neuere Rechtsprechung zum Schiedsgutachten, BB-Beilage 15 zu Heft 28/1992 S. 19 ff. und BB-Beilage 17 vom 30. 9. 1993 S. 19 ff.; Röckrath, Zur Zuständigkeit für die Sachentscheidung nach Aufhebung eines Schiedsspruchs, NZA 1994, 678.

265. BAG NZA 1988, 611 = Betr 1988, 1273: eine Leistungsbestimmung durch den Arbeitgeberverband unterliegt der vollen Billigungskontrolle gem. § 315 BGB, der Verband ist nicht Dritter im Sinne von § 317 BGB.

266. BGH NJW 1972, 827 und OLG München, BB 1976, 1047 zur Ablehnung des Gutachters.

267. BGH Betr 1980, 967: Kündigung des Gutachtervertrages aus Besorgnis der Befangenheit.

268. BGHZ 43, 376, BGHZ 81, 237, BGH NJW 1979, 1885 und BGH NJW 1983, 2245: Haftung des Gutachters, offenbare Unbilligkeit.

269. BGH BB 1987, 710, BGH NJW 1975, 1556, BGH NJW 1977, 801 und BGH NJW 1979, 1885: offenbare Unrichtigkeit bei schweren Verfahrensmängeln.

Sachregister

Zahlen ohne Zusatz verweisen auf die Seiten, Zahlen mit vorangestellter III auf die Nummer der weiterführenden Hinweise (ab Seite 107 des Bandes).

Langer
Gesetzliche und vereinbarte Ausschlußfristen im Arbeitsrecht

Von Karl A. Langer, Fachanwalt für Arbeitsrecht

1993. XV, 184 Seiten. Kartoniert DM 49,–
ISBN 3-406-37563-4

Zum Thema

Haftungsrisiko vermeiden: Die Durchsetzung zahlreicher Ansprüche in und aus dem Arbeitsverhältnis scheitert immer wieder, weil die Existenz von Ausschlußfristen nicht bekannt ist.

Für die beratenden Anwälte sowie für alle Personalleiter, Personalsachbearbeiter und Geschäftsführer stellt dies ein ganz **erhebliches Haftungsrisiko** dar.

Das Buch

beschränkt sich nicht auf die tarifvertraglichen Ausschlußfristen. Es behandelt auch **gesetzliche** Ausschlußfristen, daneben solche in **Betriebsvereinbarungen** und **Einzelverträgen**.

Aus dem Inhalt:

- Die gesetzliche Ausschlußfrist des § 626 Abs. 2 BGB
- Die Klagefrist des § 4 KündigungsschutzG
- Die Wochenfrist des § 12 KündigungsschutzG
- Ausschlußfristen des Betriebsverfassungsgesetzes
- Ausschlußfristen aus dem Berufsbildungsgesetz
- Tarifliche Ausschlußfristen
- Ausschlußfristen in Betriebsvereinbarungen
- Einzelvertraglich vereinbarte Ausschlußfristen
- Hinweise zur Darlegungs- und Beweislast.

Im umfangreichen Textanhang finden Sie typische Ausschlußfristen aus insgesamt 36 verschiedenen Manteltarif- und Tarifverträgen.

Der Autor

ist seit nahezu vier Jahrzehnten als arbeitsrechtlich spezialisierter Rechtsanwalt tätig und ist durch Veröffentlichungen hervorgetreten.

Verlag C. H. Beck · 80791 München

Hunold
Lean Production

Rechtsfragen bei der Einführung neuer Arbeitsformen und Techniken

Von Dr. Wolf Hunold, Unternehmensberater

1993. XVI, 123 Seiten. Kartoniert DM 36,–
ISBN 3-406-37967-2

Hunold
Personalanpassung in Recht und Praxis

Eine Anleitung zur Lösung betrieblicher Probleme bei rückläufiger Beschäftigung

Von Dr. Wolf Hunold, Unternehmensberater

2., neubearbeitete Auflage. 1992
XIX, 195 Seiten. Kartoniert DM 48,–
ISBN 3-406-33784-8

Hunold
Arbeitsrecht im Außendienst

Bewährte Problemlösungen für die Praxis

Von Dr. Wolf Hunold, Unternehmensberater

1993. XVIII, 182 Seiten. Kartoniert DM 34,–
ISBN 3-406-37379-8

Verlag C. H. Beck · 80791 München